国家社科基金青年项目"基于发展适宜性视角下的信息技术幼儿教育应用研究"（CCA160191）成果

学前教育信息化
基于发展适宜性的视角

张炳林　王　淳　等◎著

科学出版社
北　京

内 容 简 介

本书梳理了国内外信息技术在学前教育中应用的发展现状与研究成果，以教育信息化发展任务框架为切入点，抽样调研了国内幼儿园信息技术在幼儿教育中应用的现状，总结了现实发展中的宝贵经验，分析了发展中存在的问题。在借鉴国外幼儿教育实践立场"发展适宜性"的基础上，构建以发展适宜性为核心的幼儿教育信息化指导理论体系。本书通过解读发展适宜性理论群的基本内涵与指导意义，分别从幼儿园信息技术环境建设、幼儿教育软件资源设计与开发、信息技术幼儿教育活动应用（技术与活动课程融合）及幼儿园教师信息素养提升等方面提出具体发展策略与建议，旨在为促进幼儿教育的信息化理论发展与实践推进提供参考。

本书适合幼儿园一线教师、幼儿园管理者、幼儿教育与教育信息化研究人员参阅。

图书在版编目（CIP）数据

学前教育信息化：基于发展适宜性的视角 / 张炳林等著. —北京：科学出版社，2023.3
ISBN 978-7-03-074423-4

Ⅰ.①学… Ⅱ.①张… Ⅲ.①信息技术-应用-学前教育-教学研究 Ⅳ.①G612-39

中国版本图书馆CIP数据核字（2022）第253251号

责任编辑：崔文燕 / 责任校对：郑金红
责任印制：李 彤 / 封面设计：润一文化

科学出版社 出版
北京东黄城根北街16号
邮政编码：100717
http://www.sciencep.com

北京建宏印刷有限公司 印刷
科学出版社发行 各地新华书店经销
*
2023年3月第 一 版　开本：720×1000　1/16
2023年3月第一次印刷　印张：15 1/4
字数：280 000
定价：99.00元
（如有印装质量问题，我社负责调换）

序
FOREWORD

  幼儿教育是基础教育的重要组成部分，是我国学校教育与终身教育的基础之基。其培养总目标是促进幼儿身心富有个性的健康发展，为其一生的发展奠定良好的基础。幼儿教育质量直接关乎中国教育质量与民族素质。信息技术的快速发展对幼儿教育提出了新的要求，即幼儿教育信息化发展。《教育信息化十年发展规划（2011—2020年）》明确提出"针对幼儿教育建设各类优质数字教育资源及推动幼儿园基础设施、软件工具和应用能力等信息化建设和应用水平全面提升"；《教育信息化2.0行动计划》与《中国教育现代化2035》提出了各级各类学校信息化、现代化发展战略，对技术如何赋能幼儿教育发展也提出了发展要求。在教育信息化浪潮下，幼儿教育阶段的信息化发展得到各界的广泛关注。信息技术在幼儿教育阶段的有效应用已成为幼儿教育的非常重要辅助手段。幼儿教育阶段的信息化是幼儿教育事业改革和发展的必然趋势之一，是符合时代发展需要的战略选择。

  发展适宜性由全美幼教协会提出，用于指导美国早期教育课程建设与实施，其对全球幼儿教育实践及学前教育绿色发展具有普遍指导意义。本书运用多种研究方法，借助数据分析工具，较为系统地分析了当前幼儿教育信息化发展存在的一些问题，如幼儿园软硬件环境的建设、幼儿数字教育资源的开发、技术在幼儿教育活动中的应用、幼儿园教师信息技术能力的提升等。如何更好地发挥现代信息技术在幼儿教育阶段的优势作用，使之与幼儿的一日生活、游戏活动、教学活动以适宜的方式融合，创新幼儿教育模式，重构幼儿教育生态，培养幼儿广泛的兴趣和良好的习惯，成为当前幼儿教育研究的热点。本书借鉴国外幼教工作中的发展适宜性立场，以教育信息化发展任务的框架为切入点，对信息技术幼儿教育应用展开系统探究，构建了信息技术在幼儿教育阶段全面深入应用的指导思想体系与信息技术在幼儿教育中应用的适宜性实践策略。

本书是国家社会科学基金（教育学）青年项目"基于发展适宜性视角下的信息技术幼儿教育应用研究"（CCA160191）的研究成果，也是本书课题组和研究团队多年以来共同致力于该领域研究的阶段性成果。本书共6章，具体编写分工为：第1章、第5章、第6章、附录由张炳林（河南大学）完成；第2章由付瑞（西北师范大学）完成；第3章、第4章由王淳（河南大学）完成。全书由张炳林策划，张炳林、付瑞、张肖等负责统稿、校对。感谢他们的辛苦付出。本书编著过程中参考和引用了他人大量的文献资料与数字资源，主要文献在相关章节已标注和列出，若有遗漏之处，恳请作者谅解。

本书在策划中得到科学出版社与河南大学教育学部的大力支持与帮助。同时在此项目的研究过程中，我们得到了开封市群英幼儿园、实验幼儿园、七彩阳光幼儿园、河南省实验幼儿园等领导与老师们，以及参与咨询的各位专家以及国培项目管理者（如河南大学教育学部的汪基德老师、朱书慧老师、刘先锋老师等）的大力支持，在此向他们表示衷心的感谢。

由于疫情期间沟通不便，加之编写时间仓促，书中难免有疏漏或不足，诚请读者批评指正。

目　　录
CONTENTS

序

第 1 章　绪论 ………………………………………………………… 1
   1.1　概念界定 ……………………………………………………… 3
   1.2　信息技术对幼儿教育具有重要作用 ………………………… 6
   1.3　推进幼儿教育信息化乃大势所趋 …………………………… 10
   1.4　信息技术幼儿教育应用水平有待提高 ……………………… 11
   1.5　本书研究设计与实施方案 …………………………………… 14

第 2 章　信息技术幼儿教育应用研究现状 ……………………… 23
   2.1　国内信息技术幼儿教育应用研究现状 ……………………… 25
   2.2　国外信息通信技术在幼儿教育中应用研究现状与启示 …… 51

第 3 章　信息技术在幼儿教育中的应用现状 …………………… 65
   3.1　调查设计与实施 ……………………………………………… 67
   3.2　调研数据统计与描述分析 …………………………………… 69
   3.3　访谈调查与分析 ……………………………………………… 82
   3.4　信息技术在幼儿教育中应用的调查结论 …………………… 91

第 4 章 信息技术幼儿教育应用指导思想的确立与解读 ……… 99

4.1 信息技术幼儿教育应用指导思想的确立 ……………… 101
4.2 坚持幼儿发展适宜性基本原则 ………………………… 105
4.3 基于发展适宜性视角的指导思想 ……………………… 113

第 5 章 发展适宜性视角下信息技术在幼儿教育中的应用 …… 127

5.1 幼儿园信息化硬件环境建设 …………………………… 129
5.2 幼儿教育软件资源设计与开发 ………………………… 146
5.3 信息技术在幼儿教育活动中的应用：幼儿园课程融合 … 158
5.4 幼儿园教师信息素养提升策略 ………………………… 178

第 6 章 研究结论与总结 ……………………………………… 201

6.1 研究结论 ………………………………………………… 203
6.2 研究总结 ………………………………………………… 206
6.3 研究创新与不足 ………………………………………… 212
6.4 研究展望 ………………………………………………… 213

参考文献 ……………………………………………………… 215

附录 …………………………………………………………… 225

附录 1 信息技术在幼儿教育中应用现状的调查问卷（教师问卷）…… 225
附录 2 信息技术在幼儿教育中应用的现状调查问卷（管理者问卷）… 232

第 1 章

绪　　论

1.1 概念界定

1.1.1 幼儿教育

中国参照国际惯例，从儿童心理发展的视角把0—18岁划分为新生儿期、乳儿期、婴儿期、童年早期或幼儿期、童年中期、童年晚期或少年期、青年早期等阶段[①]，其具体如图1-1所示。

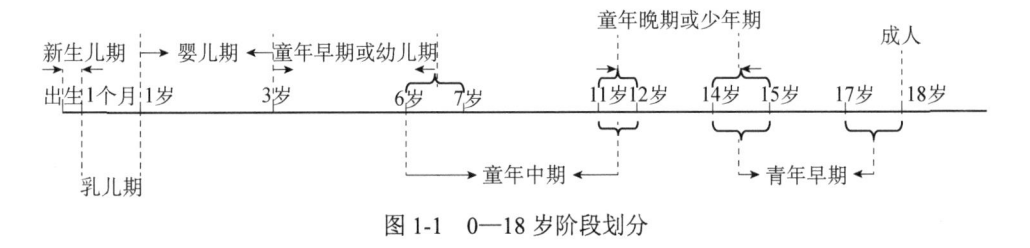

图1-1 0—18岁阶段划分

本书界定：新生儿期为0—1岁；婴儿期为1—3岁；幼儿期为3—6或7岁（通常为6岁）；少儿期为7—14岁；儿童期为0—14岁。

在此年龄划分的基础上，我们对早期教育、幼儿教育、学前教育及基础教育做如下区分。《中华人民共和国义务教育法》规定：凡年满六周岁的儿童，其父母或者其他法定监护人应当送其入学接受并完成义务教育；条件不具备的地区的儿童，可以推迟到七周岁。按照这一规定，0—6岁的儿童为学前儿童，对该群体实施的教育统称为"学前教育"。其中，0—3岁的儿童进入托儿所，教育形式为"早期教育"或"婴儿教育"；3—6岁的儿童进入幼儿园，教育形式为"幼儿教育"[②]。也就是说，学前教育包括婴儿教育与幼儿教育，这是广义的理解。狭

---

① 刘金花. 2010. 儿童发展心理学. 修订版. 上海：华东师范大学出版社：11-12.
② 黄人颂. 2010. 学前教育学. 2版. 北京：人民教育出版社：3-5.

义的学前教育通常指幼儿教育或幼儿园教育。另外，广泛的幼儿教育在性质上又分为幼儿教育机构的教育、家庭教育和社会教育[①]。幼儿教育机构教育是指派专人实施或辅导的各种组织或机构对3—6岁儿童进行的教育。政府、高校等机构研究中使用的"幼儿教育"概念，大多数指幼儿教育机构的教育。也有将早期教育定义为学龄前（0—6岁）的教育，这样就等同于学前教育。然而各大院校对早期教育的规定是0—3岁儿童的教育属于早教的范畴。目前，业内比较认可的界定是：对0—3岁儿童的教育统称为早期教育（或称启蒙教育、婴儿教育、小童教育），对3—6岁儿童的教育统称为幼儿教育（或称大童教育）。基础教育是一个比较模糊的概念，泛指国家教育事业的基础阶段。我国对基础教育的一贯理解是幼儿教育、小学教育和普通中学教育（初中、高中）；另一种理解指初中以前（含初中）的所有教育。二者的区别在于是否包含高中阶段。教育界一些学者也常把基础教育等同于九年义务教育。

为了理解便利，在本书研究中我们将所有表述统一为：幼儿教育仅指大童教育，即对3—6岁儿童实施的幼儿园教育，等同于学前教育，也就是本书研究探讨的对象。

1.1.2 幼儿教育信息化

幼儿教育信息化是指在幼儿教育中恰当地运用信息技术，开发适宜幼儿学习的数字化教育资源，优化幼儿教育教学活动，培养幼儿的信息素养，促进幼儿的学习和发展的过程。幼儿教育信息化的本质是"信息技术越来越成为幼儿教育活动的基本资源与发展动力"与"信息技术在幼儿教育领域应用越来越普遍"[②]的过程。为此，本书定义幼儿教育信息化是依据幼儿发展规律，在幼儿教育的各种环境全面深入地运用信息技术手段与方法，优化幼儿教育效果与提高幼儿教育效率，进而促进幼儿教育发展的过程。

幼儿教育信息化有四个基本属性：①幼儿教育信息化是国家教育信息化系统

[①] 黄人颂. 2010. 学前教育学. 2版. 北京：人民教育出版社：6.
[②] 张炳林. 2014. 学前教育信息化阶段性特征及发展适宜性策略研究——以河南省为例. 西北师范大学博士学位论文.

工程的一部分，遵循教育信息化的一般规律，这是前提；②幼儿教育信息化的直接目标是优化幼儿教育效果和提高幼儿教育效率，其最终目标是促进幼儿的发展；③幼儿教育信息化是在幼儿教育整个领域全面、深入地应用信息技术的过程，包括信息技术环境建设、幼儿教育软件资源开发、各种幼儿活动设计、幼儿园信息化管理等环节；④尊重幼儿的发展规律是信息技术方法与手段运用基本原则，也是幼儿教育信息化的特征所在。幼儿教育信息化的最大特点就在于"适宜性"，即建设"适宜的技术环境"，利用"适宜的数字化资源"，设计"适宜的信息化活动"，促进幼儿"适宜发展"。

1.1.3 发展适宜性实践

发展适宜性实践（developmentally appropriate practice，DAP）由全美幼教协会（National Association for Education of Young Children，NAEYC）提出，它是全美乃至世界许多发达国家指导幼儿教育实践的一种立场。1987—2009年，NAEYC共颁布3个版本的DAP。1987年，第一版DAP及立场声明首次明确了发展适宜性实践的内涵与特征，即发展适宜性的教育应该是适宜儿童的年龄和个体发展水平的，强调儿童对自己知识的建构，强调儿童的自我表现、创造力、自发地对环境开展的探索活动，教师的角色是为儿童的探索创设一个环境，并支持儿童的活动。在1997年第二版DAP中，文化适宜性被补充进发展适宜性实践的内涵。儿童的发展具有社会制约性，发展适宜性实践也必须体现出文化适用性。2009年第三版DAP更加突出教师的作用，强调教师在做决定以及与儿童互动的过程中要有意向性，同时强调"高水平""成熟的"儿童游戏[1]。注意发展适宜性与发展适宜性实践二者不同，前者是一种理念或理论，属于理论层；后者是指以发展适宜性为指导下的行为特征，属于实践层。

发展适宜性实践是为了防止幼儿教育小学化而提出的一种在工作实践中需要秉持的立场或态度。发展适宜性是幼儿园教师、幼儿家长、幼儿教育管理者及研究者从事幼儿教育工作必须坚守的原则。其实质包括：①适宜性既不是幼儿园教

---

[1] 周晶，郭力平. 2016. 从理想到现实："发展适宜性实践"的发展变化——全美幼教协会DAP及其立场声明撰写者Sue Bredekamp教授访谈录. 学前教育研究，(1)：3-8.

育的课程，也不是支配幼儿教育实践的标准，它是一种与幼儿一起工作的指导原则；②适宜性非常重视幼儿之发展特点、个性差异以及不同的文化背景；③任何幼儿教育实践或幼儿活动中的技术与工具选择都不是绝对的"适宜"或"不适宜"，而是处在二者之间的某一点，信息技术应用要尽可能地趋向适宜的那一端；④坚持发展适宜性下的理论与实践是多元的、开放的和包容的。

1.2　信息技术对幼儿教育具有重要作用

事实与研究证实，信息技术应用于幼儿教育利大于弊，信息技术在幼儿教育中应用不仅有利于幼儿认知与思维发展，还有利于幼儿的个性心理形成。

1.2.1　信息技术有利于幼儿认知发展

信息技术为幼儿提供了语言运用的平台，增加了语言应用的机会与频率。幼儿与同伴一起使用技术设备，必然需要更多的语言沟通与交流。增强现实（augmented reality，AR）技术更为幼儿语言实践教学提供有力的技术支持，"AR+图书"以生动的富媒体形态突出了语言教学的目标，有效促进幼儿语言习得乃至肢体语言发育。[①]美国教授米尔施泰因（Muhlstein）和克罗夫特（Croft）分别对比了幼儿在计算机教学活动中与在常规教学活动中平均每分钟使用语言的词汇量，发现前者是后者的两倍。在语文阅读教学中，恰当地设计与选择软件能够让抽象的文字符号更具体、形象，帮助幼儿感知，提高语言教学效率。[②]另外，技术能够调动幼儿语言思维与幼儿回答问题的积极性，加快幼儿对于语言的掌握与运用。幼儿数理与几何空间等能力在技术操作中同样得到较好发展。信息技术以其自身优势让幼儿数学认知从"具象"走向"抽象"，从"接受"走向"成长"，从"浅表"走向"深入"，在幼儿数学认知发展中表现出巨大的魅力。[③]

[①] 王璇，李磊. 2020. 基于增强现实的儿童汉语学习图书设计与开发. 中国编辑，（8）：64-69.
[②] 刘楠. 2013. 多媒体教学手段在幼儿阅读教学中的运用. 现代教育科学，（3）：177-178.
[③] 周秋英. 2017. 信息技术：儿童数学思维的"摆渡船". 中小学教材教法，（3）：58-61.

借助计算机辅助学习数学的幼儿在数学概念方面的得分明显高于那些利用常规教具进行学习的幼儿。[1]市场上一些针对数学而开发的图形图像软件为探索几何概念提供了非常有价值的教具，如几何画板。有学者通过实验发现，交互式平板电脑能为幼儿数学发展提供一种个性化的学习支持，尤其能使记忆发展迟缓的幼儿产生良好的数学学习效果。[2]教学软件如果操作得当，就能让幼儿顺利建构数学概念，如在软件中融入与真实情境相联系的方位、大小、分类、数字等概念，幼儿能够通过软件迅速获得对这些概念的理解，且能够在这种操作活动中体验到成功的喜悦。幼儿运用计算机中的图形、形状进行绘图创作时，其对称、图形及空间等数学能力均有所发展。

1.2.2 信息技术有助于幼儿思维培养

幼儿思维是幼儿大脑对客观事物本质及事物之间内在联系的认知活动，一是在已有经验记忆的基础上再现事物的表象，即想象；二是通过加工、改造或重组原有表象创造出全新的形象，即创造。想象能力与创造能力不是幼儿与生俱来的，而是从早期开始培养获得的。[3]幼儿时期是培养想象力和创造力的基础时期。教师应遵循幼儿心理与生理规律，创设灵活的互动学习空间，顺应幼儿固有先天之势培育创造力和想象力。[4]有学者认为，幼儿经验是幼儿进行想象与创造的原素材，技术应用丰富了幼儿的经验材料。[5]幼儿经常使用那些开放的、符合其发展特征的设备或软件，其想象力与创造力得到明显提升。在传统幼儿教育中，幼儿经验主要来源于对现实生活中事物的感知，它们相对浅表与简单；运用信息技术开展幼儿教育则能将抽象的、复杂的、遥不可及的事物通过多媒体技术等加以再现，它扩充了幼儿头脑中经验的层次与储备量，为幼儿想象力与创造力培养提供重要基础。有学者反驳"媒体不利于幼儿思维发展"的观点，提出对幼

---

[1] 郭力平. 2007. 信息技术与早期教育. 上海：华东师范大学出版社：88.

[2] Outhwaite L A，Faulder M，Gulliford A，et al. 2019. Raising early achievement in math with interactive apps: A randomized control trial. Journal of Educational Psychology，（2）：284-298.

[3] 劳拉·E. 贝克. 2002. 儿童发展. 吴颖，等译. 北京：北京理工大学出版社：486.

[4] 刘怀英. 2019. 从摹写中再现个性表达——谈儿童绘画创造力的培育途径. 美术大观，（8）：86-87.

[5] Haugland S. 1999. What role should technology play in young children's learning? Young Children，54（6）：26-31.

儿发造成危害的罪魁祸首并不是计算机或软件，而是媒体的类型与内容，即设备或软件以及它们承载的内容是否适宜、是否以符合幼儿的方式加以应用。[1]幼儿使用一些开放的、发展适宜性的软件则有利于想象力与创造力的培养；相反，在教学中过多地使用练习性软件会限制幼儿想象力与创造力发展。这说明设备与软件的性质及使用方式非常关键。信息技术在幼儿教育中应用对于幼儿的影响主要取决于设备应用的方法和软件的性质以及它们所选择的内容。教师要科学利用技术优势与传播特点，将技术有效地融入幼儿教学活动过程，通过多媒体计算机、新一代人工智能技术等营造情境等，引发幼儿无限的遐想。[2]

1.2.3 信息技术有益于幼儿个性特征形成

自我意识的发展是儿童社会化的转折点，对其个性特征形成具有重要意义。自我意识是指个体对自我看法和认识以及对自我的总体评价。[3]积极的自我意识能够促进幼儿智力因素更好地发展。[4]幼儿使用信息技术有助于自我意识的建立，幼儿若能熟悉操作计算机且软件选择得当，就会在学习活动中变得更加独立，其获得的元认知及调节机制就会更加完善。有学者认为，幼儿使用计算机有利于他们习得新行为，并且容易看到自己所取得的成就，而这些成就对自我客观意识的产生起到正向推动作用。[5]实验表明幼儿在使用信息技术之前与使用信息技术之后的自我意识发展水平差异显著，信息技术对幼儿自我意识建构具有明显优势。有学者对比了使用计算机的两组幼儿（使用适宜软件和不适宜软件两种情况）和没有使用计算机的一组幼儿，发现使用计算机的幼儿在自我引导、自我解释、自我期望、自我成败归因等方面优于对照组。[6]

---

[1] Haugland S. 2005. Selecting or upgrading software and web sites in the classroom. Early Childhood Education Journal，32（5）：329-340.

[2] 肖瑞雪，权利娟，毕家娟，等. 2012. 徐州市学前教育信息化现状的调查与对策研究. 中国教育技术装备，（21）：22-24.

[3] 齐亚楠，杨宁. 2020. 4—5岁留守学前儿童自我概念与社会退缩的关系——心理弹性的中介和调节作用. 学前教育研究，（2）：41-56.

[4] 刘志军. 2004. 高中生的自我概念与其学校适应. 心理科学，（1）：217-219.

[5] Weiner I R，Eikind D. 1972. Child Development：A Core Approach. New York：Wiley.

[6] Haugland S W. 1992. The Effect of computer software on preschool children's developmental gains. Journal of Computing in Childhood Education，3（1）：15-30.

幼儿个性特征的另一个重要概念是"社会化"。幼儿社会化过程是幼儿从自然存在一点点过渡到社会存在的过程，处理好自然存在与社会要求之间的矛盾是幼儿社会化形成的关键。[1]美国教育协会有关交互式媒介（interactive media）的报告强调，交互媒介能更好地促进幼儿与他人（包括幼儿与成人）的社会交往能力。[2]克莱门茨指出，大多数研究发现，儿童在使用计算机以后，态度变得更加积极，表现得更加好奇、感兴趣、热情以及有自我控制的意识。[3]幼儿教学将多媒体优势与教学评价活动相融合，推动了幼儿社会化培养的最优化。[4]信息技术能增进幼儿的社会交往，在计算机协作学习活动中，同伴教学现象频繁（即熟练的、稍高水平的幼儿帮助低水平的同伴），这种互动对幼儿社会性发展极为重要。霍曼指出，适宜的计算机与软件应用对学校儿童社会性发展有着积极影响。[5]有学者分析一些幼儿使用计算机的细节后发现：幼儿55%的时间与同伴一起活动，25%的时间与教师一起活动。[6]在计算机软件创设的情境教学中可以看到诸多幼儿共同活动与互动行为。比如：两个及其以上的幼儿共同讨论做什么、怎样做；他们常常向同伴寻求帮助，协同探索某个游戏的玩法。技术支持下的社会交往与日常社交活动并无太大区别，克莱门茨甚至认为信息技术能够促进腼腆幼儿与集体融入障碍幼儿的社会交往。计算机网络更是提供了一种与拥有不同信仰或背景的伙伴进行交流的途径，通过它可以与社会任何幼儿建立联系。[7]移动通信技术更让幼儿在同伴关系中"永不掉线"，延伸了儿童的社会交往空间。[8]

---

[1] 刘铁芳. 2019. 适应与超越：信息技术时代的儿童教育. 教育发展研究，（2）：29-32.

[2] National Association for the Education of Young Children & Fred Rogers Center. 2012. Technology and Young Children：Ages 3 through 8. National Association for the Education of Young Children—Promoting Excellence in Early Children Education，Washingtong，DC.

[3] Clements D H.1987. Computers and young children：A review of research.Young Children，43（1）：34-44.

[4] 邢建华. 2010. 信息技术在幼儿园社会教学活动中的有效性. 中国教育信息化，（24）：49-50.

[5] Hohman C. 1998. Children as computer users：The case of collaborative learning. Computers & Education，30（3-4）：237-247.

[6] Bergin D A，Ford M E，Hess R D.1993.Patterns of motivation and social behavior associated with microcomputer use of young children. Journal of Educational Psychology，85：437-445.

[7] Clements D H. 1994. The uniqueness of the computer as a learning tool：Insights from research and practice. Young Children：Active Learners in A Technological Age. Washington，DC：NAEYC. ED.

[8] 陈钢. 2010. 媒介技术变迁对儿童同伴关系的影响. 现代教育技术，（6）：11-14.

1.3　推进幼儿教育信息化乃大势所趋

1.3.1　国家大力发展幼儿教育

幼儿教育是基础教育的重要组成部分，是我国学校教育与终身教育的奠基阶段。它的培养目标主要是促进幼儿身心富有个性的健康发展，为幼儿一生的发展打下良好的基础。幼儿教育质量的好坏关乎全民族素质的优劣。因此，近几年国家教育部门及其相关领导多次强调大力发展幼儿教育事业。

2011年8月，国务院颁布的《中国儿童发展纲要（2011—2020年）》指出，要加快发展3—6岁儿童学前教育，落实各级政府发展学前教育的责任，提供"广覆盖、保基本"的学前教育公共服务，重点发展农村学前教育，逐步完善县、乡、村三级学前教育网络。2017年5月，为贯彻落实党的十八届五中全会"发展学前教育，鼓励普惠性幼儿园发展"的要求，《教育部等四部门关于实施第三期学前教育行动计划的意见》要求增加普惠性资源供给、深化体制机制改革、提升保育教育质量，保持学前教育的良好发展势头，持续推进学前教育改革发展。2018年11月，《中共中央 国务院关于学前教育深化改革规范发展的若干意见》颁布，要求推进学前教育普及普惠安全优质发展、拓宽途径扩大资源供给、提高保教质量、严格依法监管，推动幼儿教育科学健康发展。幼儿教育事业面临着百年不遇的历史发展机遇，进入快速发展的新时代。2019年3月，中共中央、国务院印发《中国教育现代化2035》，要求以农村为重点提升学前教育发展水平，健全学前教育发展机制、推进普及普惠、提高学前教育质量。党的十八大和十九大报告都强调要"办好学前教育"。党的十九大报告把实现"幼有所育"作为"七有"（幼有所育、学有所教、劳有所得、病有所医、老有所养、住有所居、弱有所扶）民生问题之首。李克强指出，"进一步提高学前教育入园率，完善普惠性学前教育保障机制，支持社会力量办园"[①]。党的二十大报告进一步强

---

① 政府工作报告——2021年3月5日在第十三届全国人民代表大会第四次会议上. http://www.npc.gov.cn/npc/kgfb/202103/4ce7f589a4c943b099d63f9f498bbb44.shtml.（2021-03-13）[2022-12-25].

调，要"强化学前教育"，在"七有"上持续用力。幼儿教育在政府决策、财政预算、机构改革等方面都得到了越来越多的关注与支持，相信在未来几年中，幼儿教育将成为发展潜力较大、规模增长较快的一项教育事业。

1.3.2 教育全面推进信息化

目前，教育信息化在我国走过了 20 多年的发展历程并取得阶段性成果，但教育信息化深度与广度仍有待深化与延伸。为此，国家提出全面推进教育信息化进程的决策。

2010 年，《国家中长期教育改革和发展规划纲要（2010—2020 年）》颁布，该纲要在保障措施"加快教育信息化进程"中强调"把教育信息化纳入国家信息化发展整体战略……到 2020 年，基本建成覆盖城乡各级各类学校的教育信息化体系，促进教育内容、教学手段与方法的现代化"。2012 年 3 月，教育部印发《教育信息化十年发展规划（2011—2020 年）》，提出"推动中小学校、幼儿园、中等职业学校实现基础设施、教学资源、软件工具、应用能力等信息化建设与应用水平全面提升"。2018 年 4 月，教育部印发《教育信息化 2.0 行动计划》，提出将教育信息化作为教育系统性变革的内生变量，支撑引领教育现代化发展；教育信息化是教育现代化的基本内涵和显著特征；以教育信息化支撑引领教育现代化，是新时代我国教育改革发展的战略选择。2019 年 2 月，中共中央、国务院印发《中国教育现代化 2035》提出中国教育现代化的发展目标，即到 2020 年，教育现代化取得重要进展；到 2035 年，总体实现教育现代化。

1.4 信息技术幼儿教育应用水平有待提高

信息技术使幼儿教育发生了重大变革，信息技术在幼儿教育中的应用即幼儿教育信息化，它是在幼儿教育阶段适当地应用信息技术，优化教育教学活动，开展家园共育，培养幼儿良好的行为习惯，不断提高管理效率和管理水平，促进教师发展和幼儿健康成长的过程。幼儿教育信息化发展状况主要体现在幼儿园软硬件环境建设、信息技术幼儿教育教学应用、幼儿园教师信息技术应用能力、幼儿教育信息化管理等四个方面。

1.4.1 幼儿园软硬件环境有待优化

先进的硬件设备和适宜的软件资源是信息技术有的放矢地应用于幼儿教育阶段的基础[①]。当前幼儿教育软件资源的现状是数量多，但优质教育资源匮乏，能与幼儿园课程匹配的少，技术设计适宜的少，符合儿童发展规律的少，有的甚至违背了幼儿的认知发展阶段，如，让3岁儿童做逻辑运算的逆运算，6岁儿童学超纲生字等现象，还有的软件资源存在开发设计的缺陷。

幼儿园硬件资源主要以网络与计算机、多媒体教室等为主。但信息技术设备在数量上并不乐观：城镇幼儿园实现了网络互联互通，计算机普及入园，一些幼儿园还配备了交互式电子白板、多媒体教室等；但农村幼儿园城乡接合部的幼儿园、农村幼儿园情况更加糟糕，设备比较短缺。整体讲，幼儿园硬件、软件环境条件较为基础、简单，农村幼儿教育信息化环境往往较差。

1.4.2 信息技术在幼儿教育活动中应用有待深入

幼儿教育信息化的核心是信息技术在幼儿教育活动中的应用，这方面存在的问题尤为突出：首先是设备与软件使用率不高，信息化设备购买后无人问津而成为摆设的现象在幼儿园屡见不鲜；其次是低层次简单化、随意化应用，难以实现以信息化为手段促进信息技术与幼儿教育活动深度融合。课程设置与信息技术发展不能完美结合在一起，只是简单地成为教师演示的工具[②]。将幼儿领域课程简单"电子化"，配以华丽的画面及美妙的音乐，结果使无关信息分散了幼儿的注意，使内容流于形式。这样的信息技术在幼儿教育活动中应用过于浅显、表面。

[①] 蒋宗珍. 2020. 学前教育信息化技术创新与应用研究——评《学前教育信息技术基础与应用》. 科技管理研究,（24）：后插 5.

[②] 倪蓓君. 2021. "互联网+"视域下学前教育实践教学体系的构建——评《学前教育实践教学组织与指导》. 科技管理研究,（15）：后插 4.

1.4.3 幼儿园教师信息技术应用能力有待提高

由于教育对象的特殊性，幼儿教育信息化发展备受关注，幼儿教师对信息技术所持的态度与所具备的能力直接影响着幼儿的成长，这也对教师运用信息技术的能力提出了更高要求，幼儿教师的信息技术能力培养显得愈发重要[①]。多数幼儿园教师认同信息技术对幼儿发展与教育的重要作用，但因历史、教育经历等原因对信息技术（或现代教育技术）应用的内涵并不太了解，一些幼儿园教师的信息技术能力发展仅仅强调计算机的基本操作，而网络信息获取和多媒体素材的加工整合等能力薄弱。部分幼儿园教师能够开展一些简单的多媒体教学活动，但缺乏融合理论的指导，需要进一步提高自己的信息技术教学应用能力。

1.4.4 幼儿园信息化管理水平有待提升

幼儿园信息化管理相比幼儿教育活动的信息化发展得稍好一些，能够基本实现简单的日常管理工作，如幼儿的监控管理、幼儿园教师考核与绩效管理、图书资料管理、幼儿收费管理等，但这只是浅层次的信息化管理应用，还远远不够。科学有效的信息化管理应立足于大数据，以促进幼儿的成长与发展，如幼儿电子学档管理与评价，优质幼儿课程资源库管理，幼儿动态数据采集、分析，家园合作共管共育等。从目前来看，信息技术管理应用还主要局限在一些日程的生活与安全管理上。通过人工智能、大数据等信息技术手段收集幼儿教育大数据，从多个层面对幼儿教学进行可视化分析，更科学地进行幼儿教育决策提供依据，通过数据综合分析引导幼儿健康成长的高水平信息化管理工作还有待深入[②]。

综上，目前我国幼儿教育信息化发展水平一般，尚且处于起步发展阶段，很多基于技术的应用还需要进一步推进。以研究推进理论发展与实践应用具有重要的现实意义。

---

① 付卫东，周威. 2021. "十四五"时期我国学前教育教师队伍建设：主要形势与重点任务. 现代教育管理，（4）：83-91.

② 洪秀敏. 2020. "停课不停学"背景下幼儿园教师专业发展的挑战与应对. 学前教育研究，（6）：27-30.

1.5　本书研究设计与实施方案

1.5.1　研究目的与内容

1. 研究目的

本书的研究目的为：①弄清信息技术在幼儿教育中应用的现状、问题与原因。②基于发展适宜性理论提出信息技术在幼儿教育中应用的有效策略。

2. 研究内容

根据上述研究目的，本书的研究具体内容如下。

（1）国内信息技术幼儿教育应用研究现状

通过对国内研究文献的梳理，分析总结国内幼儿教育阶段信息技术应用研究的现状。研究内容主要包括现有国内信息技术幼儿教育应用取向与特征、国内研究所取得的成果、已经解决的问题、幼儿教育阶段信息技术应用发展中存在的问题与困惑等。

（2）国外信息通信技术幼儿教育应用研究与启示

世界上一些发达国家将信息技术称为"信息通信技术"（information and communication technology，ICT），它与中国的信息技术具有相同的含义。通过对国外 ICT 在幼儿教育中应用的文献研究，总结国外幼儿教育阶段信息技术应用发展的经验，为解决我国信息技术幼儿教育应用发展问题提供参考。研究内容主要包括国外 ICT 在幼儿教育中应用的立场、国外幼儿教育信息化环境建设的原则与方法、ICT 在幼儿教育中的应用策略及应用现状、幼儿园教师信息技术能力水平及其培训策略等。

（3）幼儿教育阶段信息技术应用现状

本书拟对 5 个省份的部分幼儿园教师（含管理者）开展问卷调查与访谈调查，同时对河南省部分幼儿园进行实地考察。调研主要以教育信息化发展框架为问卷设计和访谈设计的依据，搜集幼儿园信息技术软硬件环境建设情况、信息技术在幼儿教育中的应用情况、幼儿园教师的信息技术能力水平及培训情况等。对这些内容的研究能系统地反映幼儿教育信息化基本特征，为基于发展适宜性理论提出信息技术幼儿教育应用的策略奠定基础。

（4）信息技术幼儿教育应用指导理论

目前，我国幼儿教育信息化正处在发展的初级阶段，幼儿教育中应用信息技术尚缺乏合适的指导思想。幼儿教育信息化发展首先必须形成科学系统的指导思想。因此，研究还将分析幼儿教育的基本理论、教育信息化的基本理论，并结合国外 ICT 幼儿教育应用的一些经验，探究国内幼儿教育阶段信息技术应用的基本原则与核心理论。

（5）幼儿园信息软硬件建设策略

以发展适宜性为基本原则，提出幼儿园信息软硬件建设策略。研究内容主要包括硬件环境建设的原则与方法，促进幼儿园硬件环境发展影响因素及机制，幼儿园信息化环境发展策略，幼儿教育软件资源设计与开发思想，开发流程、步骤及开发模式等。

（6）信息技术幼儿教育应用策略

以发展适宜性为基础，探究信息技术在幼儿教育中应用的策略。研究内容主要包括信息技术与幼儿园课程融合的内涵、层次、原则、途径与方法，幼儿教育媒体选择模型，信息技术支持的幼儿园区角活动设计策略，信息技术在幼儿园教学中应用的模式等。

（7）幼儿园教师信息素养提升策略

以发展适宜性为基本原则，探究幼儿园教师信息素养模型及提升策略。研究内容主要包括幼儿园教师信息素养模型构建及提升策略，形成系统的幼儿园教师培训内容，结合内容与学习者特征提出合理的培训方式。

以上研究内容可以概括表述为，探讨解决信息技术幼儿教育应用存在的问题，形成信息技术幼儿教育应用的基本理论，寻求幼儿教育信息化实践发展的有效途径，促进幼儿教育阶段信息技术应用。由于选题的特殊性，以上大部分研究内容具有一定的探索性与借鉴性。此外，信息技术在幼儿教育中的应用是一个较为宽泛的研究领域，为了使研究问题更加聚焦，结论更有深度，研究内容可能随着研究推进做适当调整或删减。

1.5.2 研究思路

1. 研究切入点

信息技术在学前教育中的应用，即幼儿教育信息化，涉及学前教育与教育技术两个学科，因此对学前教育信息化选题的研究也有多个切入点（图1-2）。

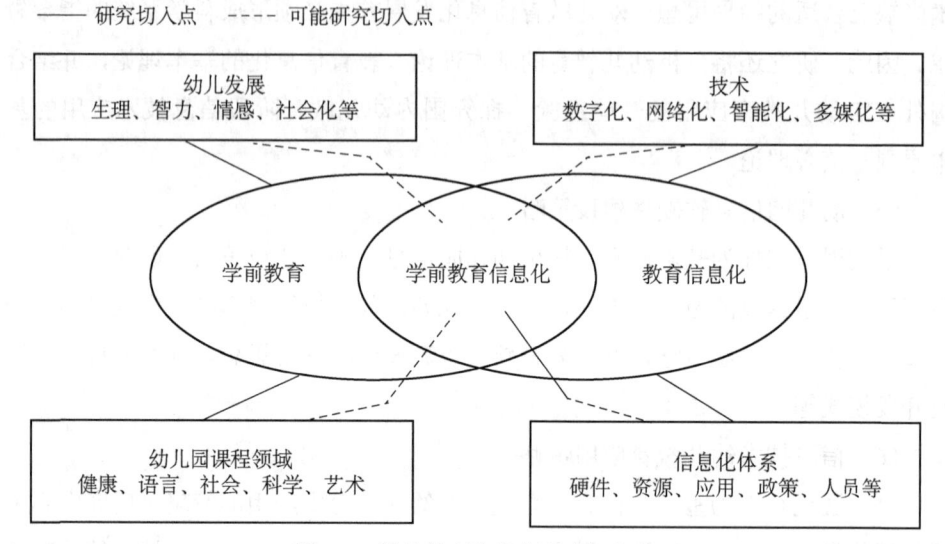

图 1-2　幼儿教育信息化研究切入点

1）以幼儿发展为切入点，主要从幼儿生理、智力、情感、社会化发展等方面探索信息技术在幼儿教育中应用的策略。

2）以幼儿园五大课程领域为切入点，探索信息技术对实现各领域课程目标的作用与有效方法。

3）以技术应用为切入点，从数字化、网络化、智能化、多媒化等视角探索技术在幼儿教育活动及其各要素中的应用与实施原则。

4）以信息化发展体系为切入点，从学前教育信息化发展的基本框架，如幼儿园硬件设施、幼儿资源、信息技术在幼儿教育活动中的应用、幼儿园教师信息技术培养等方面提出幼儿教育信息化的发展策略。

前两种研究思路主要是基于幼儿教育的研究范式，它们与幼儿教育有更为密切的联系；后两种研究思路是基于教育信息化的研究范式，它们与教育信息化有更加密切的联系。但是无论采用哪一种思路为切入点研究信息技术在幼儿教育中的应用，最终都不可避免地在一个领域融入另外一个领域的研究特色。所以，综合各方面考虑，本书主要以教育信息化发展框架为基本切入点，以幼儿教育发展适宜性理念为核心立场，探索信息技术在幼儿教育阶段全面深入应用的理论依据，提出解决幼儿教育信息化发展的原则与方法。

2. 研究分析框架

国家信息产业部曾提出国家信息化体系建设的核心内容，具体包含六个方面，如图1-3，其中信息技术应用是龙头；信息资源的开发是核心任务；信息网络是信息资源开发利用和信息技术应用的基础，是信息交换、传输、共享的必要手段；信息技术和产业是信息化建设的基础；信息化人才是信息化成功之本；信息化政策法规和标准规范是信息化快速、持续、健康发展的根本保障。国内著名教育技术专家黄荣怀在此基础上提出教育领域信息化发展的六大要素，分别为信息资源、信息网络、信息化人才、信息技术和产业、信息技术应用、信息化政策法规和标准规范[①]。如图1-4，具体为信息网络构建是基础，资源研发是重点，有效应用是目的，信息化人才培养、信息化产业扶植、信息化政策、法规、标准的制定是保障。

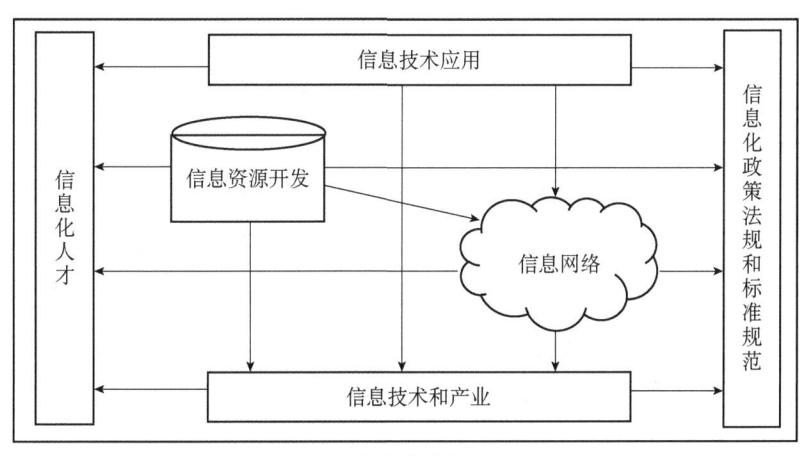

图1-3 国家信息化体系及关系

---

① 黄荣怀，曹原，曾海军. 2003. 论教育信息化与信息技术教育. 信息技术教育，（3）：24-37.

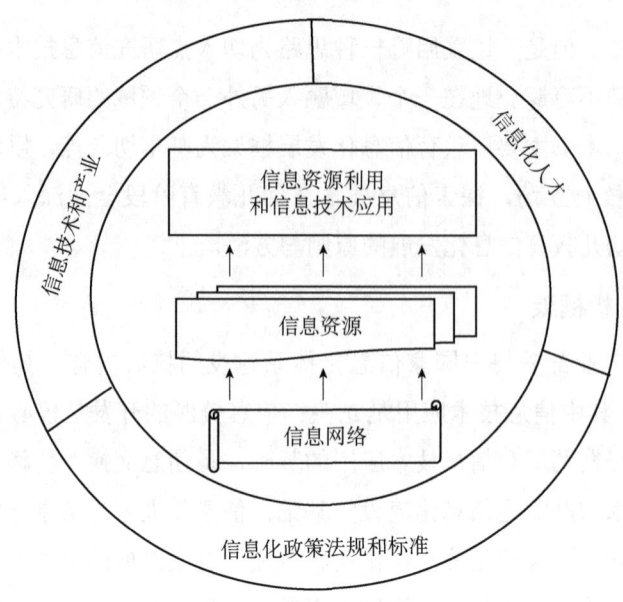

图 1-4 信息化内容体系①

通过考察其他领域信息化内容及要素，课题组认为幼儿教育信息化发展的主要内容包括幼儿教育信息化产业发展、幼儿园信息技术环境建设、幼儿数字教育资源的开发、信息技术在幼儿教育教学活动中的应用、幼儿园教师的信息技术能力提升、幼儿教育阶段信息技术应用政策与规范制定等六个方面。它们之间的关系如图1-5所示，教育应用是发展的核心，硬件资源与软件资源等信息化环境建设是幼儿教育信息化发展的重点，产业、政策与标准、教师能力培训是推动幼儿教育信息化发展的保障。

由于信息化产业发展主要受市场运行机制调控与国家政策指引，应用政策与规范制定主要是国家层面的调控和决策，因此，这里不把它们作为本课题探讨的要点。信息技术在幼儿教育中的应用主要从硬件环境建设、软件资源开发、幼儿教育应用、教师信息技术能力提升等维度展开。当然，贯穿策略提出的核心指导理念依然是发展适宜性。

---

① 黄荣怀，曹原，曾海军. 2003. 论教育信息化与信息技术教育. 信息技术教育，（3）：24-37.

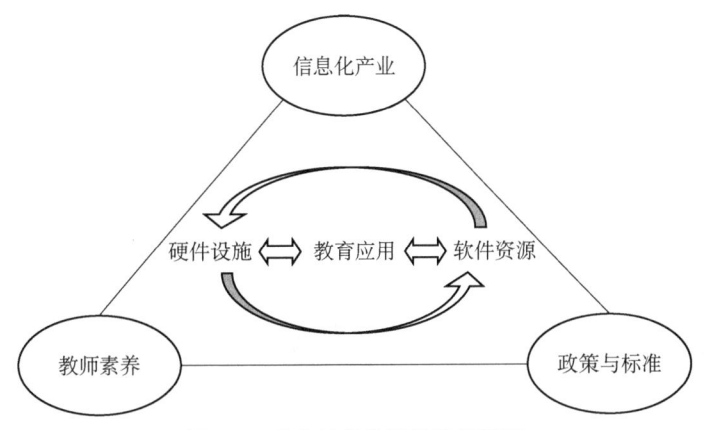

图 1-5 幼儿教育信息化发展框架

3. 研究过程

首先，在谷歌学术搜索 SCI/SSCI、EBSCO、Springer 等数据库，以 IT、ICT、technology、computer、preschool education、early education 等为关键词检索国外文献。在国外教育部门官方网站、教育机构网站、幼儿园教师等主题网站上搜集国外学前教育信息化政策、项目计划、出台的标准等内容，总结国外幼儿教育信息化实施的经验及国内启示。其次，在 CNKI 中文数据库，以"教育信息化"与"学前教育"两大学科核心期刊为范围，以"信息技术""教育信息化""现代教育技术""学前教育""幼儿""幼儿园""早期教育"等为关键词，搜索 2005—2020 年国内有关信息技术幼儿教育应用的研究文献。从选题方向、研究方法、研究热点、基本观点等维度对国内信息技术在幼儿教育中应用的研究成果进行分析，梳理研究进展与特点。再次，采用网络问卷调查豫（现场）、黔、浙、吉、粤五省幼儿教育信息化发展水平。通过走访公立、私立，省示范、市示范、普通园，城市、乡镇、农村等类型幼儿园，探寻信息技术在幼儿教育中的阻抗因素和现实需求。最后，在此基础上确立将发展适宜性作为推进幼儿教育信息化指导思想的创新路径。解读发展适宜性理论的核心内容与观点，论证作为幼儿教育信息化立场的科学性与可行性。重点从幼儿教育信息化发展基础（硬件环境建设、软件资源设计开发）、幼儿教育信息化发展核心（信息技术与幼儿教育活动融合）、幼儿教育信息化发展保障（幼儿园教师培训与信息化政策）等维度，构建了信息技术在幼儿教育中应用的适宜性策略。

4. 研究技术路线

研究推进过程的技术路线如图 1-6 所示。

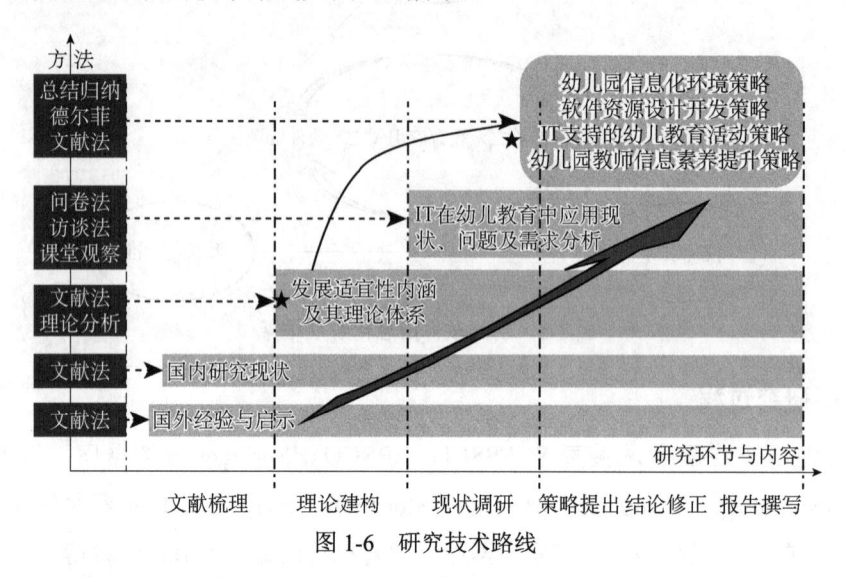

图 1-6 研究技术路线

1.5.3 研究方法

1. 文献研究法

科学研究也常常间接地获取一些重要的信息，文献研究法是常用方法之一。目前，我们通过期刊数据库、网络资源平台、学校图书馆等，已收集有国内 2005—2020 年有关幼儿教育信息化的文献资料及国外幼儿教育信息化的主要研究成果等。通过文献研究法，我们将梳理信息技术幼儿教育应用的研究现状，掌握已经取得哪些成果，了解哪些问题已经解决，哪些问题仍然悬而未解等，还将总结国外幼儿教育阶段信息技术教育教学应用的经验与教训。需要指出的是，文献研究随着研究的开展不断进行，贯穿于研究始终。

2. 访谈调查法

访谈法依据访问人数的多少，可分为个别访谈与集体座谈。依据访问形式不同可分为正式访问与非正式访问。非正式访问时调查者和被访者通过长期接触，在自然气氛和自然环境中进行谈话，这是一种很有效的方式，能够帮助研究者收集到更为客观的宝贵资料。访谈法是该研究获取研究数据的一个重要方法。访谈将采用多种形式进行，如通过与幼儿园教师集体座谈掌握幼儿教育阶段信息技术建设现状、应用情况、面临的问题等，通过个别单独访谈可以了解教师能力及对信息化资源与技能的个性需求等。研究还将访谈个别幼儿园园长，以获得幼儿园信息化投资与建设情况以及政策导向等问题。此外，访谈还将咨询幼儿教育与教育技术相关专家，以获得研究的新思路，解决研究存在的困惑。

3. 问卷调查法

采用问卷调查法主要收集幼儿教育信息化现状的相关数据，如信息技术设备、数字教育资源、教师能力与提升、课堂教学应用等情况。其中，重点是针对信息技术在幼儿教育中应用存在的问题。由于研究对象的特殊性，问卷仅设计幼儿园教师与管理者问卷，不再设计幼儿问卷与家长问卷。

4. 课堂观察法

课堂观察是社会科学观察研究的具体化，它类似我们常说的"听课"，由研究者作为观察者，从日常教学事件发生、发展和变化的点滴行为中，观察被观察者的行为以及针对教材内容所展开的教学活动情况，从而更加直接、准确地记录课堂教学现象。[1]然后，研究者以其自身的理论与方法素养对数据内在意义与价值做出合理、有效的解释或对教学规律做出系统、科学总结。课堂观察法不仅是教育研究的一种重要方法，还是促进教师成长和改善课堂教学效果的重要途径。在幼儿教育研究中，一方面，量规与访谈等常规方法难以对幼儿进行精确测量；另一方面，课堂观察能获得更为真实自然的数据。幼儿的年龄尚小，通常不会掩饰自己的行为，不易受观察者的干扰。因此，观察法是幼儿教育研究的适宜方法[2]。信息技术幼儿教育应用研究核心在于应用，应用的主要场所在课堂。研究的一些环节需要走进课堂，指导信息化活动教学，观察幼儿与教师的课堂行为。课堂教学观察法在本书研究中主要用于对课堂信息化常用教学模式的构建、检验、完善及对实施效果的评价。

---

[1] 王鉴. 2007. 课堂研究概论. 北京：人民教育出版社：132.
[2] 张燕，邢利娅. 1999. 学前教育科学研究方法. 北京：北京师范大学出版社：64.

5. 内容分析法

内容分析法早期主要用于对传播学问题的研究。本书使用内容分析法主要对幼儿园教师座谈等资料进行编码分析，从中探索信息技术幼儿教育应用发展的现状等。具体步骤为确定样本—收集研究资料—选择文本分析单位—建立编码系统—划分文本类型—描述统计结果—分析研究结论。

6. 德尔菲法

德尔菲法本质上是一种函询反馈法。在对所要预测的问题征得专家的意见之后，进行整理、归纳、统计，再反馈给各专家，再次征求意见，再集中，再反馈，直至得到较为一致的意见。本书使用德尔菲法主要对调研工具（问卷、访谈提纲）及提出的基于发展适宜性视角下的信息技术幼儿教育应用策略做进一步完善，通过多轮咨询修正，形成更加科学的调研工具和研究结论。

第 2 章

信息技术幼儿教育应用研究现状

2.1 国内信息技术幼儿教育应用研究现状

国内信息技术幼儿教育应用文献资料主要从中国知网（CNKI）、超星电子书库等检索下载获得，同时在图书馆查阅部分文字资料等。文献综述以期刊文献为主系统梳理学前教育信息化研究现状。

2.1.1 文献整理概况

CNKI 文库资料的搜集，以"核心期刊"为主，采用"关键词"查询方式检索所需文献。依据研究主题，核心期刊大致分三类：第一类是幼儿教育类期刊。目前，幼儿教育专业核心期刊较少，公认最高级别的期刊是《学前教育研究》（2014 进入 CSSCI 期刊目录）。为了全面了解幼儿教育专业对幼儿教育信息化的研究动向，我们还选取了《幼儿教育》《当代学前教育》作为检索期刊；第二类是教育技术学专业期刊。主要是《电化教育研究》《中国电化教育》《现代教育技术》，以及《中国教育信息化》（2008 年以前为核心期刊），有些期刊虽为教育技术核心但发文主要以远程教育类论文为主，这里暂不作为检索对象；第三类是其他核心期刊，如，学报及综合类核心期刊。

文献搜集思路：假定第一类期刊的论文，题目中出现"信息技术、信息化、多媒体、电脑、计算机、网络、投影、幻灯、电视、电子白板"等关键词即为幼儿教育信息化研究成果。第二类期刊中的论文，如题目中出现"幼儿园、学前、儿童、早期教育"等关键词即为幼儿教育信息化研究成果。第三类期刊同时出现以上两组关键词视为幼儿教育信息化研究成果。为了验证这种搜集文献思路的科学性，我们做对比实验如下：方法一，采用上述思路，对不同类期刊用关键词检索；方法二，采用人工逐一浏览题目作初步识别，再浏览摘要确定。时间从

2005年1月至2020年12月，各期刊获检索论文情况对比如表2-1。"期刊分类+关键词"的检索方式具有一定的合理性，是可行的。

表2-1 期刊对比实验　　　　　　　　　　　　　　　　单位：篇

期刊	《电化教育研究》	《中国电化教育》	《学前教育研究》
实验数据	39	27	17
对照数据	43	31	18

相关研究成果不是很多，2005年1月至2020年12月底在核心期刊中能查到的论文共231篇，具体在期刊中分布如图2-1所示。通过仔细阅读，剔除以下不相符文献：①简讯与报道类，如《重视民间力量，努力提高幼儿园信息化水平》等；②课程教材评价类，如《（TPR儿童英语）电视教材评介》等；③非信息技术类，题目虽然出现"网络"与"幼儿教育"等关键词，但属于人力资源网络，如《河北省农村幼教管理网络实验研究》等；④非学前类文献，研究对象是年龄较大的儿童，未涉及3—6岁幼儿，如《e时代的儿童网络媒介接触行为探查》等；⑤其他类，如《幼儿音乐教育课程网络教学系统的功能模型》介绍高校幼儿专业课程设计研究的模型等。共排除论文31篇，其余200篇在时间维度上分布。

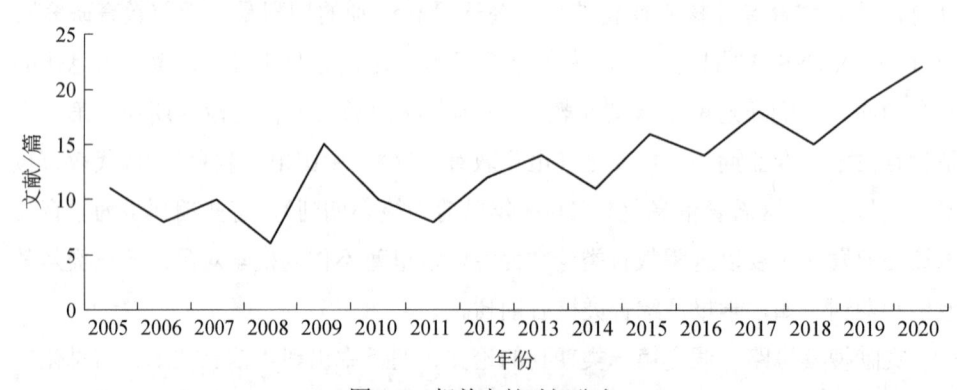

图2-1　相关文献时间分布

除期刊文献外，我们还收集了幼儿教育信息化图书及网络资料：专著，如《计算机与幼儿教育》（冯晓霞2010年版），《信息技术与早期教育》（郭力平2007年版），《幼儿园教师信息素养与提升路径》（汪基德2020年版）等；电子网络文献，如中国学前教育网（http://web.preschool.net.cn/index.html）、学前教育信息化研究网（http://www.e-predu.com）、中国学前教育研究会（http://www.cnsece.com）等网站资源。

2.1.2 对信息技术在幼儿教育中应用定位的研究

信息技术在幼儿教育中的应用存在争议，有利也有弊，但利要大于弊。20世纪80年代，人们对计算机进入小学低年级教学就曾发生过激烈的讨论。如今，信息技术/计算机在幼儿教育的应用似乎面临同样的尴尬。计算机/多媒体技术究竟能给幼儿带来什么？幼儿教育到底需不需要采用信息技术手段？学术界对此并没有统一的结论或权威的判断，不同的研究者站在不同的立场得出了不同的结论。

1. 反对/质疑者的观点及其理由

反对信息技术在幼儿教育中应用的学者认为：幼儿阶段（6岁或7岁以前），幼儿使用计算机是不合适的，或许这个阶段的幼儿具备了操作计算机、多媒体的潜能，但信息技能并不是幼儿生活所必需的。相反，信息技术在幼儿教育中的应用会给幼儿带来生理与心理上的伤害。[1][2]

（1）信息技术对幼儿的生理伤害

计算机应用需要幼儿长时间静坐以观看屏幕信息。闪烁的屏幕、不良的坐姿与习惯等都会影响到幼儿健康。研究表明计算机对幼儿的生理健康伤害主要包括[3]：计算机释放的有害物质和电磁波伤害、不适宜的使用方式对骨骼肌体的伤害、屏幕造成的视力伤害及长时间静坐带来的肥胖问题等。北京师范大学的冯晓霞引用美国环保委员会的报告，指出计算机新设备大概能释放21种化学物质，持续挥发时间达144—360小时。一方面，这些化学物质会带来皮肤、耳、鼻、喉的不适和疾病；另一方面，幼儿扭曲的坐姿会损害幼儿的成长，即便正常

---

[1] Burgul N, Yagan M. The Importance and the Roles of Information Technologies in Preschool Education (Procedia Social and Behavioral Sciences). http://www.sciencedirect.com. [2023-01-25].

[2] Nikolopoulou K. 2007. Early childhood educational software: Specific features and issues of localization. Early Childhood Education Journal, 35（2）: 173-179.

[3] 于开莲，徐小龙，郭力平. 2003. 计算机与早期儿童教育. 心理科学，（2）: 337-340.

的坐姿长时间保持仍有可能造成脊椎变形。[1]一项对视力伤害的研究发现，90%电脑使用者抱怨眼睛有灼痛感、视觉模糊等症状。[2]对于发育还不太成熟的幼儿而言，很易感到疲劳或造成伤害。此外，幼儿长时间使用电脑势必造成其他活动减少，如，缺乏游戏、锻炼等，进而导致儿童肥胖、抵抗力下降等健康问题。

（2）信息技术对幼儿的心理伤害

信息技术呈现信息具有直观形象化特点，这反而成了制约儿童认知发展的一个因素。心理学家皮亚杰认为2—7岁儿童的思维处于前运算阶段，本阶段的幼儿思维主要是表象性思维，其特点是具体化、不可逆、自我中心和刻板。[3]所以，幼儿园幼儿的学习活动和材料非常强调实物教具的教学，强调直接学习经验获得，如积木、沙土、玩水、表演等活动，智力与技能可得到更好的发展。而计算机提供的是一种虚拟的环境或者说是象征性的符号，不利于幼儿认知发展。使用成人事先设定好的固定程序和软件减少了儿童内部改造与加工的机会，为他们留下了的创造空间狭小，另外，计算机提供的画面依然是二维世界，这种环境下获得的经验不利于儿童的想象力和创造力的培养。[4]有学者认为，计算机不但减少了幼儿实际生活中学习语言和发展语言的机会，妨碍了语言的发展，而且还减少了儿童与他人互动交往的行为，妨碍幼儿社会化和情感化的培养。[5]有部分研究者甚至全盘否定信息技术在幼儿教育中的作用与价值。他们强调没有任何实质性的独立案例可以证明计算机对幼儿的学习与个性发展具有积极的影响，幼儿也根本不需要电脑。[6]学前阶段是幼儿学会交往、照顾自己、习得技巧、理解大小、方位、时间等概念的关键期，如果使用电脑，幼儿则不能更好地掌握这些知识。很显然，这种观点只片面地看到了新事物的缺点，缺少辩证的思维方式。

2. 赞同/支持者的观点及其理由

尽管一些人对幼儿教育应用信息技术持反对意见，但似乎更多的学者对此仍持积极乐观的态度。计算机不仅能促进幼儿的认知发展、语言发展，而且有利于

---

[1] 冯晓霞. 2010. 计算机与幼儿教育. 北京：人民教育出版社：5.
[2] 周文颖. 2009. 学前儿童使用电脑的危害及防范措施. 当代学前教育，(6)：36-38.
[3] 转引自林崇德. 2009. 发展心理学. 北京：人民教育出版社：210.
[4] 冯晓霞. 2010. 计算机与幼儿教育. 北京：人民教育出版社：7.
[5] 于开莲，徐小龙，郭力平. 2003. 计算机与早期儿童教育. 心理科学，(2)：337-340.
[6] 刘利萍. 2004. 幼儿无需电脑. 学前教育研究，(6)：55.

儿童的个性发展、社会化与情感的发展。计算机并不一定会影响幼儿的想象力与创造性。幼儿如果在一种有支持的氛围中使用计算机，与那些同一班级没有计算机经验的儿童相比，其智力、非语言技巧、结构性知识、长期记忆力、动手操作的灵敏性、言语技能、问题解决、抽象概括等能力，都表现出较大的发展优势。[1]有研究证实：儿童使用计算机后，积极态度增强了，表现出非常好奇、感兴趣、热情以及自我控制的意识。[2]我国著名幼儿教育专家冯晓霞、郭力平也分别在自己的专著中对上述观点进行了论证。何磊等用对比实验证实信息技术在幼儿教育中应用对幼儿成长具有正面效果。多媒体技术引入幼儿课堂，能有效地集中幼儿的注意力、激发幼儿的学习兴趣，调动幼儿的思维活动，促进幼儿对学习内容的理解与记忆。[3]在支持者的队伍中，幼儿家长的观点也非常重要。对上海市幼儿园大、中班幼儿家长的一项调研显示，大多数家长认为使用计算机对学龄前儿童的骨骼肌肉发育、体型和生理成熟并未造成影响，只是对幼儿的视力会产生一定的影响，但对儿童的认知、学习成绩、生活习惯、情绪、人格、社会性等的影响是积极的、正面的。[4]

3. 信息技术在幼儿教育中应用的理性立场

在一片争议声中，计算机已经成为摆在幼儿面前的教与学辅助工具。冯晓霞在访谈中说：计算机对幼儿发展是利还是弊不是一个简单可以回答的问题，我们要扬长避短，合理利用计算机才是一条可行之道。[5]对计算机在幼儿教育中的应用，华东师大的郭力平是这样描述的[6]：计算机可以用于辅助教学，却不能替代已有的颇具价值的幼儿教育材料，计算机与其他教具一样是幼儿教育中的一种有价值的活动工具，且它们之间不存在谁取代谁的关系。计算机的应用能有效地推动传统幼儿教育活动的开展，只是使用的过程中要注意方法得当、驱弊就利。从生理学视角分析，计算机应用要有严格的视距、姿态及使用时间的要求等，电脑

---

[1] 冯晓霞. 2010. 计算机与幼儿教育. 北京：人民教育出版社：10.
[2] 于开莲，徐小龙，郭力平. 2003. 计算机与早期儿童教育. 心理科学，（2）：337-340.
[3] 何磊，王满华，杨薇薇. 2009. 多媒体在幼儿语言教学中应用的效果研究. 现代教育技术，（9）：58-61.
[4] 郭力平，钱琼. 2006. "计算机与学龄前儿童发展"公众观的调查与分析. 上海教育科研，（12）：28-30.
[5] 冯晓霞. 2010. 计算机与幼儿教育. 北京：人民教育出版社：13-14.
[6] 郭力平，王隽. 2005. 如何看待信息技术在幼儿教育中的应用. 人民教育，（11）：20-21.

房的布置要科学合理，并加强电磁危害的防范。①为了更好地利用和发挥电脑的价值，还有学者较全面地从幼儿发育的生理和心理两方面提出全面优化幼儿园数字化学习活动环境的策略与方法。王雁和焦艳认为避免生理的不良影响，首先应合理安排幼儿的时间和活动，不能让幼儿与电脑长时间相处；其次是为幼儿选择符合其发展的适宜性软件；再则，教师及家长要与幼儿一起使用电脑，给予合理的指导及交流，鼓励幼儿同伴之间互相指导。②

从整体来看，大部分学者普遍认为信息技术在幼儿教育中的应用是利大于弊的，这为幼儿教育的信息化提供了可行性理论基础，为如何更好地发挥计算机的优势指明了方向。幼儿教育信息化犹如美国教授 Chris Dede 于 1995 年所言"当生活中的方方面面都发生了变化的时候，我们让孩子们待在学校教育中，这或许才是一种最危险的实验"③。所以，今天在我们看来，这种是否要在幼儿园使用信息技术的争论已不再是幼儿教育信息化发展的主要矛盾，因为信息技术在幼儿教育中的应用不是"行不行、要不要"的问题，而是"如何（开展）""以何（种方式）"的问题。幼儿教育与信息化工作者应在把握上述立场的基础上扬长避短，着重思考如何利用信息技术把幼儿教育办得更好。

2.1.3 信息技术幼儿教育应用现状的研究

在知网上搜索近几年幼儿教育信息化的文献，发现发文量是逐年增加的，幼儿教育信息化已经成为学术热点。虽然幼儿教育信息化受到较多的关注与研究，但我们还缺乏对当前幼儿教育信息化建设与应用现状的全面了解，为促进幼儿教育信息化的可持续发展，就要及时掌握幼儿教育信息化的发展状态以及存在的问题。因此，全面了解幼儿教育信息化建设与应用现状非常有必要。全面了解幼儿教育信息化的当前发展现状，如信息化环境、教学应用、教师理念、师资结构及教师信息技术能力等一些信息，是成功开展幼儿教育信息化的必要前提。

---

① 周文颖. 2009. 学前幼儿使用电脑的危害及防治措施. 当代学前教育，(6)：36-38.
② 王雁，焦艳. 2003. 优化幼儿电脑活动的环境——电脑使用不当的弊病及预防. 学前教育研究，(5)：30-32.
③ 转引自张炳林，王程程. 2014. 国外学前教育信息化发展与启示. 电化教育研究，(10)：29-35.

1. 东部地区幼儿园信息化发展整体比较乐观

有学者研究发现，上海市的幼儿园90%以上配备电脑、开通网络，76.9%的示范幼儿园、63.6%的民办幼儿园、41.2%的一级幼儿园和36.2%的二级幼儿园设有专门的电脑教室，各类幼儿园大部分在活动区安放了电脑，绝大多数园长对应用信息技术持肯定态度；从使用频率上看，54.5%的幼儿园在教育活动中偶尔使用，27.3%尚未使用，只有18.2%频繁应用。[1]86.9%的园长认为现代信息技术对幼儿教师非常重要，培训是提高信息技术能力的最佳方式。[2]研究从幼儿园信息化环境、教育活动应用概况、教师专业发展三个方面大致反映了上海市的基本情况。2007年，金华职业技术学院的刘珍芳对浙江省幼儿园进行了分层抽样调查，样本以浙江省7个市区120所幼儿园为研究对象。调查结果显示，浙江省大多数幼儿园配备电脑、打印机，65%的幼儿园开通网络，大多数园长、幼儿园教师对信息技术的应用持肯定态度，但实际应用并不乐观；在对幼儿园教师应用能力的调查中发现，教师的信息素养不高，应用意识与能力存在差异，对信息技术与幼儿园课程整合的理论知之甚少，幼儿园十分需要学前信息化的相关培训，但事实上国家在这方面做得还不够。[3]该结论与郭力平等对发达地区如上海市的调研结论基本相同。通过对上海、浙江的调查，我们欣喜地看到，幼儿园的硬件配置、网络通信已为幼儿教育信息化奠定了良好的基础，但软件资源配置相对滞后，这将是幼儿教育活动顺利开展的主要障碍。幼儿园园长与教师普遍认识到信息技术在幼儿教育中应用的重要性，幼儿园教师的发展应转向对实际操作能力及如何有效提高此能力的关注。幼儿教育信息化在一些经济发达地区正在蓬勃发展。

2. 中西部地区信息化建设差异显著

中部地区以郑州为例，有学者研究发现，郑州市的幼儿园，无论是民办园还是公办园，几乎都配备电视机与录音机作为课间娱乐设施，大部分幼儿园拥有照相机与摄像机，但数量有限。公办、民办幼儿园拥有多媒体教室的比例均在67%以上，而拥有教师电子备课室的比例，公办园为80%，民办园为37%；在应用

---

[1] 郭力平，钱琼，王隽，等. 2006. 上海市幼儿园应用信息技术的调查与分析. 上海教育科研，(6)：37-40.
[2] 郭力平，钱琼，王隽，等. 2006. 上海市幼儿园应用信息技术的调查与分析. 上海教育科研，(6)：37-40.
[3] 刘珍芳. 2007. 浙江省学前教育信息化现状的调查分析及对策研究. 中国电化教育，(8)：34-38.

方面整体使用率不高，各种设备使用频率均不超过35%。[1]公办与民办园教师应用能力存在较大差异，大部分公办幼儿园能正确把握课件的应用，在教育活动中适当运用课件促进幼儿的发展，但民办幼儿园教师在使用课件的意识与能力方面仍需要实质性的改善和提高。[2]对于西部地区的一些情况，西北师大的郑名老师对西北7个省份的示范性幼儿园进行了系统调研。调查以访谈、问卷、观察等方法为主，随机抽取220名示范园教师，就多媒体教学环境建设、多媒体教学的态度、实践应用及存在的问题等收集了详细数据。通过数据分析表明，西北地区示范幼儿园基本配置了先进的多媒体教学设备，维修调试服务及时，基本满足了幼儿园教学的需要；幼儿园教师对多媒体教学应用持积极的态度，认为多媒体能够多角度地调动幼儿的情绪、注意力和兴趣，而实际应用中却存在设备利用率不高，使用功能单一化，适合教学的资源难寻等问题。[3]该结论是对西部地区示范幼儿园教育信息化发展的整体、全面反映，具有重要的参考价值。与示范性幼儿园情况不同的是农村幼儿园信息化现状令人非常担忧。大部分农村幼儿园信息化设施建设不理想。多媒体配套的教学设施并不普及，拥有多媒体教室的幼儿园占22.5%，拥有教师电脑的幼儿园占82.5%，幼儿园信息化教育77.5%还停留在用电视机播放DVD阶段，不仅缺乏设备，而且缺乏利用多媒体进行现代化教学的意识。[4]

通过对比分析我们发现，东部发达地区幼儿园与西部地区示范性幼儿园幼儿教育信息化的差距越来越小，设备的投入、资源的拥有数量与质量差别渐小，但实际应用差别明显。即便是示范性幼儿园，其教师的意识、信息化应用水平与发达地区相比仍然落后。与中小学教师相比，幼儿园教师的信息技术水平还有很大差距。目前，幼儿园教师对录音机、电视机、计算机等传统的多媒体设备掌握得较好，而对投影仪、幻灯机、打印机、摄像机等设备的掌握水平较低，绝大部分农村幼儿园教师甚至从未在课堂中使用过PPT、Excel，多数幼儿园教师对多媒

---

[1] 柳阳辉. 2013. 郑州市幼儿园信息化硬件建设现状与发展对策. 学前教育研究, (10): 25-30.

[2] 郑芳霞. 2012. 郑州市幼儿园教师教育信息化能力调查及对策研究. 内蒙古师范大学学报（教育科学版）, (10): 45-47.

[3] 郑名, 路娟. 2009. 西北地区示范性幼儿园多媒体教学的调查与分析. 电化教育研究, (1): 41-45.

[4] 钟映, 谢秀莲. 2013. 西北农村幼儿园多媒体教学的现状调查与分析. 山西师大学报（社会科学版）, (5): 183-185.

体课件的制作、多媒体素材的处理能力显得尤为欠缺。缺少专业的培训机会是阻碍幼儿园教师信息素养提升的重要因素，且培训收效甚微。在西部地区（以兰州为例），只有 64%的幼儿园偶尔展开信息化教学培训，还有 9%的幼儿园从未进行过与信息化教学相关的培训，经常开展这方面培训的幼儿园还不到总数的1/3。[①]由此可见，公办与民办、农村与城镇、东部与西部幼儿园之间信息化设施与应用差别较大，但是无论哪种性质的幼儿园，其硬件设备也仍需进一步改善，幼儿教师信息技术能力、信息化应用水平需要进一步提升。

2.1.4 对信息技术对幼儿发展与学习影响的研究

研究者从幼儿发展与认知的角度探讨了信息技术在学前教育中的积极作用与影响。

1. 信息技术有利于幼儿语言能力的发展

语言是幼儿园五大领域课程之一，语言能力也是幼儿园培养的重要目标之一。信息技术能够优化幼儿园教师的语言教育活动，进而对幼儿说话、阅读等能力产生积极影响。一方面，信息技术能够激发幼儿学习兴趣，帮助引导幼儿掌握阅读的方法，有效降低阅读的学习难度，有效支持幼儿起点阅读[②]；另一方面，信息技术不仅可以支持起点阅读，还可以促进幼儿说话训练。信息技术具有创设语言情境的功能、丰富言语内容的功能、便捷操控的功能，使幼儿在语言培养活动中"想说""爱说""学会说"。[③]有关信息技术对幼儿语言发展的影响，刘济远的研究发现，信息技术有利于激发幼儿的语言学习动机，有助于教师语言教学活动的开展，有利于对幼儿进行语言与思维的整合教育，便于教师开展寓教于乐的语言学习活动。[④]信息技术在幼儿语言教学中应用主要通过现代教育媒体的网络环境提高语言教学的创造性，教学策略上采用"任务驱动""问题探究"的新型教学模式，尤其是现代教学媒体提供的网络资源，让语言教学的教学方法更加多

---

① 朱书慧，汪基德. 2013. 我国学前教育信息化建设与应用研究现状. 电化教育研究，(10)：40-46.
② 邓军. 2009. 借助多媒体开展"起点阅读". 当代学前教育，(3)：7-8.
③ 胡传朵. 2000. 幼儿说话训练. 中国电化教育，(10)：35.
④ 刘济远. 2003. 现代多媒体技术的运用与幼儿语言能力的培养. 学前教育研究，(5)：56-57.

样化、教学内容更加新颖化、人机活动更具有交互性。①还有学者探讨了多媒体动画手段对优化幼儿语言教育过程的作用，认为合适地选择动画能增进幼儿学习语言的兴趣，多通道的动画刺激，能让幼儿在游戏中更好地学习语言。②在信息技术促进语言能力的研究中，一些学者还特别分析了信息技术对英语语言学习的影响。英语学科本身就具有信息技术应用的优势，比如，英语非常强调"听""说""读""写"的练习。20世纪末，就有学者探讨过电化教育手段对英语学习的影响，肯定了多媒体手段对幼儿英语学习的作用。强调利用电教手段创设教学情境和幼儿自我表现的机会，这样能达到激发幼儿学习兴趣、巩固英语知识的目的③。该观点从创设学习情境、促进知识迁移、评价幼儿教学效果等环节阐明了早期电教手段对幼儿发展的作用。还有研究揭示了多媒体促进英语语音、语义、单词和句子再认以及提高幼儿学习兴趣等的积极作用。④北京师范大学依托"国家攀登计划项目（95-专-09）"对信息技术在幼儿英语学习中的影响做了系统探讨，取得了一系列成果。他们从心理学角度揭示了儿童在学习第二语言时，多媒体支持下的不同词类、词汇的学习特点。⑤多媒体英语口语学习资源的呈现及配套活动设计应发挥多媒体多通道刺激和训练的特点，合理设计多媒体情境下的内容呈现方式与学习条件。⑥该研究成果为英语学习资源的开发提供了重要指导理论。相反，也有研究者指出，多媒体支持下的幼儿英语学习及幼儿资源开发存在的一些问题，并建议采用多媒体支持的幼儿语言学习时：一是要在"交际和运用"方面进一步加强；二是要让课堂环境走入对英语学习支持工具开发的视野；三是支持工具的开发要能体现对学习者输入信息深度加工的支持以及对言语交际与运用的支持，尤其体现听说相互结合的培养。⑦

---

① 万金妹. 2011. 利用现代教学媒体的优势促进幼儿语言发展. 中国教育信息化，(16)：38-39.
② 钟海，孙海龙，郑伟红. 2000. 运用动画片优化学前语言教育. 中国电化教育，(1)：30-31.
③ 仲伟秀. 1998. 幼儿英语兴趣及能力的培养. 中国电化教育，(1)：34-35.
④ 董奇，孙燕青. 2002. 多媒体条件下儿童英语学习的效果与影响因素. 北京师范大学学报（社科版），(4)：5-11.
⑤ 王文静，伊咏. 2005. 儿童英语学习环境的创设. 中国电化教育，(2)：56-58.
⑥ 李燕芳，王文静，魏章纪，等. 2008. 儿童多媒体英语学习资源设计研究——以攀登英语学习实验为例. 中国电化教育，(9)：73-77.
⑦ 梁文鑫，王丽娜. 2010. 计算机技术促进儿童英语学习现状探析. 现代教育技术，(1)：50-53, 58.

2. 信息技术有利于幼儿兴趣与情感的培养

心理学认为观察、记忆、思维、想象等是有关学习本身的心理要素，动机、兴趣、情感、性格等是属于学习动力的心理要素。信息技术用于对幼儿学习动力的培养具有特殊功能。多媒体手段能诱发幼儿学习动机、调动儿童情感、培养幼儿习惯[1]。学习动机是推动幼儿学习的一种内部动力，是幼儿学好知识、掌握技能的必要条件，而动机主要取决于幼儿对学习内容的感知。多媒体提供的新颖的、多样化的、趣味性的教学内容与方法是激发、诱导幼儿学习兴趣的最好材料和方式。幼儿的学习活动规律是对感兴趣的事情和活动产生良好的情绪和情感，并愿意积极参与其中。多媒体能呈现规范的实验操作程序，引导幼儿形成良好的习惯。在情感培养方面，多媒体的运用能更好地帮助幼儿树立远大理想，养成良好的行为习惯，培养爱国主义情感。[2]抽象的说教很难被幼儿理解和接受，那些远离幼儿生活的故事与人物往往很难激起幼儿学习与模仿的欲望。幼儿园教师可以用多媒体把幼儿生活中的良好习惯记录后进行情景再现。这种发生在幼儿自己身上的事，不仅幼儿更加爱看、善学，还有助于幼儿的自控能力和生活习惯及幼儿园的园风得到进一步的改善。相关信息技术对非智力因素影响的研究也从另一个方面证实了信息技术对幼儿兴趣、动机发展的影响是积极的、有益的。

3. 信息技术能促进幼儿学习的效果

最早开展电化教育在幼儿教育中应用实验探索的是北京市"电化教育促进幼儿园教育活动过程的优化"课题组。该课题组历时 3 年就电化教育手段对幼儿发展的影响进行系统考察。课题组收集并分析了北京几个城区的幼儿园在教育活动中运用电化教育手段促进幼儿认知发展的案例，特别是对幼儿注意力发展、观察力发展、记忆力发展、思维力发展、想象力发展的影响。电化教育手段有助于幼儿认知需要的满足及认知兴趣的激发，良好的需要与兴趣是构成幼儿在教育活动中认知活动发展的重要因素，因此，电化教育手段能有效促进幼儿教育活动中的认知发展[3]。电化教育手段还能促进幼儿注意力、观察力、记忆力、思维力、想

---

[1] 王志清.1997. 自然教学中对儿童非智力因素的培养. 中国电化教育，(4)：34-35.
[2] 包红英.1997. 电化教学如何促进幼儿身心健康发展. 中国电化教育，(4)：39-40.
[3] "电化教育促进幼儿园教育活动过程的优化"课题组. 1995. 电化教育促进幼儿园教育活动过程的优化（上）. 电化教育研究，(3)：52-56.

象力的发展①,具体的促进方式包括激发(兴趣和积极情感)、展现(未见或难以表达事物)、点拨(教学重难点)、诱导(幼儿思考与活动)、组合(教学要素)等②。本书在此基础上还探讨了电化教育手段优化幼儿园艺术教学活动、培养幼儿审美情趣的实验效果。本书通过幼儿参与电教设备操作激发其兴趣,采用声像激趣、氛围感染、自由探索、游戏操作及一日艺术熏陶等手段,促进了幼儿审美情趣的发展:①3—4岁小班幼儿审美感知能力发展非常显著;②4—5岁中班幼儿对艺术作品的情感体验及理解认知能力发展极为显著;③5—6岁大班幼儿审美联想力、想象力、表现力等发展极为显著;④5—6岁大班幼儿审美评价力发展极为显著;⑤4—5岁中班幼儿审美爱好发展极为显著。③在电化教育(信息技术)手段应用于幼儿教育的研究中,还有学者构建了多媒体与幼儿语言发展的关系、多媒体与幼儿智力发展的关系等。这里仅对其中部分实验作简单总结:"幼儿园'双爱'教育活动(爱祖国、爱家乡是幼儿教育的重要内容)电教实验"通过实验对比认为在幼儿园"双爱"教育活动中电教手段能有效提高幼儿认知过程,调动幼儿参与活动的积极性,激发幼儿"爱"的情感④。这些实证研究虽然较早,但它与幼儿教育信息化认识形成互证,推动了幼儿教育信息化的发展,其结论对今天现代信息技术在幼儿园教育中的应用仍具有指导意义。关于现代信息技术在课堂教学中的作用,研究者通过详细记录语言教学中幼儿注意力分散次数、回答问题次数、回答问题效果及课后内容复述情况,分析发现信息技术引入幼儿课堂,激发了幼儿的学习兴趣,调动了幼儿的思维活动,从而促进了幼儿对学习内容的理解与记忆,从总体效果来看,信息技术对优化语言课堂教学有明显优势。⑤还有部分学者从语境分析视角研究了信息技术对幼儿英语学习的影响,发现动画情景下幼儿英语学习的效果最好,附以中文翻译情况下效果次之,无任

---

① "电化教育促进幼儿园教育活动过程的优化"课题组. 1995. 电化教育促进幼儿园教育活动过程的优化(中). 电化教育研究,(3):59-65.
② "电化教育促进幼儿园教育活动过程的优化"课题组. 1995. 电化教育促进幼儿园教育活动过程的优化(下). 电化教育研究,(1):22-28.
③ 许桂兰,范芸芸,许芳. 1998.《电化教育与幼儿审美情趣培养》实验阶段报告. 中国电化教育,(1):37-39.
④ 龙迎建,陈淑兰. 1996. 幼儿园"双爱"教育活动电教实验. 中国电化教育,(6):38-40.
⑤ 何磊,王满华,杨薇薇. 2009. 多媒体在幼儿语言教学中应用的效果研究. 现代教育技术,(9):58-61.

何辅助条件下，幼儿则学习效果最差。[1]还有研究在此基础上考察了幼儿在不同学习资源语境下语境线索的影响效应。幼儿使用多媒体动画学习英语时，语境线索丰富，幼儿在内容理解、知识回忆上要好于语境线索局限效果。[2]信息技术对幼儿教学效果影响的实证研究从多个侧面验证了幼儿园教育信息化的有效性与可行性。

4. 信息技术能促进幼儿多元能力的发展

信息技术不仅可以促进幼儿认知领域的发展，还可以促进幼儿多元能力的发展。信息技术对幼儿的认知与感官发展、问题解决能力、语言和图形创造能力都有积极的影响。信息技术不仅可以提供多种交流协作和探究工具，还可以提供丰富多彩的视、音频及图片资源，促进幼儿的人际交往和科学探究能力。因此，信息技术对幼儿多元能力的发展有较大的潜力，在幼儿教育阶段可以运用适当的技术促进幼儿多元能力的发展。当前幼儿园教师和家长为了让孩子从小不输在"起跑线"上，在幼儿教育阶段就让幼儿提前接受小学才传授的知识，且信息技术的应用偏重对幼儿认知领域（智力）发展的作用，忽视其对幼儿多元能力发展的作用。这不仅不利于幼儿身心全面和谐发展，也阻碍了信息技术在幼儿教育中有效应用。幼儿园教师和家长首先需要改变信息技术在幼儿教育中应用的原有认知和方法，在推进信息技术对幼儿认知领域（智力）发展作用的同时，需要认识到信息技术的应用对幼儿多元能力发展的作用，以便促进幼儿的和谐全面发展。

2.1.5 对幼儿教育信息化基本理论的研究

1. 技术支持幼儿发展的心理学理论研究

幼儿教育信息化资源建设能否符合幼儿的认知特点，幼儿信息化活动的设计能否遵循幼儿的发展规律，这些都离不开心理学理论的指导。很长一段时期内，幼儿教育信息化工作者是如此渴望能从幼儿心理的视角构建出幼儿教育信息化的指导思想体系。教育技术界专家何克抗以系统理论和"四结合实验"证明信息技

---

[1] 孙燕青，董奇. 2003. 学习支持对儿童在多媒体语境中学习英语词汇的影响. 心理科学，(5)：800-803.

[2] 梁文鑫，张萍，吴一鸣. 2010. 多媒体动画的语境线索及支持条件对儿童英语学习的影响研究. 电化教育研究，(11)：104-107.

术手段可以突破儿童原有的发展模式。何克抗认为皮亚杰的儿童发展理论只抓住了思维加工的能力，忽略了思维加工的材料[①]；布鲁纳则相反，只关注思维加工的材料，忽视思维加工的能力[②]。有学者指出，只要为儿童提供丰富的网络优质教学资源，采用"识字、阅读、写作、计算机教育"相结合的教学方式，就能实现跨越"皮亚杰儿童思维阶段"的发展。[③]在这一观点的指导下，一些一线教师进行了以幼儿为对象的跨越式发展尝试，结果证实幼儿园开展多媒体教学可促进幼儿综合素质的全面发展[④]。结合创新思维理论的分析与实验数据的对比分析，何克抗还提出了独特的儿童思维发展新论[⑤]：①发声练习期（出生至6个月左右）：婴儿没有言语能力，但能发出各种不同的声音；②言语准备期（7—12个月）：能对语言进行初步的理解，能通过简单的体态语与成人进行交流；③言语发展期（1岁至2.5岁左右）：能以主动方式参与言语交际活动，但使用的语言还不成熟、不完善；④言语成熟期（2.5岁至4.5岁或5岁）：对本民族口头语言的掌握达到成熟与完善。儿童思维新论的最大意义在于它认为儿童的发展不是一成不变的，如果给予适当的刺激（如运用信息技术），儿童发展阶段就可以压缩、提前。这为幼儿教育信息化及幼儿教育开设计算机课程提供了重要的理论支撑。当然也有学者质疑何克抗的儿童发展新论，如《论试验研究方法在教育研究中的应用》一文指出何克抗的儿童发展新论在实验设计上没有控制组，实验目标单一，实验数据表述模糊，结果解释科学依据不足，结论不具普遍性与科学性，有待进一步验证完善[⑥]。何克抗的儿童发展新论的形成过程虽非完美，但人们还是普遍认为儿童新论具有较强的合理性与实践意义。皮亚杰的儿童心理发展理论的时间大约是在20世纪三四十年代，今天我们不得不怀疑信息技术支持下的幼儿认知结构与方式等是否依然。因此，对于信息技术支持幼儿心理发展

---

① 何克抗. 2002. 网络时代呼唤教育理论创新（中）——对皮亚杰（J. Piaget）"儿童认知发展阶段论"的质疑. 电化教育研究，（11）：18-21.

② 何克抗. 2002. 网络时代呼唤教育理论创新（下）——对皮亚杰（J. Piaget）"儿童认知发展阶段论"的质疑. 电化教育研究，（12）：12-19.

③ 何克抗. 2002. 网络时代呼唤教育理论创新（上）——对皮亚杰（J. Piaget）"儿童认知发展阶段论"的质疑. 电化教育研究，（10）：7-15.

④ 李红云，金红燕. 1999. 开展多媒体电脑教学，促进幼儿综合素质的发展. 电化教育研究，（4）：78-81.

⑤ 何克抗. 2005. 儿童思维发展新论和语文教学改革. 中国电化教育，（10）：5-10.

⑥ 邹霞. 2006. 论实验研究方法在教育研究中的应用——就《儿童思维发展新论和语文教育的深化改革》一文与何克抗教授商榷. 电化教育研究，（5）：40-43.

理论的探讨对学前信息化是非常有必要的，何克抗所做的尝试及形成的理论具有开拓性。

其他一些心理学理论研究对幼儿教育信息化也具有重要的指导价值，如"觉醒游戏理论""经验迁移理论"等。觉醒游戏理论能很好地解释个体的内部状态对觉醒的自我调节功能，它解释了信息化环境与个人的交互作用原理，启发人们使用多媒体教学时要关注幼儿的内部动机，重视多媒体在幼儿教育中的科学组织。[①]经验迁移理论的指导意义在于它对幼儿现实世界的经验与虚拟世界的经验的产生及二者间的关系做出了合理判断，数字化时代是现实世界与虚拟世界的重构。[②]幼儿园教育信息化换句话说就是采用信息技术再现现实世界，增进教育效果。幼儿信息化教学必须处理好虚拟与现实的双向迁移，才能有效促使幼儿发展。

2. 信息技术与幼儿课程整合（活动应用）理论

信息技术在与幼儿课程的整合中所担当的角色不是目标与结果，而是手段和工具。教育信息化的目的是实现教育效果的最优化，幼儿园课程的整合应着重强调信息技术服务于具体的任务，不追求技术的尖端性和复杂性，以实效为原则。[③]信息技术与学前各领域课程的关系是"整合、融合"而不是"混合"，培养的目标是幼儿的全面发展和创造能力的提升。"整合"是通过将信息技术有效地融合于幼儿教育的整个体系，在营造园本文化、促进家园共育、优化课堂教学等方面积极发挥信息技术的优势作用，为幼儿的全面发展与健康成长营造良好的教育环境。[④]这种观点既体现了幼儿教育注重幼儿健康成长的特点，又体现了何克抗关于信息技术与课程深层次整合的主张。理解整合的含义是开展整合的基础，在如何推进幼儿课程的整合上，有的学者认为应从信息技术存在的形态：如教学媒体、实践平台、交互系统三个方面开展活动设计也具有一定的道理。要使信息技术成为幼儿学习环境的一部分，成为幼儿游戏和教育活动的一部分，整合必须把握如下步骤：①计算机是幼儿学习环境的一部分，首先形成计算机活动区让计

---

① 郑名. 2005. 觉醒游戏理论对幼儿园多媒体教学的启示. 电化教育研究，(11)：67-69.
② 胡金艳，冯小燕. 2010. 试论儿童现实世界和虚拟世界经验的"双向迁移". 中国教育信息化，(8)：19-21.
③ 何磊，黄艳霞，金晓晓. 2009. 信息技术与幼儿教育的整合. 学前教育研究，(1)：56-59.
④ 何磊，黄艳霞，金晓晓. 2009. 信息技术与幼儿教育的整合. 学前教育研究，(1)：56-59.

算机进入幼儿活动室；②整合必须选择适宜的软件来丰富课程内容、教育活动以及概念；③利用常规的活动材料、教学方式对适宜的软件内容进行丰富和发展；④发挥作用环节，结合传统教学活动材料，充分利用媒体作为学与教的工具手段。① 从中我们不难看出，有关信息技术与幼儿教育整合理论的研究既包括整合的内涵、整合的要领，也包括整合的步骤等。

3. 信息技术在幼儿教育中的应用原则与方法

信息技术在幼儿教育中的应用有利于培养幼儿的信息素养，有利于创新教育的实施，有利于提高幼儿的学习效率，有利于主体性教育的形成等。② 信息技术在幼儿教育中的应用还在于可以提高幼儿教师的信息素养，实现人机互动促进儿童主体性发展。③ 这些结论体现了信息技术在幼儿教育中应用的基本途径与方向。对于信息技术在幼儿教育中应用的具体原则和方法研究有很多，表述大同小异，总体可以概括为：①用信息技术提供宽松愉快的情境激发幼儿的学习兴趣；②用信息技术呈现生动图像促进幼儿对教学内容的理解；③用信息技术恰当而简明的演示化解教学中的重点和难点；④用信息技术制作声画并茂的课件来丰富幼儿的情感④；⑤用信息技术创设的多样化教学情境增强幼儿学习主动性；⑥用信息技术形象、直观的景象培养幼儿的创新精神⑤。与之相应的还有信息技术在幼儿教育中应用的基本原则：遵循教育的目的性原则；教师的主导作用与幼儿的主体作用相结合原则；科学性、技术性、艺术性相结合原则；直观性和形象性相结合原则。⑥ 它们不仅是信息技术在幼儿教育中应用的最重要指导方法，还是开展幼儿教育信息化的基本理论。那么，如何用多媒体辅助幼儿课堂教学，有学者进行了经验总结，信息技术在课堂教学中应用要做到：①课件的制作科学合理，注重教学效果；②综合运用，积极为教学内容服务；③提供幼儿可操作的机会，充分发挥幼儿的创造力。⑦ 有关信息技术在幼儿教育活动的具体应用，黄革成分析

---

① 焦艳,于开莲,易进.2006.计算机与幼儿课程整合.学前教育研究,(5)：23-26.
② 温海涛,赵玲凤.2001.多媒体在学前教育中的应用.中国电化教育,(12)：21-23.
③ 刘秀菊.2009.谈教育信息化在学前教育中的作用.中国教育学刊,(增刊)：76-77.
④ 周榕.2007.多媒体技术在幼儿园教学中的运用.学前教育研究,(6)：49-51.
⑤ 邢建华.2010.信息技术在幼儿园社会教学活动中的有效性.中国教育信息化,(24)：49-50.
⑥ 温海涛,赵玲凤.2001.多媒体在学前教育中的应用.中国电化教育,(12)：21-23.
⑦ 曹亚琴.2003.幼儿教师如何利用多媒体辅助教学.中国成人教育,(6)：84.

了幼儿教育的规律，系统地提出了幼儿信息化活动的应用目的与方法，成为信息技术环境下幼儿活动实施的重要依据，概括如表 2-2 所示。[①]

表 2-2　信息技术幼儿教育活动应用

活动类别	具体使用方法	目的
教学活动	图片、声音、动画等刺激不同的感官	提高幼儿学习兴趣
	以说、唱、吹、舞、写、画等方式呈现教学信息	教学信息示范标准化
	打破时空限制，虚拟不存在或难以感受的事与物	提高教学效果、效率
	控制教学信息的流向、流量和进程	实现因材施教
	让幼儿参与如选择、练习或寻找等操作	增强幼儿学习的主体性
	对事物分类、剖析、归纳、总结，对流程修改，对过程展现	培养正确的思维方法与创作思维能力
	创设轻松愉快的学习氛围	艺术美感教育、情感教育
	随机抽样检测，正确统计分析等	帮助管理教学，形成决策
游戏活动	演示游戏过程	培养幼儿组织、合作能力
	增添游戏形式与方法	带来更多知识与技能
	通过电脑进行多种形式评价	评价的多样化与科学性
日常活动	休闲时播放丰富知识性内容	拓宽幼儿视野
	家庭与幼儿园通过技术相互沟通幼儿学习、生活情况	家园共育，完善管理与教养体制
	监控幼儿活动、距离感应用等	幼儿安全保护

最后值得提出的是，李平毅站在幼儿生理与心理学视角，针对早期电教媒体的应用提出，要搞好信息化教学，就必须做到以下几点：①充分发挥电教媒体的参与性特色；②注意提供直观、形象、具体、生动的可感知的、可体验的材料；③巧妙运用鲜艳、明快的色彩，生动、有趣、夸张的造型，善于运用色彩反差和运动画面等；④提供一些能够激发幼儿思维兴趣的资料[②]。该方法是早期幼儿教育信息化的重要理论，对现代媒体应用仍具一定的借鉴意义。

以上结论和观点普遍提出了信息技术在幼儿教育中应用的原则，对幼儿教育信息化的开展具有良好的推动与导向作用，但也可以从中看出基本理论研究还不够系统和深入。成果提出了很多指导思想与方法，但具体的应用模式与案例却很少，很多研究总结了应用中存在的问题，但对于如何解决却避而不谈，此外，对于应用效果的评价研究几乎没有，这也从一个侧面反映出目前幼儿教育信息化所

---

① 黄革成. 2002. 多媒体技术在幼儿教育中的作用. 学前教育研究，(3)：23-24.

② 李平毅. 1996. 结合幼儿生理心理特征搞好幼儿电化教育. 中国电化教育，(4)：32-34.

处的发展状态。

2.1.6 对幼儿信息化资源设计开发的研究

幼儿信息化资源设计开发的研究主要体现在对幼儿资源开发新理论与新技术研究、幼儿信息化资源建设原则等两个方面。

1. 对幼儿资源开发新理论与新技术的研究

在对幼儿资源设计与开发理论的探讨中，很多学者提到了"'娱教'理论""多元智能理论""统觉教育理论"在幼儿教育软件开发中的应用。娱教技术理论强调将"生活"乐趣和学习相融合，在快乐的体验中达到学习目标。[①]它对教育软件开发的核心指导价值在于尊重儿童，还儿童以游戏的权利。依据教育内容安排适宜的多种娱乐形式，把握游戏与教育的平衡。多元智能理论对幼儿信息化资源设计的指导意义在于为幼儿教育软件科目分类提供依据。资源智能模块之间无须有轻重缓急之分，要注意智力的全面发展，从多方面培养儿童的创造力。每个智能学习模块都必须达到一定的要求，创设促进儿童学习的良好情境等。[②]统觉理论的指导意义在于以儿童的经验为前提，培养儿童多种学习兴趣；各分散学科要有一个共同的教育目标为主旨；注意单个学科内部的综合性等。[③]在对幼儿资源开发技术的研究中，除传统技术动画、3D、虚拟现实外，这几年的探讨热点主要集中在虚拟新技术多点触控技术的研究。"多点触控技术"，中文亦称多点触摸、多点触控、多点感应等，英文为"multi-touch"，是一种允许单个用户或多个用户通过手势与交互界面进行对话的图形交互技术。[④]基于多触点技术的虚拟学具的提出，将极大推动幼教技术手段的优化和创新，打开技术支持下的新型幼儿动手操作活动和学具教学模式的新篇章。[⑤]由于幼儿认知的特殊性及操作的简单化，多点触控技术在幼儿资源与软件设计中具有广阔的应用前景。

[①] 刘惠茹.2006. 论前沿教育理论对儿童学习软件设计的指导意义. 中国教育信息化，(12)：55-57.
[②] 刘惠茹.2006. 论前沿教育理论对儿童学习软件设计的指导意义. 中国教育信息化，(12)：55-57.
[③] 刘惠茹.2006. 论前沿教育理论对儿童学习软件设计的指导意义. 中国教育信息化，(12)：55-57.
[④] 郁晓华，薛耀锋，祝智庭.2010. 多触点技术的教育应用前景分析. 中国电化教育，(2)：107-110.
[⑤] 郁晓华.2011. 幼儿多触控虚拟学具的研究与设计. 中国电化教育，(1)：133-137.

2. 对幼儿信息化资源建设原则的研究

幼儿信息化资源开发应遵循的原则，研究者提出：第一，要符合幼儿认知规律。幼儿教育的对象是幼儿，幼儿教育信息化资源设计与开发必须体现幼儿的认知规律。学前儿童处于感知运动与前思维运算阶段，认知特点为：①行动受知觉支配：学前儿童思维依赖于其知觉，儿童通常只注重某件事物的一个方面或一个变化；②自我中心：常把自己见到的看作是别人见到的，带有强烈的主观感觉；③由近及远：在不知道客观事物永久存在之前，认知范围限于自己，以后逐渐认识到外部世界也和自己一样存在。[①]这些是幼儿教育软件开发必须遵循的基本规律。第二，关注儿童视角，鼓励幼儿参与软件的设计。幼儿参与设计是体现儿童特色的重要手段。有研究发现儿童的参与能够反映儿童群体的声音、视角与想法，能使幼儿教育软件更加符合使用者（幼儿）的年龄特征，更加具有发展的适宜性，参与的具体方式是情境设计法、参与式设计法、信息提供式设计法及合作询问式设计法等。[②]幼儿数字化资源设计开发，要支持幼儿成长的需求、启蒙教育的需求及道德教育的需求，满足家长开展启蒙教育的需求，考虑教师的教学需求。[③]幼儿教育的对象虽然是儿童，但决定权却在教师手中，考虑幼儿园教师的需求对资源的推广、应用、评价能起到良好的推动作用。第三，选材上关注传统文化。幼儿期开展传统文化教育，能让幼儿感受、欣赏和体验到中华民族悠久的历史文化和优秀的传统文化，有利于幼儿良好品质的培养。有学者研究发现传统文化可从主题上分为中国经典的历史传统文化和地方特色的优秀文化。[④]中国传统文化经典指融合文化、历史、礼仪、语言、识字、表演、音乐、艺术等元素的国学资源，如《百家姓》等；地方优秀文化，如当地民间艺术、地方儿童歌谣等。第四，促进幼儿多元智能的发展。幼儿教育软件（尤其一些益智类软件）的开发要促进幼儿多元智能的发展。这样幼儿在使用软件时，才能增进知识、发展感知觉，培养观察力、注意力、思维想象力、语言表达力和创造力。此外，还有

---

① 张万兴.2003.课堂教学艺术完全手册：第一编：教育心理.北京：中央民族大学出版社：94-95.
② 杨姗姗，郭力平.2009.论幼儿教育软件中儿童的参与.中国电化教育，(6)：61-65.
③ 吴谷，蔡晓丹，赵丽萍.2008.实例分析学前儿童动漫认知网络资源与环境的开发.图书馆工作与研究，(10)：106-108.
④ 程五一，杨明欢.2012.基于中国传统文化的幼儿教育资源开发与应用研究.中国电化教育，(8)：97-101.

越来越多的学者提出建设幼儿公共资源与服务体系的构想。幼儿信息资源共建共享是资源发展的趋势，是实现幼儿公共文化数字图书馆建设目标的重要途径[①]；共建共享的具体措施是加强网络信息资源协作共享，建立信息资源共建共享支撑体系，制定共建共享法律法规，普及使用新技术[②]。

幼儿教育要注重寓教于乐。有的传统教学模式束缚幼儿个性的发展，幼儿信息化资源设计开发时，要以幼儿发展为本，加入娱乐性元素，营造轻松愉快的学习环境。幼儿教育要加强学习过程的交互性，重视用户体验需求。学前儿童这一用户群，其身心智力还没有完全发育成熟，游戏的设计效果会影响其体验过程。因此，设计时需要注重以下几个方面：界面设计采用卡通可爱的风格；合理运用色彩，人物造型逼真、个性鲜明的特征能够吸引孩子的注意力，满足他们的好奇心，以及增强用户的视觉体验效果；内容设计方面需精炼化，融入生活元素，营造轻松和谐的学习氛围。[③]关于资源中激励机制的建立，儿童移动媒体资源中，积极的互动与激励不仅刺激了儿童学习的内部驱动力，还使他们对学习内容保持高度的热情，满足了自我实现的需要。[④]

幼儿园软件与资源建设对策的研究既有对新技术、新理论的介绍，又有对开发原则的介绍，但整体感觉理论与原则过于宽泛，缺少如何设计、实施及开发中应该注意什么问题的详细指导。

2.1.7 对信息素养内涵及培养方式的研究

"信息素养"一词由美国信息工业协会泽考斯基（Paul Zurkowski）提出，亦称"信息素质"，其内涵主要有两种表述：一是包括"信息技术意识、信息技术知识、信息技术能力、信息技术道德"四个方面[⑤]；二是包括"信息意识、信息技术知识与能力、信息道德"三个方面[⑥]。在幼儿教育中对信息素养的研究包括

---

① 吴小蕊. 2008. 论网络环境下少儿图书馆的信息资源建设. 图书馆学研究,（12）：38-40.
② 傅小燕. 2012. 浅谈网络时代少儿图书馆信息资源的共建共享. 图书馆理论与实践,（6）：107-108.
③ 张乐乐. 2014. 面向学前儿童的移动媒体资源设计研究. 中国远程教育,（10）：71-77.
④ 张乐乐. 2014. 面向学前儿童的移动媒体资源设计研究. 中国远程教育,（10）：71-77.
⑤ 南国农. 2013. 怎样理解信息技术及其教师素养形成. 现代远程教育研究,（1）：3-6.
⑥ 何克抗. 2008. 信息技术与课程深层次整合理论. 北京：北京师范大学出版社：6.

幼儿信息素养研究和幼儿园教师信息素养研究。

1. 幼儿信息素养的必要性与培养策略研究

信息时代，每位学习者都必须具备一定的信息素养。反对对幼儿进行信息素养培养的主要原因有：一是反对幼儿进行计算机教育的做法；二是质疑信息技术对幼儿教育的积极作用。一部分人认为对幼儿来说电脑相当于一种"还原剂"，它对幼儿的三维器官、人际交往和认知能力的发展所起到的作用是限制性的[1]，甚至认为课堂如果没有电脑的浸入会更好。一项对幼儿使用电脑的调查显示，儿童6岁前开始使用计算机者占有较高的比例，且大多数幼儿是计算机的主动使用者，数字化时代的孩子正沉浸于电子和交互式媒体营造的美妙世界里。[2]既然信息技术已经走进幼儿的生活，有什么理由不让幼儿提前接触信息技术，以为今后的工作、生活奠定一定的基础呢？《关于当前我国幼儿信息素养教育的思考与认识》一文指出，信息素养中尤其是信息意识和信息道德，非常适合幼儿时期的启蒙教育，这些内容的学习在幼年阶段完成是可行的、有效的。[3]信息素养培养是必要的，关键看采用什么样的方式。幼儿信息素养的培养要结合幼儿的特点实施：第一，要确定灵活的培养计划，日常生活全程融入信息技术的启蒙教育，以兴趣为导向使用多种展示形式，注重幼儿教师信息技术水平的提高。[4]第二，实际培养中关注不同幼儿阶段的差异。例如，小班更易于接受直观的、易于操作的图像或视频，中班可以适应一些软件并尝试简单的电脑操作，大班则可以使用多媒体系统自主进行探究学习。[5]还有学者从信息素养内涵的三个方面分别提出了相应的培养途径，具体策略为要求通过幼儿获取信息、处理信息、交流信息、控制与设计信息等活动来培养幼儿的信息能力，通过关注信息的重要性来培养幼儿想用信息与主动使用信息的意识和情感，通过分享、合作、尊重等培养幼儿的信息伦理道德。[6]还有学者提出"以主题方案为主，以游戏方案为平台

---

[1] 刘利萍. 2004. 幼儿无需电脑. 学前教育研究，(6)：55.
[2] 郭力平. 2007. 信息技术与早期教育. 上海：华东师范大学出版社：30.
[3] 吴文芳. 2011. 关于当前我国幼儿信息素质教育的思考与认识. 中国教育信息化，(6)：29-31.
[4] 吴文芳. 2011. 关于当前我国幼儿信息素质教育的思考与认识. 中国教育信息化，(6)：29-31.
[5] 龚卫玲. 2005. 探索幼儿信息素养的启蒙教育. 上海教育，(19)：57.
[6] 吕修锋，许卓娅. 2003. 试论幼儿信息素养的培养. 山东教育，(15)：15-16.

的幼儿信息素养培养法"①及"幼儿信息素养应在学校、家庭、社区教育的相互联系中进行培养和提高的策略"②。需要指出的是，媒介素养包含于信息素养。针对儿童媒介素养，有学者提出分四阶梯培养的构思，其中，2—7 岁是媒介素养培养的第一阶段，属于了解媒介的阶段，其核心目的与意图是使幼儿对大众媒体有一个基本了解。③

2. 幼儿园教师信息素养现状与培养研究

在计算机教育互动环境中，幼儿园教师处于教学活动的核心地位，如图 2-2 所示④，在幼儿操作计算机的过程中，教师是幼儿活动的引导者、观察者和支持者。⑤因此，推动幼儿信息化的关键"角色"是幼儿园教师，幼儿园教师的信息素养是幼儿教育信息化的保障，也是影响应用的直接要素。随着教育信息化的不断推进，正确认知信息技术工具在教育教学中的角色、快速学习必要的信息技术手段并能在教育教学活动中合理应用，将成为今后幼儿园教师专业发展的新任务和专业素养的重要组成部分。⑥

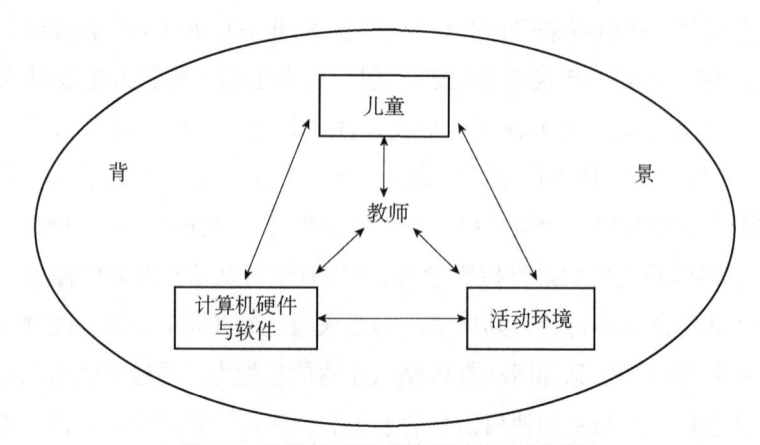

图 2-2　计算机应用于教育活动动态环境

---

① 陈微. 2006. 幼儿信息素养的培养. 教育评论，(4)：119-120.
② 桑青松，陈海燕. 2004. 幼儿园实施信息技术活动课程的保障措施. 学前教育研究，(9)：55.
③ 杨靖，黄京华. 2011. 农村留守儿童媒介素养教育四阶梯的构建与实践路径思考. 电化教育研究，(6)：30-33，43.
④ 郭力平. 2007. 信息技术与早期教育. 上海：华东师范大学出版社：108.
⑤ 冯晓霞. 2010. 计算机与幼儿教育. 北京：人民教育出版社：69.
⑥ 洪秀敏. 2020. "停课不停学"背景下幼儿园教师专业发展的挑战与应对. 学前教育研究，(6)：27-30.

(1) 幼儿园教师信息素养现状

截至 2020 年 3 月，我国约有幼儿园专任教师 291.34 万人。[①]一项对浙江 500 多名幼儿园教师的摸底调查显示，大多数幼儿园教师能够较好地意识到信息素养的重要性，具有很好的学习信息技术态度，具有一定的信息道德和安全意识，但教师信息化意识实现受幼儿园条件限制，应用热情不高。信息化知识与技能方面，幼儿教师信息化技能整体偏低，基础理论知识掌握较少，获取、交流、处理信息的能力较弱，以致信息技术应用缺乏教学理论的支持，农村幼儿园教师有的甚至从来没有尝试过信息技术教学。示范园稍好，教师基本能够设计制作一定的多媒体教学课件并开展教学活动。[②]教师已经为幼儿教育信息化做好了充分准备的说法略显言过其实，有调查结果显示更加糟糕，幼儿园教师对信息技术素养远远没有达到教育信息化的要求。部分幼儿园教师根本不了解现代教育技术，教学中很少甚至不使用信息技术，少部分幼儿园教师对信息技术理解过于肤浅以致运用不当效果欠佳，还有小部分幼儿园教师漠视甚至排斥信息技术的应用。[③]总体来讲，许多幼儿园教师已掌握信息教学理论，能使用简单的信息技术操作，但层次不高，最大的问题是应用能力的缺失。

(2) 幼儿园教师信息素养培养

国内一些人对幼儿园教师信息素养的内涵以及应该培训/培养哪些内容不清楚，对这方面的研究也比较少，只是有部分学者在调研信息素养现状时笼统地反映了几个维度，但基本还是常规的三维度：意识、知识与技能、道德与伦理。至于具体的细化内容，几乎找不到相关研究成果，这也是目前幼儿园教师信息素养的培训/培养内容形色各异的主要原因。

幼儿教师信息素养的培养非常提倡集中培训与园本培训相结合的方式，比较科学的培养模式如表 2-3[④]所示，该体系介绍了培养与提高幼儿教师信息素养的途径与方法，具有一定的普适性和操作性。

[①] 教育部. 2020 年全国教育事业统计主要结果发布. http://www.moe.gov.cn/jyb_xwfb/s5147/202103/t20210302_16416.html. (2021-03-02) [2022-10-06].
[②] 刘珍芳. 2010. 幼儿教师信息素养现状调查与分析. 现代教育技术，(11)：64-68.
[③] 郑芳霞. 2012. 幼儿园教师现代教育技术能力培训现状调查与分析. 中国教育信息化，(8)：13-15.
[④] 刘珍芳. 2011. 幼儿教师信息素养培养模式研究. 中国电化教育，(5)：106-108.

表 2-3　幼儿教师信息素养培养模式体系

培训环节	具体内容与要求
培训目标	学习和体验教育信息化基本理念；了解信息化教学理论与方法；能利用计算机、网络获取幼儿教育教学信息；能创造性地开发、丰富幼儿园教育资源；具有合理、灵活运用信息资源解决实际问题的能力
内容组织	信息化意识；信息化知识与技能；运用信息技术教学的能力
培训策略	根据模块内容，结合幼儿教学实际灵活安排，主要采用专题讲座、任务驱动、自修反思、小组研讨、理论讲授、案例教学、现场指导、自主合作探究、实践操练、研训一体等
实施方法	培训可安排在学期工作空闲时间，也可安排在寒暑假期间
评价与考核	理论 20%+操作 50%+教学（优质课评比）30%

此外，不论职前培养还是职后培训，都要避免以下几种现象的发生：培训与培养缺乏整体规划，课程体系和教学组织形式保守或盲目超前，被动接受教育，评估缺乏效度和信度，领导重视不够、监管不到位，参与对象缺乏职前教育，新教师机会少等。[①]这些现象在现实中确实存在，严重影响了培养/培训的效果。要提高幼儿园教师信息素养，就必须本着科学负责的态度，以教师实际为出发点，以促进幼儿发展为导向，探索行之有效的方法。

2.1.8　国内信息技术幼儿教育应用研究特点及问题

通过对上述文献内容的分析，概括目前国内幼儿教育信息化研究的特点及研究存在的问题如下。

1. 研究成果数量不多，内容全而不深

截至 2020 年底，能查到的幼儿教育信息化专著仅有几本；2005—2020 年核心期刊上 15 年内发表的论文共 200 篇，年平均发文 13 篇，显然对于一个重要研究领域，人们给予的关注还不够。且在这些研究成果中，大部分作者是学前教育专业人士或幼儿园教师等。幼儿教育信息化是学前教育与教育技术两个学科的交叉，其发展更加需要教育技术学科的支持。从研究的主题分析，涉及的内容包括国外经验介绍、应用态度与立场、基础理论、现状分析、信息技术的影响、幼儿资源的设计开发、应用的原则与方法、幼儿信息素养、教师信息素养、信息化管理等方方面面，但具体到某个方面问题进行系统深入探讨的较少，每个方面都或

---

① 杜素珍. 2007. 略论幼儿教师继续教育的观念误区及对策. 当代学前教育，(6)：12-16.

多或少地存在一些未解决的重大问题。

2. 信息技术对幼儿的发展具有积极的影响

研究者在幼儿教育是否应该推行信息化这个实质性问题上基本达成共识，即信息技术在幼儿园的应用有利也有弊，但利大于弊。信息技术用于幼儿园的教学，可以创设学习场景，优化教学活动，支持幼儿的学习与认知。信息化教学活动可以培养幼儿对信息技术的感性认识，使幼儿意识到信息技术不仅是娱乐的工具，更是学习的工具，实现对幼儿信息素养教育的启蒙。[①]信息技术的应用对幼儿的语言、思维、智力、情感等具有很好的促进作用，大量理论分析与教育实验已经充分说明这一点。所以，幼儿教育信息化发展的关键已不是对信息技术"或有或无"的争执，而是对如何扬长避短、合理利用的探索。幼儿教育信息化的基本定位是：信息技术是幼儿教育有效的、可行的辅助手段，它对推动幼儿教育发展起到举足轻重的作用，然而"有效、可用"并不等于处处用、用得越多越好，而是要把信息技术作为弥补传统教育不足的一种手段。那种用信息技术完全取代实物教学的做法，只会损害幼儿的发展，影响幼儿教育的效果。

3. 幼儿教育信息化依然缺少科学的指导理论

对幼儿教育信息化指导理论的研究中，解读性与评价性成果较多，如何设计与如何应用的方法论较少。提出的应用原则和方法很多，可操作的、有效的很少，能解决实际问题的更少等，以至于目前幼儿园信息化建设无章可循、教师想用而不知如何去设计的问题无法得到有效解决。幼儿教育信息化的推进与发展，一是需要构建其发展的理论基础，二是需要形成幼儿园硬件环境建设及软件资源开发的指导原则，三是需要提出信息技术在幼儿教育中的具体途径与方法。在这几个层面，以往研究虽然形成了一些指导理论，但比较笼统、零散，甚至比较空洞。

4. 幼儿园信息化环境发展水平参差不齐总体有待提升

从现有研究数据看，城乡幼儿园之间、示范园与普通园之间、公办园与民办园之间的硬件环境差别比较明显。大部分示范幼儿园及发达地区的幼儿园已拥有

---

① 邢西深，金传洋. 2020. 信息化助推学前教育现代化发展研究. 现代教育技术，(6)：108-113.

基本的设施，只是设备的数量不多、质量不高，农村幼儿园、普通园和民办园依然缺少必要的信息技术设备。总体而言，硬件建设水平并未达到学前信息化发展的基本要求，投入力度仍需加大。软件资源建设问题较为严峻，幼儿教育软件资源在选题与选材上往往与实际应用脱节，与幼儿生活脱节，甚至游离于幼儿园课程的培养目标之外，在制作过程尚未形成幼儿资源设计与开发的指导理论和方法，尤其缺乏幼儿心理发展理论的指导。

5. 幼儿教育信息化应用层次不高

信息技术在幼儿教育中得到了广泛应用，但应用的层次不高，大部分应用只是传统信息技术设备，如照相机、电视机等。幼儿园教师的常用硬件主要是录/放音设备，VCD 电视设备，计算机应用主要是查阅、下载相关教学信息，使用多媒体教室开展幼儿教育活动的比例不足 30%。幼儿园教师经常使用数字化资源开展教学的比例不超过 50%，应用的目的也主要以休息娱乐、活动导入为主，其次是解决重难点，应用的形式主要是播放视/音频，呈现教学内容等。对于使用信息技术拓展幼儿教育活动、整合幼儿园课程的运用非常少。信息技术在学前教育管理中的应用主要是幼儿安全保护、教师考勤记录等，幼儿成长记录、教育资源管理的应用开始受到重视。整体而言，信息技术在学前教育领域的应用层次还比较基础，相对简单。

6. 信息素养没有科学的内容体系及有效的培养方式

由于过去幼儿园教师准入制度不够健全，以致教师水平参差不齐，教师学历低，观念落后，信息素养不高的现象普适性存在。当前，各个幼儿园的信息化基础设施建设已相对完善，但是结合已有的幼儿园教师信息技术素养现状调查结果可以看出，幼儿园教师的信息技术应用能力仍然没有达到理想水平。[1]幼儿园教师的信息素质决定教学应用的效果。研究发现幼儿园教师普遍意识到培训是提高个人能力的重要途径，大部分教师也都参加过相关培训，但培训的效果并不理想。由于幼儿教育的特殊性，幼儿园教师信息素养的要求也具有独特的内涵，如强调为幼儿选择合适软件的能力及指导幼儿应用的能力等。而现有研究并未形成

---

[1] 于开莲, 曹磊. 2021. 教育信息化 2.0 时代幼儿园教师信息技术素养评价指标体系构建研究. 电化教育研究, (8)：51-58.

幼儿园教师培训的科学内容体系，培训主要模仿中小学教师培训模式。与之对应的培训方式也是如此，未能兼顾幼儿园教师学习方式与学习习惯的特殊性。

综上所述，幼儿教育信息化研究在成果数量上依然较少，在研究选题上也主要停留在物质与技术的操作层面并缺乏一定的系统性，研究尚且存在许多的薄弱或空白区域，如，缺少具体的环境建设与课程融合的指导方法，没有对幼儿教育信息化的政策研究等。从现有成果看，它们难以解决幼儿教育信息化现实中存在的问题，也很难引导幼儿教育信息化的全面迅速发展。当下幼儿教育信息化研究的首要任务是摸清幼儿教育的发展现状，针对其发展的阶段性特征构建幼儿教育信息化的指导理论，提出幼儿园硬件、资源环境建设的原则与方案，探索信息技术在幼儿教育中应用的系统方法，规范幼儿园教师培训的内容与培训方式及从国家信息化政策高度寻求发展的方向与建议。

2.2 国外信息通信技术在幼儿教育中应用研究现状与启示

ICT 在幼儿教育中的应用在国际上已经有一段历史。一些发达国家 20 世纪早已对 ICT 在幼儿教育中的应用进行系统探讨并取得了丰硕成果。我国幼儿教育信息化才刚刚起步，了解国外 ICT 在幼儿教育中应用的成功经验与方法，可以让我国幼儿教育信息化的发展少走弯路。

2.2.1 ICT 幼儿教育应用的态度与立场

21 世纪，信息与通信技术给教育带来了无限的可能。在国外，ICT 很快成为幼儿园教育中强大的、有效的、创造性的工具，它可以丰富幼儿的经验，尤其是对视觉艺术的培养[1]。美国、新西兰等国家相继发布了一系列的政策文件，用以支持信息技术在幼儿教育中的应用，例如：2005 年，新西兰教育部发布题为

---

[1] Terreni L. 2010. Adding new possibilities for visual art education in early childhood settings: The potential of interactive whiteboards and ICT. Australasian Journal of Early Childhood, (4): 90-94.

"发现的基础"（Foundations for Discovery）的早期教育 ICT 应用框架，为早期教育中应用 ICT 提供指导，明确了它在早期教育中的教育教学、行政管理、投资发展的目标和具体要求。2006 年，教育部在《ICT 教育战略框架：2006—2007》中正式把早期教育纳入基础教育 ICT 推进的整体考虑之中，强调利用 ICT 实现教与学、研究及管理的统筹整合，促进教育目标的实现。2008 年，针对早期教育应用 ICT 的网络和技术安全问题，教育部又先后颁布《ICT 基础设施的网络架构：早期教育服务的政策与指导》以及《早期教育 ICT 基础设施与信息的安全政策与指南》，对 ICT 在早期教育中的使用作了具体的说明和规定。2016 年，美国教育部和卫生公共服务部联合发布《早期学习和教育技术政策简报》，以促进在家庭和早期学习环境中适当地使用技术；2017 年，新西兰教育部在发布的《数字技术》文件中指出儿童在早期学习新技术将会使他们为数字未来做好准备，并开发了将技术应用于教育中的课程。一篇来自新西兰对国际文献的综述认为 ICT 为幼儿教育提供了丰富的信息和更多的成长机会，ICT 设备在幼儿教育中能创建丰富的幼儿园学习环境，增加幼儿的经验，进而促进幼儿语言的发展、数学思维的发展以及提高幼儿的信息素养与归属感。[1]新西兰政府对早期教育中应用 ICT 的大力支持以及对通过项目对早期教育教师的培训，大大提高了幼儿园教师的 ICT 应用能力，并且在 ICT 应用的研究性和反思性方面得到了发展。

美国心理学家通过分析幼儿浏览方式和学业成绩关系认为信息技术在幼儿教育中具有辅助教育、推动教育发展的重要作用，ICT 对幼儿发展具有显著的积极影响，但同时也会产生一些负面作用。[2]有学者认为 ICT 对幼儿教育的作用并不一定都是积极的。美国一些学者对幼儿是否应该使用计算机持质疑的态度，他们认为计算机设备是生硬的，提供的内容也是抽象的。[3]有学者认为计算机对幼儿的健康、创造力、社会性发展都具有潜在的危害，幼儿教育应该重新回归到关注幼儿童年的真实世界上来，如真实的玩耍、自然的、物理的经验的获得等。[4]全

---

[1] New Zealand Council for Educational Research. 2004. The Role and Potential of ICT in Early Childhood Education: A Review of New Zealand and International Literature: 77.

[2] Burgul N, Yagan M. 2009. The importance and the roles of information technologies in preschool education. Procedia-Social and Behavioral Sciences, (1): 2883-2888.

[3] Nikolopoulou K. 2007. Early childhood educational software: Specific features and issues of localization. Early Childhood Education Journal, 35 (2): 173-179.

[4] Cordes C, Miller E. Fool's gold: A critical look at computers in chidhood. http: //waste.informatik.hu-berlin.de/diplom/DieGelbeKurbel/pdf/foolsgold.pdf.[2021-12-03].

美幼教协会（NAEYC）原主席大卫·埃尔金德（David Elkind）曾明确表示，幼儿阶段不适宜使用计算机；2000年，美国儿童联盟成员科琳·科德斯（Colleen Cordes）和爱德华·米勒（Edward Miller）在联合发表的《机器保姆：对儿童使用计算机的批判性观点》报告中表示，虽然计算机正以深刻和意想不到的方式重塑儿童在家庭和学校的生活，但是计算机给儿童带来的潜在危害是我们不得不考虑的，这些危害涉及身体、情感、智力以及创造力等方面，因此他们坚决反对在幼儿阶段使用电脑；土耳其帕慕克卡莱大学的两位教授对129名5—6岁的幼儿及其父母（129名父亲和129名母亲）进行询问调查发现幼儿使用电脑的时间越长，幼儿的亲社会行为就越弱。[1]电脑的使用或直接或间接地影响幼儿的社会化行为发展。除了学者的反对声音之外，幼儿家长们也担心在幼儿教育阶段使用信息技术会对幼儿视力发展和行为习惯产生不利的影响。类似幼儿教育不宜使用ICT的呼声还有很多，大致原因可以归纳为年龄太小不适合、容易造成生理伤害、影响思维与活动的发展等。然而，大多数研究还是从不同的视角分析认为，ICT技术具有辅助幼儿园教师开展幼儿教育活动并促进幼儿各项发展的积极作用，以及具有培养幼儿信息素养的功效。ICT不仅有助于促进幼儿语言能力的发展[2]，还有助于促进幼儿之间合作能力的提高，有助于促进幼儿的理解能力与创造能力的培养等[3]。在幼儿信息素养的培养上，《数字时代：幼儿信息素养的发展》指出数字技术的应用可以为幼儿提供打字、识字、算术、搜集信息及解决问题的环境与机会，能有效提供ICT的基础操作、社会与文化等数字素养。数字技术整合于幼儿园课程应用还将促进幼儿的课程目标的实现[4]，ICT设备尤其是电脑能有效地完善儿童的自我，增强幼儿合作与沟通的能力，能够提高教学效率，优化学习过程。

随着认识的不断深入，人们对ICT的关注焦点开始逐渐转向对ICT在幼儿教育中如何应用的思考。以计算机为代表的ICT已经成为幼儿教育的认知工

---

[1] Gulay H. 2011. The evaluation of the relationship between the computer using habits and prosocial and aggressive behaviors of 5-6 years old children. International Journal of Academic Research, 3 (2): 252-258.

[2] Bittman M, Rutherford L, Brown J, et al. 2011. Digital natives? New and old media and children's outcomes. Australian Journal of Education, 55 (2): 161-175.

[3] Geist E A. 2012. A qualitative examination of two year-olds interaction with tablet based interactive technology. Journal of Instructional Psychology, 39 (1): 26-35.

[4] Mcpake J, Stephen C, Plowman L. 2007. Economic and Social Research Council: Entering E-society young children's development of E-literacy. Economic and Social Research Council.

具、支持教师教与学过程的重要工具。但很多专家认为只有3—6岁的幼儿才具备ICT应用的条件和基本能力，因此，ICT在幼儿园教育的应用虽然适合，但并不推荐3岁以下儿童使用电脑。[1]为了减低ICT对幼儿的伤害，应用必须设计与幼儿精神（指"生理与心理特征"）相符合的ICT教育活动[2]。美国幼儿ICT教育应用的基本立场是ICT虽然能为幼儿提供诸多的学习机会，但它扮演的角色只是"辅助工具"[3]，并不能完全代替那些颇具价值的幼儿教育活动材料，如积塑、积木游戏、沙子、图书等。英国的基本认识是"ICT不是对于传统的以游戏为核心的幼儿教育的威胁而是幼儿探究和解决问题的另外一种媒介"，"只有拥有上层的软件支持的教育活动，才能为扩展幼儿的思维提供机会，促进儿童以多种方式去理解观念以及与他人交流"。[4]

2.2.2 ICT对幼儿发展的促进作用

国外研究认为ICT对幼儿的语言、社会化、合作能力、智力的发展均具有积极的影响作用。ICT对幼儿语言发展的影响是一个复杂的过程，一方面，信息技术能提高幼儿学习语言的参与度与理解能力[5]；另一方面，信息技术能营造良好的语言学习语境，优化语言学习过程与迁移过程。英国的一项关于语言发展的研究显示婴儿期（1—3岁）使用计算机学习语言的效果微乎其微，计算机对解释、接受新词汇的学习不起任何作用。只有当幼儿长至4岁词汇的关键期时，其语言能力的发展才有必要使用ICT，否则就有可能影响幼儿语言习惯的获得与发展。[6]计算机等技术虽然对幼儿语言的发展起重要作用，但这种发展需要到达合适的年龄才能引起某种"互动"。分别来自加拿大肯考迪亚大学、麦吉尔大学及

---

[1] Hohman C. 1998. Evaluating and selecting software for children. Child Care Information Exchange，（123）：60-62.

[2] Office of Technology Assessment. 1995. Teachers and Technology：Making the Connection. Washington，DC：GPO. ED：155.

[3] 冯晓霞. 2010. 计算机与幼儿教育. 北京：人民教育出版社：17.

[4] Loveless A，Dore B. 2002. ICT in the Primary School. Buckingham：Open University Press：85-99.

[5] McPherson S. 2009. A dance with the butterflies：A metamorphosis of teaching and learning through technology. Early childhood Education，（37）：229-236.

[6] Bittman M. 2011. Digital natives？New and old media and children's outcomes. Australian Journal of Education，52（2）：161-175.

雪尔顿学院的 3 名教授还通过实验分析了 ICT 对幼儿语言培养的核心阅读素养的重要作用。该实验选取了 8 名阅读能力较低的 5 岁幼儿，让幼儿在连续两周的时间里，每天参加 20 分钟的技术支持活动，结果显示幼儿教师精心设计的技术支架，架起了通向阅读知识与能力的桥梁，幼儿阅读素养明显提高。[1]

ICT 不仅对幼儿语言的发展具有积极影响，还有助于幼儿社会性行为的获得。使用计算机的幼儿不仅更加善于交往，而且更加具有合作精神。一组分析数据显示，在电脑上做游戏的幼儿，其在活动中说话的时间是普通情况下的 9 倍[2]，甚至交往缺陷与害羞的幼儿群体也表现出良好的社会性发展行为[3]。幼儿的这种社会性培养要通过幼儿在平行游戏、言语冲突、社交互动等过程中的对等作用来完成。[4]在合作与协作学习能力提高上，技术能为幼儿提供更多的合作与协作机会。ICT 支持的幼儿学习过程及要素间的协调与管理，同样是社会性在教育环境中结构化设计的一种体现。[5]

此外，ICT 所创设的环境也为幼儿创造力、智力的培养等其他方面提供以重要的条件。[6]张文兰等首先在对多项研究结果进行合并、计算后证明，信息技术对幼儿的学习与发展结果在整体上具有正向影响作用。其次，对信息技术在学习与发展结果的不同维度（即学业成就和非学业成就）上的作用进行了检验，证明信息技术对学业和非学业成就均具有正向的影响作用，且对非学业成就的影响效果更积极。最后，张文兰等进一步检验了信息技术对不同成就类别的影响效果，发现信息技术对幼儿的学习品质、社会与情绪发展、科学/数学学习结果和语言发展都有积极的影响作用，尤其是对幼儿科学/数学学习结果和学习品质的影响

---

[1] Schmid R F, Miodrag N, Di Francesco N. 2008. A human-computer partnership: The tutor/child/computer triangle promoting the acquisition of early literacy skills. Journal of Research on Technology in Education, 41（1）: 63-84.

[2] Haugland S W. 2005. Selecting or upgrading software and web sites in the classroom. Early Childhood Education Journal, 32（5）: 329-340.

[3] Clements S. 2003. Strip mining for gold: Research and policy in educational technology - A response to "fools gold". Educational Technology Review, 11（1）: 7-69.

[4] Lim E M. 2012. Patterns of kindergarten children's social interaction with peers in the computer area. Computer-Supported Collaborative Learning,（7）: 399-421.

[5] Crook C. 1998. Children as computer users: The case of collaborative learning. Computers Education,（30）: 237-247.

[6] Shade D. 1996. Are you ready to teach young children in the 21st century? Early Childhood Education Journal, 24（1）: 43-44.

作用更积极。①

分析上述研究我们不难看出 ICT 在幼儿教育中的应用的确为幼儿的发展起到非常积极的推动作用。

2.2.3　幼儿教育软件资源的设计与开发

与一般教育软件相比，幼儿教育软件具有其独特性。在美国幼儿教育软件设计与开发非常强调使用技术创建探索的或建构主义经验的学习语境。制作素材主要采用图片、动画、声音或很小的文本等形式的素材②。有学者提出幼儿教育软件与资源的设计应该优先考虑过程，然后关注"提供学习机会"与"激发内在动机"。③1986 年，戴维斯以理性行为理论（Theory of Reasoned Action，TRA）为基础，吸收了期望理论模型、自我效能理论等相关理论的合理内核，提出用于描述信息系统用户接受的技术接受模型（Technology Acceptance Model，TAM）。④幼儿教育资源与软件设计通常有三种指导理论：行为主义学习理论、建构主义理论与社会文化理论等。依据这些理论，幼儿教育软件资源设计通常必须遵循三条基本原则：一是提供接近真实的活动与场景是非常重要的；二是对学习方法的设计，幼儿教育软件应该提供孩子探索与发现知识的机会；三是对协作学习的设计，软件与资源应该提供幼儿团队或小组合作的任务。⑤通常还有其他学习理论及方法交叉混合使用。⑥全美幼教协会于 1996 年声明，最好的幼儿教育软件必须将"建构主义学习和开放的学习方法"与"强调幼儿发展需要和适合的技术"

---

① 张文兰，马小芳，胡姣. 2020. 信息技术对幼儿学习与发展的影响——基于 50 篇实验或准实验研究的元分析. 学前教育研究，(7)：24-38.

② Childress M D，Lee G L，Sherman G. 1999. Reviewing software as a means of enhancing instruction. Information Technology in Childhood Education Annual，(1)：255-261.

③ Haugland S. 1999. What role should technology play in young children's learning? Young Children，54 (6)：26-31.

④ Davis F D. 1986. A Technology Acceptance Model for Empirically Testing New End User Information Systems: Theory and Results. Dissertation for the degree of Doctor，MIT Sloan School of Management，Cambridge.

⑤ Nikolopoulou K. 2007. Early childhood educational software: Specific features and issues of localization. Early Childhood Education Journal，35 (2)：173-179.

⑥ Cox M，Webb M. ICT and Pedagogy: A Review of the Research Literature. Coventry，London: Becta，DfES.

相结合。[1]究竟达到什么样的标准才是符合幼儿认知与发展的优秀软件。"Haugland 发展性软件评价模式"提供了十维度的量化标准，在美国受到普遍认可，这十个维度分别为：①适合幼儿的年龄；②（掌控）吸引幼儿；③清晰的结构；④弹性的难度与复杂性；⑤独立性；⑥非暴力性；⑦过程有一定取向；⑧真实世界模型；⑨技术特征；⑩变化等。该标准也为幼儿园教师如何选择适宜性教育软件指明了方向。[2]

2.2.4　ICT 在幼儿教育活动中的应用

国外 ICT 在幼儿教育中的应用与国内情况类似也存在较多问题。在美国，ICT 在幼儿课堂教学中的应用，只有少数教育活动发挥了技术的最大功用。[3]2003年，有学者对美国 K-12 基础教育学校的 2156 名教师（包括幼儿教师）进行了走访调查，结果显示大约有 50%的教师表示他们使用技术时仅仅把它作为一种交际的工具，很小一部分的教师把 ICT 作为一种整合的工具或作为解决问题的决策工具。[4]改变 ICT 在幼儿教育这种应用现状的关键在于推出与幼儿相适宜的技术设备，选择与幼儿相适宜的软件，支持幼儿教育的实践。幼儿教育独特的规律与幼儿互动方式及幼儿认知特点有关，幼儿教育信息化应该考虑重新设计改良新技术以适应幼儿发展的需要。[5]

在这一理念推动下，世界各国信息化产业相继推出了幼儿教育的新设备，如触摸平板、幼儿电子书包等，为 ICT 在幼儿教育中的应用注入新活力。有学者观察 2—3 岁幼儿与触控设备的交互行为，认为触控设备在幼儿教育中的应用更

---

[1] NAEYC. 1996. Position Statement: Technology and Young Children: Ages Three through Eight. Washington, D.C.: NAEYC.

[2] Haugland S W, Ruiz E A. 2002. Empowering children with technology: Outstanding developmental software for 2002. Early Childhood Education Journal, 30 (2): 125-132.

[3] Conrad G. 1997. Is your school's technology up-to-date? A practical guide for assessing technology in elementary schools. Childhood Education, 73 (4): 249-251.

[4] Barron A E, Kemker K, Harmes C, et al. 2003. Large-scale research study on technology in K-12 schools: Technology integration as it relates to the National Technology Standards. Journal of Research on Technology in Education, 35 (4): 489-507.

[5] Eagle S. 2011. Learning in the early years: Social interactions around picture books, puzzles and digital technologies. Computers & Education, (59): 38-49.

有利于幼儿技术水平、创造力与智力的提高。①美国新罕布什尔州大学学者观察3—6岁学前儿童使用平板电脑的情况后发现，幼儿对平板拥有较高的兴趣，使用后操作水平也有较大提升，建议幼儿园教师将平板整合于幼儿课程加以应用。②

对于 ICT 如何有效促进幼儿发展的问题，国外学者认为信息技术在幼儿教育的有效应用首先必须明确幼儿教育与其他教育的不同以及幼儿发展的具体需要③，然后选择适宜的技术与软件。幼儿教育中技术与软件是否合适是影响应用效果的最直接因素。选择技术与软件必须结合幼儿活动，赋予它合适的时间与发展空间。④科威特大学教授的研究发现，选择合适的软件支持幼儿活动，也是把计算机更好地集成到幼儿课程中促进幼儿社会、情感、言语、身体及认知等全面发展的重要途径。⑤

除此之外，有学者对希腊 240 名在职幼儿园教师和 428 名职前幼儿园教师应用电脑的状况调查也显示 ICT 支持的幼儿教育实践还需关注 ICT 教学应用的实施过程。⑥恰当地指导交互活动是应用的核心手段，指导的具体方式包括直接指导与间接指导两种。直接指导发生在面对面的情境中，通过手势、抚摸、语言或情感支持等产生，也包括成人手把手地教授幼儿使用鼠标，演示数码相机使用，以及用对话或问题引导幼儿持续、中止某项幼儿活动等。⑦间接引导指使用精心准备的游戏与事件，包括制作适宜的资源以及使用技术记录幼儿的成长过程等。⑧一般情况下活动引导通过问题、模型、表扬、表演等支持。信息与通信技术使用

---

① Geist E A. 2012. A qualitative examination of two year-olds interaction with tablet based interactive technology. Instructional Psychology，39（1）：26-35.

② Couse L J，Chen D W. 2010.A tablet computer for young children？Exploring its viability for early childhood education. Journal of Research on Technology in Education，43（1）：75-98.

③ Thelning K，Lawes H. Information and Communication Technologies（ICT）in the Early Years. Discussion Paper：11-12.

④ Parette H P，Quesenberry A C，Blum C. 2010. Missing the boat with technology usage in early childhood settings：A 21st century view of developmentally appropriate practice. Early Childhood Educ ation，37：335-343.

⑤ Mohammad M，Mohammad H. 2002. Computer integration into the early. Childhood Curriculum Education，133（1）：97-116.

⑥ Gialamas V，Nikolopoulou K. 2010. In-service and pre-service early childhood teachers'views and intentions about ICT use in early childhood settings：A comparative study. Computers & Education，55：333-341.

⑦ Plowman L，Stephen C. 2006.Technologies and learning in pre-school education. Paper presented at AERA annual meeting，Education Research in the Public Interest，April 2006，San Francisco，CA.

⑧ Plowman L，Stephen C，Downey S，et al. Learning and ICT in Pre-school Education. http://www.ioe.stir.ac.uk/Interplay.[2022-12-10].

时，一方面，必须把握灵活度，平衡教师与幼儿之间的需要[1]；另一方面，要有针对性地体现一定的教学方法，追求ICT与现有资源利用的创新。

关于资源与软件支持幼儿教育活动的有效策略，ICT在幼儿文学教育中的应用模式为我们提供了一条可供参考的成功经验——把ICT融入幼儿的自然环境中，以一种适宜的教学方法运用，让ICT在幼儿教育中充当不可替代的角色，进而扩大与丰富幼儿的经验。通过上述分析，国外ICT在幼儿园教育中的应用原则可以概括为：以尊重幼儿个性与尊严为前提，遵循幼儿身心发展的普遍规律，恰当运用ICT实现幼儿的适宜性发展。ICT尽管能增强环境的真实性与丰富性，深化教育活动和游戏活动内容，促进幼儿主动性和创造性发展，但ICT应用必须指向一定的目标，不能盲目地乱用。

2.2.5 国外幼儿园教师ICT能力提升

幼儿园教师培训对教师在幼儿教育中运用计算机开展教学是至关重要的因素。对美国东南部地区的调查显示，教师培训最重要的是信念，教师本人对ICT的信念将决定技术在幼儿园中是否被采纳[2]，教师的这种信念也是促进幼儿学习效果的重要条件[3]。但新西兰2004年的幼儿教育研究报告却认为，ICT应用的最大问题是ICT知识与技能，其次才是信念。[4]

事实上，幼儿园教师对技术的理解与信仰将直接影响教师知识与技能的使用水平。幼儿教师教学信念不仅能帮助教师发挥计算机在使用中的潜力，还能让幼儿的潜力得到充分开发。[5]因此，幼儿园教师的ICT信念培养是有效实施技术应

---

[1] Lindahl M G, Folkesson A M. 2012. ICT in preschool: Friend or foe? The significance of norms in a changing practice. International Journal of Early Years Education, 20（4）: 422-436.

[2] Sugar W, Crawley F, Fine B. 2004. Examining teachers' decisions to adopt new technology. Educational Technology and Society, 7（4）: 201-213.

[3] Gialamas V, Nikolopoulou K. 2010. In-service and pre-service early childhood teachers' views and intentions about ICT use in early childhood settings: A comparative study. Computers & Education, 55: 333-341.

[4] Bolstad R. 2004. The Role and Potential of ICT in Early Childhood Education: A Review of New Zealand and International Literature. https://www.nzcer.org.nz/research/publications/role-and-potential-ict-early-childhood-education-review-new-zealand-and-intern.

[5] Ertmer P A. 2005. Teacher Pedagogical Beliefs: The Final Frontier in Our Quest for Technology Integration? ETR&D, 53（4）: 25-39.

用的关键路径，必须提供有影响力的人和资源支持幼儿园教师的信念提升。[1]教师ICT信念具体包括适当的教学风格与教学热情、观察与促进幼儿内部发展的热情，以及把这些情感通过技术付诸幼儿记录和教育活动的信心与热情。[2]新西兰教育部明确指出，幼儿园教师ICT培训的基本目的是使幼儿园教师对ICT形成积极的态度，具备基本的ICT知识与技能，掌握ICT在幼儿学习、教学及管理中的应用，能够充分利用ICT提高自己的工作成效并促进自身ICT专业技能的发展。[3]培训的具体内容大同小异，如ICT知识与技能主要是ICT相关技术设备的基本原理、基本理论及基本操作等。ICT应用能力包括运用ICT教学、运用ICT备课、运用ICT对幼儿实施评价、运用ICT获得与共享信息等。

在国际范围内，英国教师专业发展一直做得比较好，英国还专门成立了教师标准局与教师培训署，旨在制定教师专业标准及促进教师的专业发展。这里概括英国幼儿园教师培训的内容如表2-4所示。

表2-4　英国幼儿教师培训情况

比较项	对应内容
培训目标	（5—7岁幼儿的教师）提高教师在学科教学中使用ICT的专业知识和基本技能，让他们有信心、有能力使用ICT进行教学，从而提高学习质量
培训内容	①知道何时应该和不应该以及怎么样在学科教学中应用ICT；②知道如何在集体教学中应用ICT；③知道如何在备课时使用ICT以及怎么组织和决定ICT资源；④知道如何评价儿童在使用ICT时的学业成果；⑤知道ICT如何被用于保持最新消息，分享最好的教学实践
培训方式	在线培训、使用ICT远程学习和书本资料相结合、技术人员电话支持以及面对面课程培训

英国教师培训（包括幼儿园教师）的重点是ICT应用能力，而不是技术本身。这种将技术与幼儿园课程相结合直接针对应用的培训思路，无疑对整个幼儿教育信息化是一种促进，非常值得我国参考借鉴。

2.2.6　对我国信息技术幼儿教育应用的启示

通过对国外ICT在幼儿教育中应用的基本定位与立场、ICT对幼儿发展

---

[1] Sugar W, Crawley F, Fine B. 2004. Examining teachers' decisions to adopt new technology. Educational Technology and Society, 7（4）：201-213.

[2] Choua M. 2012. Kindergarten teachers' information technology teaching beliefs: The critical path toward teaching effectiveness. Educational Technology and Society,（8）：267-283.

[3] 董传梅. 2010. 发达国家早期教育应用信息通信技术政策分析. 华东师范大学硕士学位论文.

的作用、ICT应用的策略、幼儿教育软件与资源开发策略、幼儿教师能力培训策略等几个重要问题的探究，我们认为其中很多经验与方法值得中国去借鉴或参考。

1. ICT 对幼儿发展具有积极作用

一些教育发展走在世界前列的国家，已用大量事实证明信息与通信技术在幼儿教育中的应用是可行的。ICT对于幼儿发展虽然存在一定局限性，但只要合理设计与利用，ICT将有助于3—6岁儿童智力、语言、社会性、创造力等的发展，ICT不失为幼儿教育中非常好的手段。信息技术中的现代教学媒体作为优质的教育媒介工具，具有可重复性特征，它不受时空条件的限制，教师可以根据要求即时呈现或延时重现教育活动内容，能自由灵活地单独完成活动主题下的各级层次目标；也可以在不受时间、地点和进度限制的情况下，根据教学活动环节的需要反复使用，直至活动目标的最终实现。同时，现代教学媒体的互动性特征对学前儿童而言有着巨大的价值，它能不失时机地激发学前儿童的探索动机，唤起他们的再造想象，丰富他们头脑中的表象，拓宽他们的视野，启发他们的思维，提高他们解决问题的能力以及促进其语言领域水平的提升。

2. ICT 是与传统教具相辅相成的工具

ICT在幼儿教育中应用的基本定位是：ICT与传统教具一样是幼儿园环境的重要组成部分。ICT不是万能的，更不是拯救学前教育发展的"灵丹妙药"，而是一种辅助手段。它与传统实物教具之间不是"有你无我，有我无你"的关系，它们谁也取代不了谁，幼儿教育活动中二者往往相辅相成，彼此依赖。因此，幼儿园教师在选择信息技术教学时，不能为了技术而使用技术，而应按照不同的教学内容灵活地选择与运用信息技术。如在进行美术、音乐等艺术领域的教学时，信息技术可以作为幼儿欣赏优秀作品、创造作品的有效支持工具；在进行抽象、深奥的科学领域的教学时，利用信息技术可以将抽象的知识具体化、形象化，以帮助幼儿理解这些知识。但是对于一些浅层的、通过幼儿自主探索就能习得的知识，就不适合利用信息技术将其变得复杂，否则会增加幼儿的认知负荷。因此，信息技术可以作为一种助推器，但不可能替代学前教育中颇具价值的幼儿教育活动和材料。

3. 国家资金支持与政策导向具有重要推动作用

幼儿教育信息化的大力发展离不开国家的重视与支持。美国、英国、澳大利亚、新西兰等国家均制定了 ICT 发展的政策、目标、要求、幼儿园教师的能力标准等，并对教师培训大力支持，这些举措对推动本国 ICT 全面应用及提升幼儿教育质量具有重要意义。我国在有些方面仍需做进一步的努力，如出台幼儿与幼儿园教师的信息素养标准、打造幼儿园信息化资源共建共享平台等。

4. ICT 在幼儿教育中应用的基本原则是发展适宜性

2012 年，全美幼教协会和圣文森特学院弗雷德·罗杰斯（Fred Rogers）早期教育和儿童媒体中心联合发表了一份关于在幼儿教育中使用技术和互动媒体的开创性声明，声明中提到如果教师有意和恰当地使用技术和互动媒体，那么它们将是支持学习和发展的有效工具。该声明将"发展适宜性实践"作为信息技术在幼儿教育中应用的基本指导原则。发展适宜性实践是指信息技术在幼儿教育中的运用应满足适宜性原则，即适时适当地运用，并且要求符合儿童认知发展水平、满足儿童的基本需要，最终促进儿童的发展。应用 ICT 之前，我们必须首先弄清 ICT 融合幼儿教育应用的原则与目的。ICT 应用以"适宜性"为立场，即尊重幼儿个性与尊严，采用合适的教育方法，促进幼儿生理与心理的适宜性发展。另外，应用信息技术还应当注意幼儿的健康与安全问题，确保每位幼儿在舒适、安全的环境氛围中得到发展。幼儿园教师和家长需要对信息技术在幼儿教育中应用的原有观念进行转变，在推进信息技术对幼儿认知领域（智力）发展作用的同时，也需要认识到信息技术对幼儿多元能力发展的重要性，促进幼儿的身心健康和全面发展。

5. ICT 应用的关键是为幼儿开发与选择适宜性的软件和资源

信息技术在幼儿教育中的主要功用是通过合适的资源与技术扩展幼儿的经验，深化幼儿课程的内容，为幼儿提供更多的发展机遇，具体教育实践我们要关注三个核心问题：一是设计开发适宜幼儿的资源软件；二是为幼儿选择适宜教育资源软件或技术；三是要建设专门针对幼儿教育的各类数字化资源，推动幼儿教育信息化建设。对幼儿园教师来说，阻碍他们使用信息技术教学的重要原因之一是缺乏适用于幼儿教学的优质数字化资源。因此，有必要构建专门针对幼儿教育的优质数字化资源，促进信息技术在幼儿教育中的应用。

6. 培训是应用的关键，培训的重点是 ICT 应用信念与教学应用能力

幼儿园教师是 ICT 采纳过程的"把关人"，也是应用的具体执行者。因此，国外非常重视幼儿园教师培训工作。国外培训的内容主要包括 ICT 的信念、ICT 知识与技能、ICT 在幼儿教育中的应用能力、教师专业发展支持等。首先，一些国外专家研究发现幼儿园教师的 ICT 理念是开展 ICT 幼儿教育活动的关键，积极的信念有利于活动的实施及幼儿能力的发展。其次，世界发达国家（如英国、新西兰、澳大利亚等）的培训都非常注重对 ICT 应用能力培训，而不是停留在 ICT 基本的操作与技能层面。

第3章

信息技术在幼儿教育中的应用现状

3.1 调查设计与实施

调查分析信息技术在幼儿教育中应用的现状有利于弄清该发展阶段的特征及发展中存在的主要问题与需求,这是本书提出发展适宜性策略的重要基础。本章研究以发展适宜性的视角,通过问卷调查收集信息技术在幼儿教育中应用现状的相关数据,已确定的正式问卷《信息技术幼儿教育应用现状的调查问卷》,详见附录1(教师问卷)和附录2(管理者问卷)。

3.1.1 问卷开发

1. 问卷构思

为保证调查问卷具有良好的信效度。课题组分析了已有调查问卷如郭力平的上海幼儿园信息技术早期教育调查问卷、刘珍芳的浙江学前教育信息化调查问卷、郑名的西部地区示范幼儿园多媒体教学调查问卷、柳阳辉郑州市幼儿园信息化调研问卷等,借鉴黄荣怀提出的教育信息化发展框架,结合《中国儿童发展纲要(2011—2020年)》《教育信息化2.0行动计划》等文件,形成了信息技术在幼儿教育应用调查问卷的结构。

2. 问卷结构

问卷包括教师问卷和管理者问卷,管理者问卷侧重幼儿园发展的问题,教师问卷侧重个人应用问题,问卷内容大体相同。在问卷结构上均由"引言""基本信息""信息技术环境""信息技术教育活动应用""存在的问题与需求"五部分组成。引言主要对问卷的作答方式进行简要说明,其余四部分内容为问卷主体,教师问卷有21个问题,管理者问卷有18个问题,均涉及变量100多个,题型包括填写、单选、多选及简单做答。

3. 问卷检验

课题组咨询了 10 位教育技术或学前教育专业的教师和近 20 位一线幼儿教师的意见，依据专家和一线教师的意见对调查问卷中的指标和问题项进行修改和敲定。为了提高问卷设计的质量，课题组借助幼儿教师培训的机会，随机抽取了 20 名幼儿园教师实施前测和座谈，以确保问卷质量。通过试测，我们从中发现了一些问题，如教师反映幼儿园还设置有学前班，部分术语过于专业等，据此又对问卷进行了调整。

3.1.2　问卷的发放与回收

抽样考虑调研的可行性与便捷性，按照过去地理区域划分及经济发展水平，选择吉林、河南（现场填写）、浙江、广东、贵州五省为实际调研地，分别对国家公办、民办、示范普通、城市、农村幼儿园等实施问卷调查。样本在国内具有一定的代表性，能基本反映我国信息技术在幼儿教育中应用的大致情况。

调查实施以线上和线下混合式方式进行。课题组将问卷中的题目依次录入问卷星，形成电子问卷，通过问卷星的形式进行发放，发放范围为吉林、河南（现场填写）、浙江、广东、贵州等地城乡幼儿园教师。尽量覆盖不同性别、年龄、教龄、教育程度和全国计算机等级的幼儿教师。

问卷回收及有效情况：在吉林、浙江、广东、贵州、河南（现场填写）分别收回问卷及有效问卷如表 3-1 所示。共获得的问卷 883 份，有效问卷 858 份。

表 3-1　问卷回收及有效情况

调研地区		吉林	浙江	广东	贵州	河南
填写方式		网络	网络	网络	网络	现场
发放数量		—	—	—	—	311
回收	数量	260	188	131	47	257
	回收率/%	100	100	100	100	82.64
有效	数量	260	188	131	47	232
	有效率/%	100	100	100	100	90.27

注：问卷星中调查对象填写完整才能提交，因此调查获得的均为有效问卷。

3.2 调研数据统计与描述分析

3.2.1 样本基本信息

1. 年龄分布

如图 3-1 所示，被调查的幼儿园教师年龄主要集中在 26—35 岁，普遍较为年轻，45 岁以上者所占比例不足 7%。

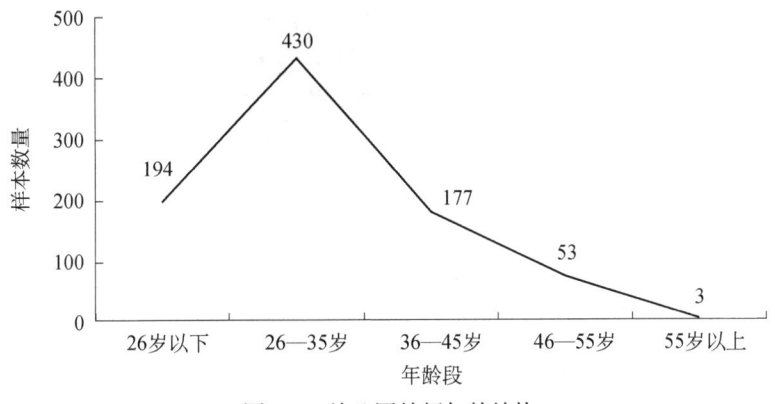

图 3-1 幼儿园教师年龄结构

2. 幼儿园教师学历

近几年在国家教育部门的要求与督导下，幼儿园教师的学历层次普遍有较大提高。在被调查的幼儿教师中，本科学历者已超过一半，其次是专科与中师/中专/高中/职高，中师中专学历以下者及研究生高学历者较少（图3-2）。从整体上看，该群体的学历水平还比较乐观，但仍有待进一步提升，且存在学历水平参差不齐现象。

3. 幼儿园等级

由图 3-3 知，被调查的教师所在幼儿园的等级中，示范幼儿园占 70%以上，普通园占 29%左右，三类幼儿园比例相差不大。

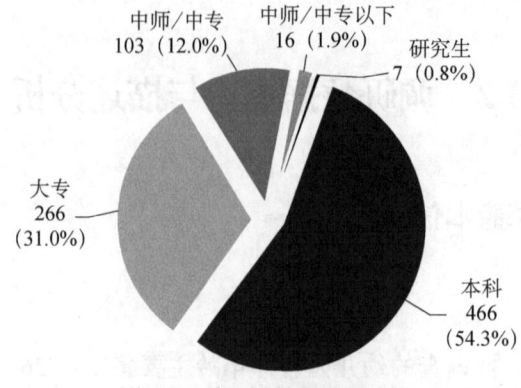

图 3-2　幼儿园教师学历结构

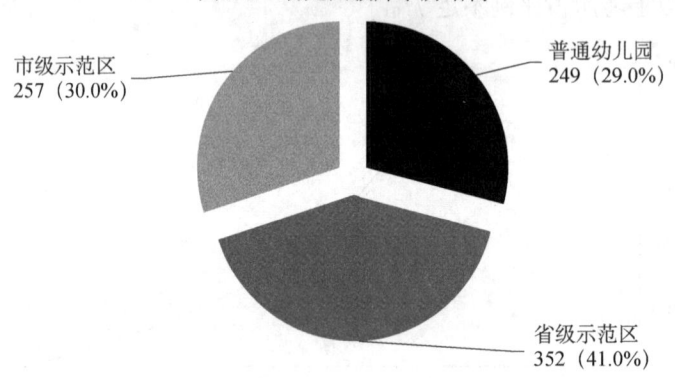

图 3-3　幼儿园的等级

4. 教师所带班级情况

调查对象所带幼儿园的年级段中大、中、小班比例基本持平，混龄班又称混合班，是一种新理念下的编班形式，幼儿园中不多见，仅占 5.0%（图 3-4）。

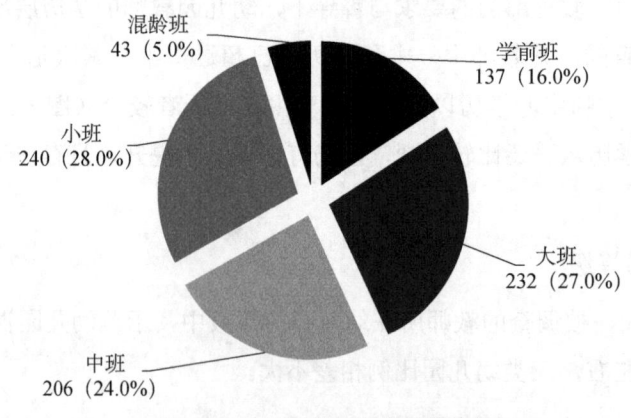

图 3-4　幼儿园教师所带班级情况

5. 教师所教幼儿课程领域

幼儿园教师不同于其他阶段的老师，该群体往往一个人同时担任几个领域的课程，考虑到这种情况，该题目设计成了多选题。从收集上来的数据看，行政管理人员较少，语言领域教师占比较高，为 37.1%，科学、艺术、健康领域教师比例相差不大（图 3-5）。

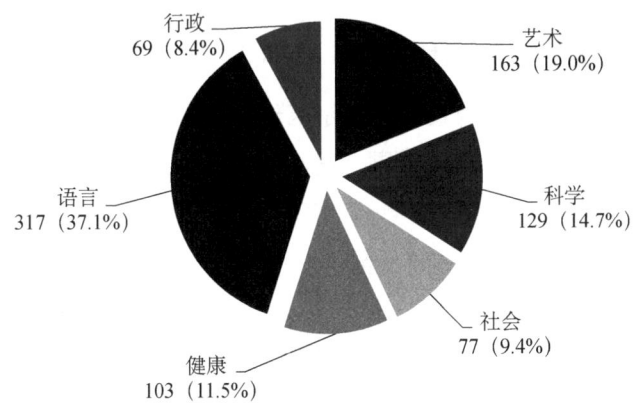

图 3-5 幼儿园教师所教课程领域

3.2.2 信息技术在幼儿教育中的应用

1. 幼儿园网络建设及信息技术资源

表 3-2 的数据显示，90%以上的幼儿园可以登录互联网，超过 60%的幼儿园还建设有自己的门户网站。80%以上的幼儿园拥有简单的网络资源，尤其光盘软件，在实际走访中我们也发现很多幼儿园保留有大量光盘资源。在办公自动化方面，近 80%的幼儿园有专门的软件。对于教师培训，绝大多数幼儿园教师参加过培训，在对河南省的调查中我们发现有 1/3 的教师参加培训在 3 次以上，并涉及教育信息化或信息技术应用内容。

表 3-2 网络及资源情况统计表

题目/选项	是 人数/人	是 占比/%	否 人数/人	否 占比/%
您所在幼儿园是否拥有自己的幼儿园网站	540	62.9	318	37.1
您所在幼儿园里的电脑能否登录互联网	802	93.5	56	6.5

续表

题目/选项	是 人数/人	是 占比/%	否 人数/人	否 占比/%
您所在的幼儿园是否拥有信息技术资源（光盘、游戏软件等）	710	82.8	148	17.2
您所在的幼儿园是否有自动化办公系统	676	78.8	182	21.2
您是否参加过有关如何使用信息技术（计算机、PPT、Flash等）的培训	737	85.9	121	14.1

2. 各类幼儿园基础资源对比

从图 3-6 可以看出，被调查的省级示范幼儿园（简称"省示范园"）在各个方面的条件要略高于市级示范幼儿园（简称"市示范园"）与普通幼儿园（简称"普通园"），在登录网络、培训机会及信息技术资源方面差别并不是很大，在建设网站、办公信息化方面则有些许差异。

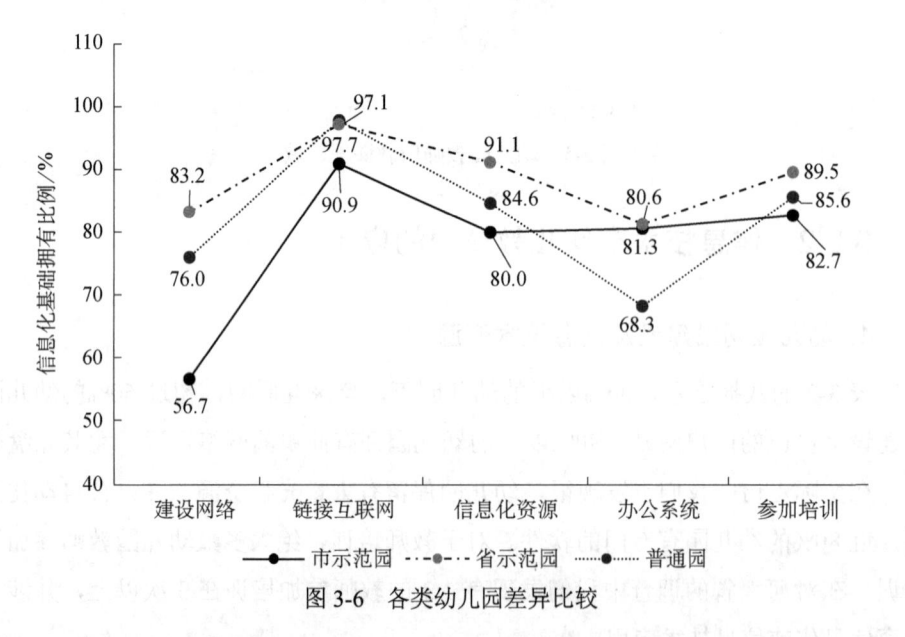

图 3-6 各类幼儿园差异比较

3. 幼儿园硬件设施及其使用

（1）幼儿园信息技术设施基本情况

如表 3-3 所示，被调查幼儿园拥有信息技术设施的基本情况为：97.3%的幼儿园拥有计算机；66.0%的幼儿园拥有多媒体教室，走访发现部分幼儿园多媒体教室还不止一间；近 85%的幼儿园拥有投影仪；（交互式）电子白板/一体机作为一种新媒体开始在幼儿园也有所应用，71.1%的幼儿园已经拥有这种设备；电视机、VCD/DVD 等传统媒体在幼儿园仍普遍存在；87.6%的幼儿园拥有数码摄像（照相）机，但数量上比较少；录播教室作为信息化资源建设与共享的重要设施，拥有比例为 30.7%；平板电脑可能是教学使用需求不高的原因，拥有比率仅为 25.6%。除上述设备外，在走访中我们还发现，部分幼儿园拥有其他信息技术教学设备，如点读宝、电子琴等。对于这些信息技术设备的应用情况是：经常使用最多的依次为计算机、数码摄像（照相）机，其次是投影仪和（交互式）电子白板/一体机，运用较少的为平板电脑、录播教室等。我们可以清晰地看到，拥有设备但几乎不用的情况较少，占比均不超过 10%；幼儿园拥有设备，幼儿园教师却偶尔使用的人也不是很多。这说明幼儿园教师使用信息技术的热情是很高的，只要给他们合适的设备，他们会积极应用信息技术开展一定的日常管理与教学活动。

表 3-3　被调查幼儿园硬件设备及其使用情况

题目/选项	没有 数量	没有 占比/%	有，但几乎不用 数量	有，但几乎不用 占比/%	有，偶尔使用 数量	有，偶尔使用 占比/%	有，经常使用 数量	有，经常使用 占比/%
电视机	125	14.5	48	5.6	97	11.3	588	68.5
VCD/DVD	236	27.5	48	5.6	190	22.2	384	44.7
数码摄像（照相）机	107	12.5	41	4.8	126	14.7	584	68.1
平板电脑	639	74.4	52	6.1	44	5.1	123	14.4
计算机	23	2.7	23	2.7	51	5.9	761	88.7
投影仪	132	15.3	40	4.6	175	20.5	511	59.6
（交互式）电子白板/一体机	248	28.9	42	5.0	136	15.8	432	50.3
多媒体教室	292	34.0	30	3.5	167	19.5	369	43.0
录播教室	595	69.3	34	4.0	67	7.8	162	18.9

（2）各等级幼儿园信息技术设备差异

从省示范园、市示范园、普通园拥有信息技术设备的情况来看，省示范园优于市示范园，市示范园优于普通园，但是在有些方面水平比较接近（比如电视持有率、平板电脑等），而在有些方面差别稍微明显，如数码摄像（照相）机、投影仪、多媒体教室、录播教室等方面（图 3-7）。在实际调研中，我们发现民办幼儿园存在两极分化的情况，有的幼儿园购置有先进的技术设备，有的幼儿园却连一台计算机都没有。

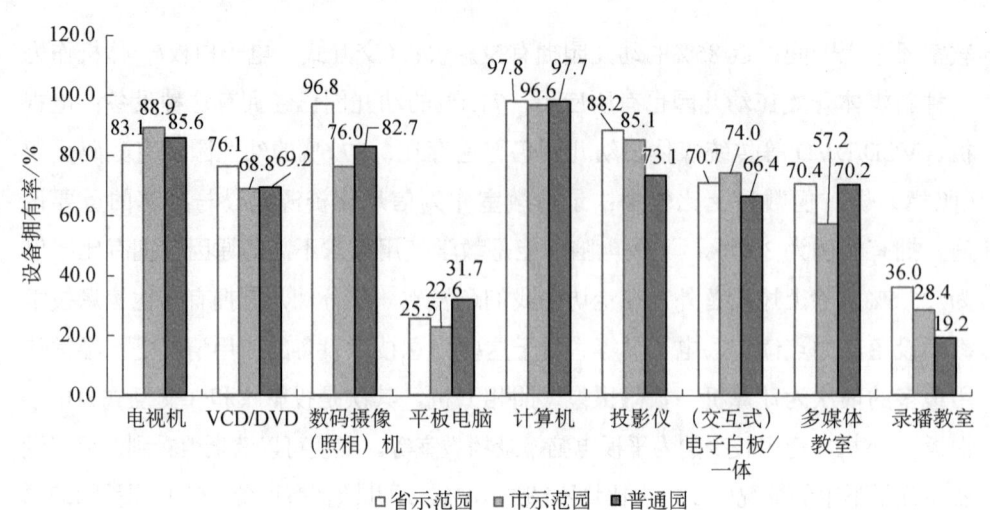

学前教育信息化：基于发展适宜性的视角

图 3-7 各等级幼儿园信息技术设备比较

4. 幼儿园信息技术教学应用

（1）幼儿园哪些课程领域比较适合运用信息技术

超过 60% 的被调查幼儿园教师认为，信息技术在幼儿教育五大领域课程中应用是较为适合的，如图 3-8 所示，相对而言，语言、科学由于自身学科特点更加有应用的优势。

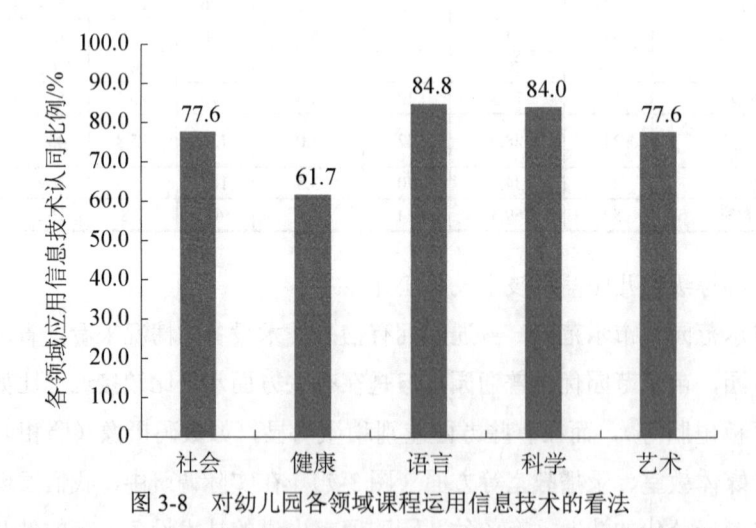

图 3-8 对幼儿园各领域课程运用信息技术的看法

（2）幼儿园各个阶段及各类活动运用信息技术的情况

幼儿园年级可分为大班、中班、小班、学前班等，信息技术在各年级应用的看法趋于一致，幼儿园教师普遍认为较适合运用，支持占比都在 80% 以上，而在各个年级的应用不存在明显差别（表 3-4）。在幼儿园各种活动中，大家更加认可信息技术支持教学活动，其次是生活活动。而对在游戏活动中使用信息技术的支持相对较低，为 69.3%。总体而言，被调查者对信息技术的应用持积极的看法。

表 3-4 信息技术在各阶段、各活动应用的看法

题目/选项	完全反对占比/%	比较反对占比/%	一般占比/%	比较支持占比/%	完全支持占比/%	平均分
幼儿园小班	0.6	1.8	15.2	30.2	52.2	4.3
幼儿园中班	0.3	0.5	7.8	34.0	57.4	4.5
幼儿园大班	0.2	0.6	4.5	29.4	65.3	4.6
学前班（未设不填）	1.3	1.1	9.7	22.7	65.2	4.5
游戏活动	2.7	6.6	21.4	23.0	46.3	3.0
生活活动	3.2	4.2	18.9	30.2	43.6	3.1
教学活动	3.2	1.4	6.1	22.4	66.9	3.5

注：因为四舍五入，加总可能不为 100%，余同。

（3）幼儿园教师使用信息技术的目的和用途

从图 3-9 可知，被调查幼儿园教师使用信息技术主要用于备课和呈现教学内容，其次是与家长沟通，我们在对 4 所幼儿园的走访中也发现这一特点，信息技术对教师专业发展具有较大作用，在教学中的应用主要是呈现一些内容。

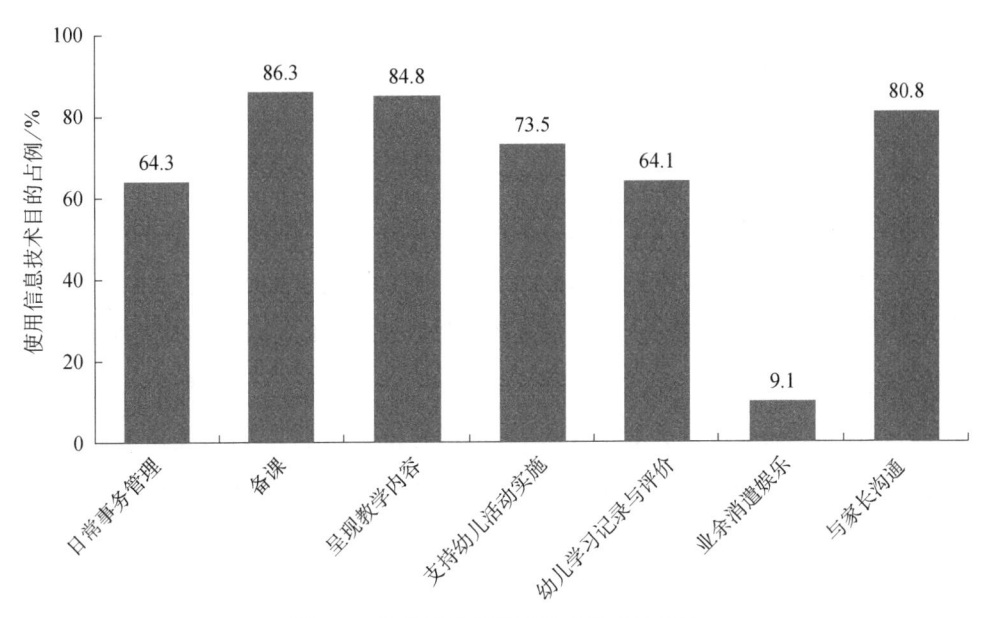

图 3-9 幼儿园教师使用信息技术的目的

用途	占比/%
日常事务管理	64.3
备课	86.3
呈现教学内容	84.8
支持幼儿活动实施	73.5
幼儿学习记录与评价	64.1
业余消遣娱乐	9.1
与家长沟通	80.8

(4) 幼儿园使用信息技术的效果

关于使用信息技术进行幼儿教育的效果，57.0%的教师认为效果非常好，39.0%的教师认为效果比较好，认为使用信息技术的效果一般的占4.0%，没有教师认为使用信息技术的效果较差或非常差（图3-10）。

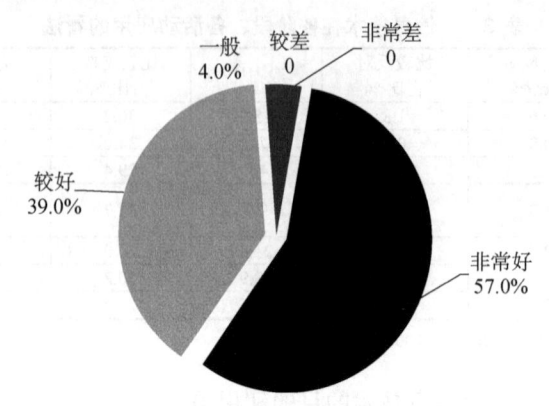

图3-10　幼儿园使用信息技术的效果

(5) 各等级幼儿园教师应用设备情况

图3-11为省示范园、市示范园、普通园三类幼儿园教师经常使用某一设备对比图。省示范园使用数码摄像（照相）机、投影仪、多媒体教室的比例明显高于其他类幼儿园教师。而普通园教师经常使用投影上课的比例较其他类幼儿园偏低。其他类项目差别不大。

(6) 影响信息技术应用的因素

影响教师信息技术应用的要素，首先是信息技术设备的支持情况与使用时是否有合适的教育资源，其次是信息技术掌握的熟练程度以及是否有应用的案例与模式引导。大部分幼儿园教师认为幼儿的年龄以及使用的烦琐程度并不是影响信息技术应用的主要因素。幼儿园"领导的支持与引导"对幼儿教育信息化的影响比较特别，认为影响程度大的比例是54.3%，统计众数是5，标准差是1.311，在所有因素的标准差中是最大的（表3-5），说明教师对"幼儿园领导影响因素"的看法不同，存在较大分歧。

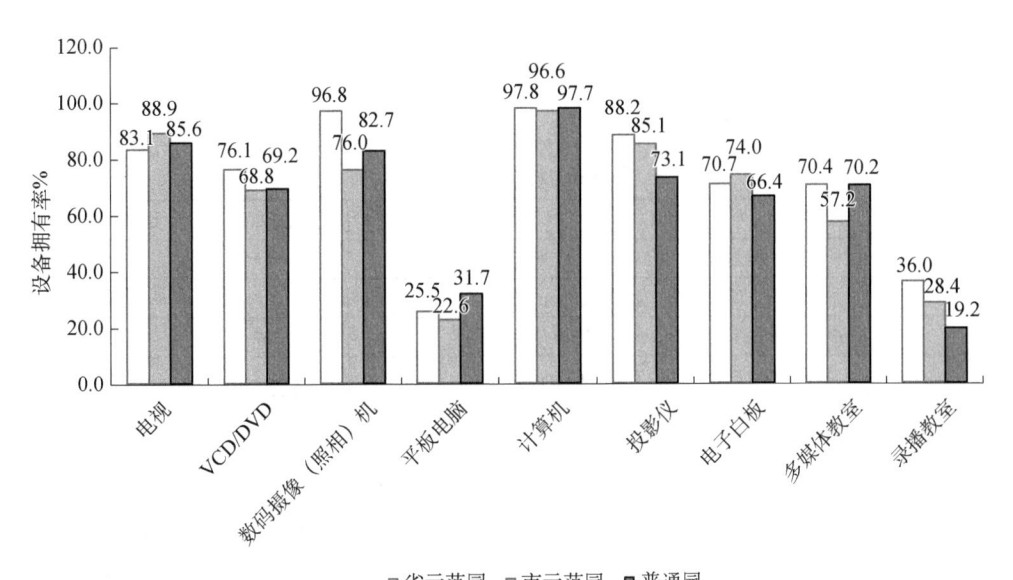

图 3-11　各等级幼儿园教师常用设备对比

表 3-5　影响信息技术应用的情况

比较项	N	影响大的选择占比/%	众数	标准差	极小值	极大值
应用效果	402	46.8	4	1.152	1	5
使用是否麻烦	287	33.5	3	1.132	1	5
设备的支持	581	67.7	5	1.121	1	5
合适的资源	518	60.4	4	1.100	1	5
技术熟练程度	511	59.6	4	1.086	1	5
理论案例指导	479	55.8	4	1.068	1	5
幼儿年龄	238	27.7	3	1.071	1	5
领导引导与支持	466	54.3	5	1.311	1	5

注：影响程度：非常小=1，较小=2，一般=3，较大=4，非常大=5；影响程度大的选择比例包括影响非常大与影响较大两部分。

5. 幼儿园教师信息技术能力

（1）幼儿园教师常用的软件

被调查的幼儿园教师在幼儿园日常教学中使用的计算机软件主要是文字处理软件（Word、PPT等）和图形图像处理软件（PhotoShop等），对于视频编辑与动画处理软件的使用不多（表3-6）。然而在访谈中，很多老师希望学习视频编辑软件,但视频编辑技术相对较为专业难学,使用较少的深层原因并不是不需要,而是没有掌握该类软件的应用。

表 3-6 幼儿园常用软件

选项	选择次数	选择比例/%
文字处理软件,如 Word、PPT 等	814	94.9
图形图像处理软件,如 PhotoShop 等	630	73.5
声音处理软件,如 Audition、Wave Edit 等	509	59.3
动画制作软件,如 Flash 等	443	51.6
视频处理软件,如绘声绘影、Premiere 等	476	55.4

(2)幼儿园教师信息技术水平

关于幼儿园教师信息技术技能的掌握情况的调查发现,下载教学资源的能力、存储教学资源的能力、归类、整理教学资源的能力相对较为熟练;教与学资源设计开发能力最差,众数是 2,标准差为 0.989(表 3-7),说明被调查者掌握水平普遍较低,且教师之间的水平存在差异;其次,幼儿园教师二次加工改造资源的能力、教与学资源设计开发也不太乐观;被调查幼儿园教师的下载信息化教学资源的能力和储存信息化资源的能力等明显优于其他应用能力,但仍需进一步提高。

表 3-7 幼儿园教师信息技术掌握情况

比较项	熟练占比/%	不熟练占比/%	均值	众数	标准差	极小值	极大值
检索网络、数据库资源	38.3	34.8	3.16	2	1.195	1	5
下载教学资源	52.8	13.9	3.58	3	1.034	1	5
归类、整理教学资源	38.6	26.0	3.17	3	1.109	1	5
存储教学资源	48.9	17.8	3.48	3	1.118	1	5
二次加工改造资源	28.5	39.5	2.85	3	1.155	1	5
教与学资源设计开发	29.3	47.8	2.68	2	0.989	1	5
多媒体呈现教学内容	37.4	27.7	3.20	3	1.165	1	5
技术支持幼儿活动	30.2	32.0	3.00	3	1.052	1	5
与家长沟通交流	39.6	30.4	3.16	3	1.123	1	5
管理个人事务	34.4	31.3	3.05	3	1.084	1	5
对幼儿记录、评价	31.1	37.7	2.95	3	1.127	1	5

注:非常生疏=1,比较生疏 2,一般=3,比较熟练=4,非常熟练=5;熟练的比例包括"非常熟练"和"比较熟练",不熟练的比例包括"非常生疏"和"比较生疏"。

（3）各类幼儿园教师信息技术能力对比

不同地理位置、办园等次、办园性质的幼儿园教师信息技术能力水平对比如图 3-12—图 3-14。被调查的城乡幼儿园教师信息技术能力差异明显，城市幼儿园教师信息技术能力水平明显高于农村及乡镇幼儿园教师。省示范园教师信息技术能力水平较高，明显高于市示范园与普通园教师信息技术能力；市示范园教师信息技术能力水平又略高于普通园教师水平。公办、民办、公私合办幼儿园教师的信息技术能力水平差别不很明显；公办、合办幼儿园教师的检索网络/数据库资源、下载教学资源、归类/整理资源、存储教学资源、二次加工改造资源等方面的能力明显高于民办幼儿园教师，且公办与合办幼儿园教师信息技术能力整体差异不大。

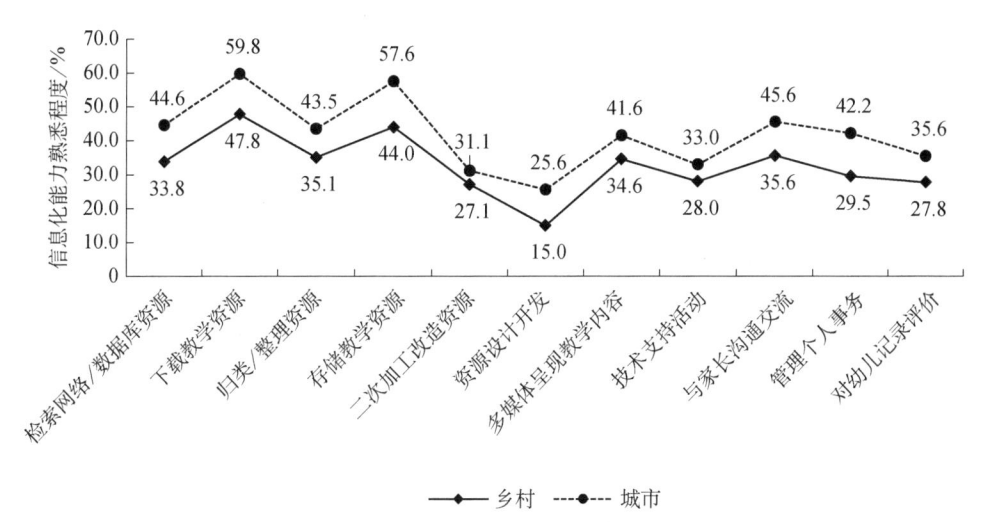

图 3-12　城乡幼儿园教师信息技术能力熟悉程度差异

6. 幼儿与信息技术应用

"让幼儿直接使用或操作信息技术设备"，国际上对此问题的看法一直存在争议，在美国一般采用区角的形式让幼儿接触信息技术设备与软件，英国的做法是只允许大班幼儿园学习掌握极其简单的信息技术能力。在实际调研访谈中我们发现，很多幼儿园教师并不支持幼儿园过早接触计算机或平板电脑，或者限制使用时间适宜应用。问卷调查数据显示，幼儿操作电脑等信息技术的意图或目的主要是听音乐、故事，玩游戏，也用于完成一定的学习任务或浏览图片，基本不用的占 5.1%，漫无目的应用的更少（图 3-15）。

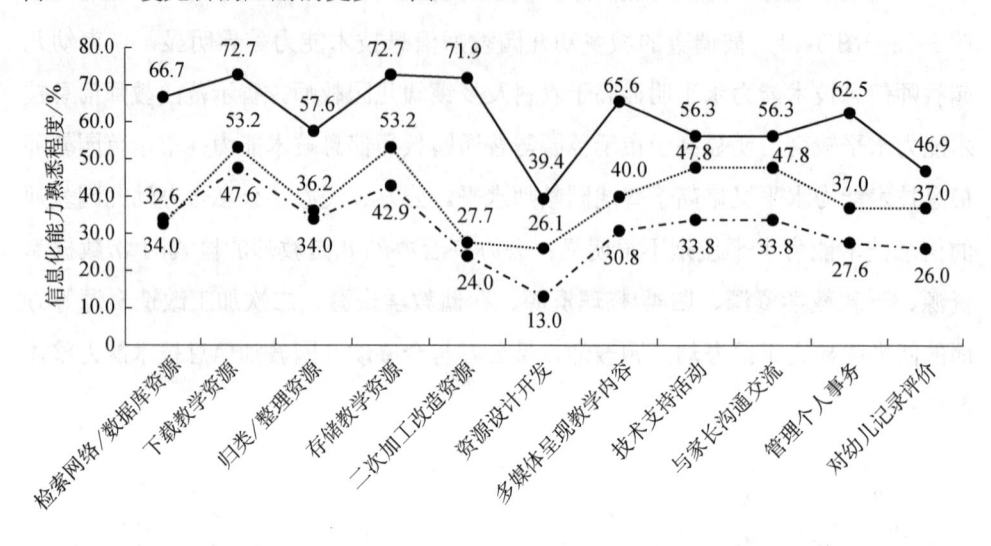

图 3-13 省示范、市示范、普通园教师信息技术能力熟悉程度差异

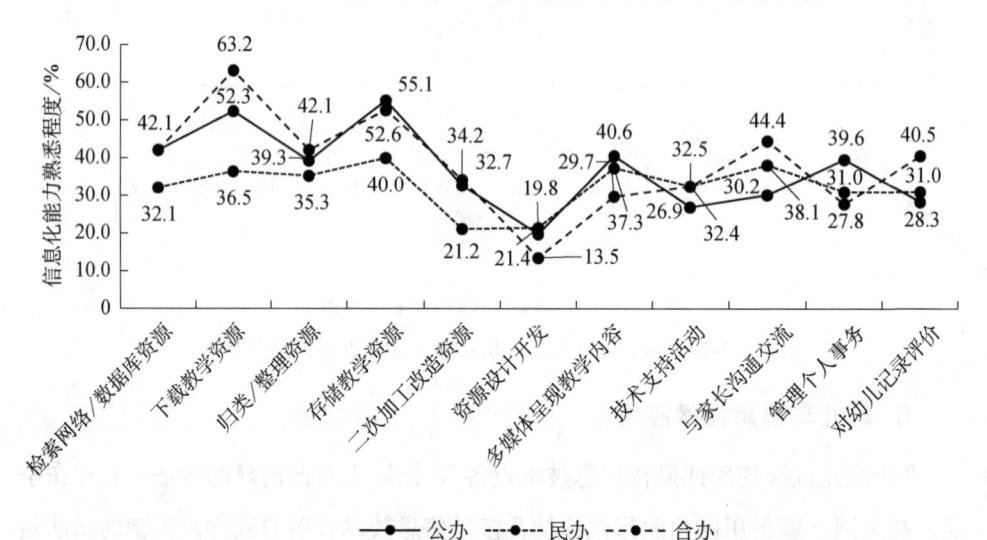

图 3-14 公办、民办、合办幼儿园教师信息技术能力熟悉程度差异

第3章 信息技术在幼儿教育中的应用现状 | 81

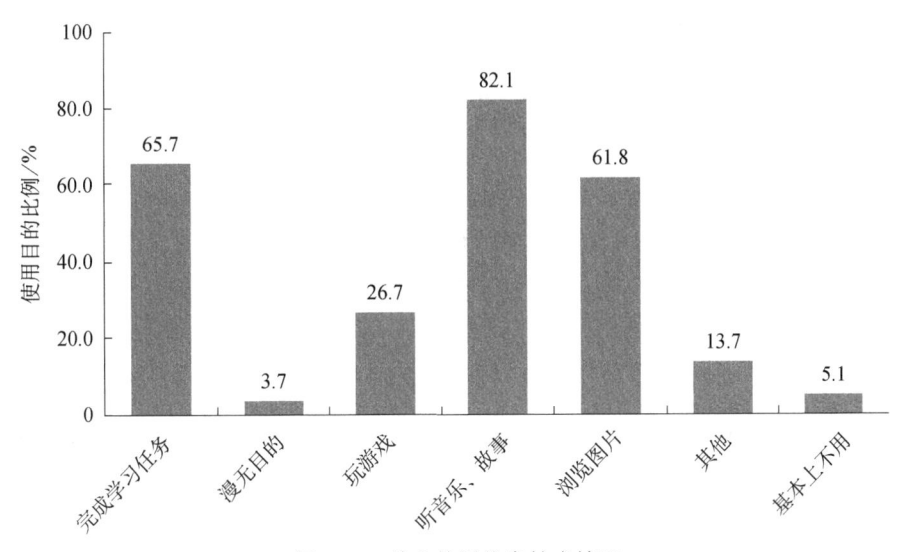

图 3-15 幼儿使用信息技术情况

7. 信息技术在家园共育中的应用

家园共育是幼儿教育的重要研究主题，近几年随着新技术在教育中的应用，技术支持的家园共育迅速发展并普遍应用。通过对幼儿园教师的调查发现，目前家园共育应用技术最多的依然是手机、电话设备等设备，其次是微信、校讯通及QQ通信工具。这些软件已能基本满足与家长沟通的需要，有些交流互动性较好的软件，如专业平台软件、博客等使用并不多见。幼儿园家园共育常用的技术如表 3-8 所示。

表 3-8 家园共育常用的技术

比较项	有效样本数	反应值 个数	反应值 百分比/%	观察值 百分比/%	排序
QQ	858	152	17.7	42.2	3
博客、微播	858	33	3.8	9.1	5
微信、校讯通	858	269	31.4	74.8	2
电子邮件	858	23	2.7	6.5	6
校园网平台	858	63	7.3	17.4	4
新闻讨论组	858	2	0.2	0.4	8
手机、电话	858	300	35.0	83.5	1
专业平台软件	858	17	2.0	4.8	7

3.3 访谈调查与分析

本章除对上述 800 多名幼儿园教师进行问卷调查外，还针对信息技术在幼儿教育中应用的现状及深层问题，开展了集体座谈与个别访谈，获得了宝贵的第一手资料。

3.3.1 访谈设计

1. 访谈目的

访谈是在问卷调查数据的基础上深度挖掘部分问题的深层缘由及其问题之间联系的有效补充。它能进一步探索幼儿园信息技术软硬件建设、幼儿教育软件资源设计与开发、信息技术在幼儿教育中的应用、幼儿园教师能力水平与需求、教师培训与学习方式等方面存在的问题、看法及意见。

2. 访谈设计

课题组在问卷调查的基础上，走访了部分幼儿园，如河南大学附属幼儿园、南京实验幼儿园、南京太平巷幼儿园、上海嘉定真新幼儿园等。针对考察看到的情况及呈现的问题，我们制定了有针对性的访谈提纲。

3. 访谈测试

课题组在开封市选择了几所比较有代表性的幼儿园进行访谈，它们分别是开封实验幼儿园（公办省示范园）、开封群英幼儿园（公办省示范园）、开封七彩阳光幼儿园（民办省示范园）、开封新区牛津幼儿园（民办普通园），旨在完善访谈提纲的科学性。

4. 访谈提纲

1）您对在幼儿教育领域使用信息技术怎么看？结合自身经历谈一谈体验与感受。

2）您所在的幼儿园信息技术硬件建设如何？使用情况如何？（比如利用

率、使用的用途等）您有什么好的发展建议？

3）您所在幼儿园软件与资源的整体情况如何？您有什么诉求与建议？

4）您在使用信息技术开展幼儿园教育方面存在哪些困惑？

5）您对曾参加过的教师培训评价如何？您认为应该培训哪些内容以及用什么方式开展培训？

6）其他信息技术在幼儿教育中应用的相关话题，从国家宏观政策与标准到幼儿园教育微观故事等均可畅所欲言。

5. 访谈实施与数据采集

利用"国培计划"学员集中来河南大学学习的时机，进行了深入交流与探讨。具体做法是把访谈提纲现场呈现，然后由笔者与几位同事引导大家讨论发言。课题组共进行 4 次访谈，先后共有 191 人次表达了自己的观点，最后获得通过录音整理的主要文字材料达两万多字。

3.3.2 访谈材料分析思路

1. 确定分析单元

分析单元是内容分析法中描述或解释研究对象所使用的最小、最基本的单位。设计分析单元时，将具有独立完整信息的句子或段落作为一个分析单元，然后用单重归类法对研究对象进行重新编目。即每个分析单元只能归于一个类目，如果发生语义模糊的情况，则主要运用多人评判，少数服从多数的原则进行分类入目，对于争议较大者也可适当考虑删除该分析单元，共提取出符合条件的语义分析单元 206 个。

2. 设计分析维度体系

设计分析维度工作的主要包括确定分析的类目和进行编码两项。通过对研究材料的仔细阅读，结合内容所表达的意义，该研究以信息技术幼儿教育应用的态度与认识（attitude，AT）、信息技术环境设施（hardware，HW）、信息化学与教软件资源（resource，RS）、信息技术幼儿教育活动应用（application，AP）、幼儿园教师培训与学习（training，TR）、对政府/学校的建议（measure，MS）等为一级分类类目。根据具体访谈材料，设计二级类目分别为：AT1 具有积极作用，AT2 具有消极作用，AT3 理性对待；HW1 硬件设施的重要地位，HW2 幼儿园设备基本情况，HW3 教师硬件愿望与需求；RS1 软件资源现状，RS2 软件资源需求；AP1 应用现状与存在问题，AP2 应用愿望与策略；TR1 对培训的认识与现在，TR2 培训的内容需求，TR3 培训策略与建议；MS1 政策支持信息技术幼儿教育中的应用，MS2 关注农村/民办幼儿园信息化发展。

3.3.3 访谈内容的语义分类

1. 态度与认识

1）具有积极作用：①教育信息化对幼儿的学习起到了关键性的作用；②幼儿园教育信息化对幼儿的身心发展很重要；③（信息化教育）效果不错，希望以后有更好的发展；④我觉得教学活动中运用现代信息技术既方便，又能吸引孩子，教学效果又好，应该大力推广普及；⑤教育信息化对幼儿园有很大的用处，我们也从中得到帮助；⑥幼儿园教育信息化是历史发展的必然，任何人或机构都阻挡不了；⑦我认为幼儿园教育信息化非常需要；⑧现代幼儿园教育信息化对幼儿园还是很有用的；⑨在幼儿的生活中，信息技术显得越来越重要，逐渐成为不可或缺的内容；⑩我认为教育信息化能够很好地创建家园共育；⑪教育信息化符合幼儿园发展的规律；⑫（教育信息化）提供了方便，提高了幼儿兴趣，直观地将事物呈现给幼儿；⑬幼儿园信息化教育非常重要；⑭幼儿园的教育信息化能较好地让教师们展示自己的才华，让孩子们很直观地接受，启迪和发挥，推动优质教育的发展；⑮幼儿园教育信息化是提高幼儿和教师的一项重要环节；⑯教育信息化等对于幼儿园来说非常必要的；⑰我们一线教师对使用现代教育技术开展活动非常的渴望；⑱我对幼儿园教育信息化非常渴望；⑲（信息技术幼儿教育应用）非常有必要进行普及。

2）具有消极作用：①在郊区、农村、乡镇幼儿园中，师生对教育信息化的需求并不突出；②信息技术设备还会影响教学的效果、分散幼儿对课堂学习内容的注意。

3）理性对待：①我认为幼儿园还是比较多用游戏来进行教学，信息化是有的，但也不能每节课都使用一体机或课件，这样岂不是让幼儿成为一个观看者吗；②我渴望幼儿园教育信息化，但我担心幼儿教师太依赖于现代信息，而失去自主性、灵活性以及创新性；③教育信息化很重要，但每个幼儿园都有自己的生存方式，我觉得这还要和当地的条件挂钩，和当地领导部门的重视度有关；④幼儿园教育信息化是社会进步发展的需求，但是教师实际操作和专业知识缺乏。

2. 信息技术环境设施

1）硬件设施的重要地位：①巧妇难为无米之炊，应配备信息技术设备；②改善幼儿园教育信息技术在环境；③幼儿园教育信息化，最紧迫的是给农村幼儿园配备信息技术设备；④幼儿园环境建设非常重要；⑤（信息技术）环境建设方面希望领导重视；⑥幼儿园教育信息化首先要有硬件设备；⑦幼儿园的硬件跟不上或不足，一切都是空谈；⑧只有硬件足够了，才可以学，才可以用；⑨如果幼儿园能给每位教师配备个人电脑，那情况会改善很多；⑩环境建设应该从幼儿园出发，以幼儿为主体，建设适合各个年龄阶段孩子的设施，符合孩子们的特点；⑪幼儿园教室中配备多媒体非常有必要。

2）幼儿园设备基本情况：①幼儿园建设设施较差，因为农村资金不足的原因吧；②现在多数幼儿园没有信息设施的配备；③单位无配置；④对幼儿园教育信息环境建设心有余而力不足；⑤缺乏信息技术设备；⑥农村幼儿园最缺的是设备，没有经费就没有设备，没有设备我们就无从开展或者是尝试利用信息化技术来辅助教学，技术不会可以学，但没有设备我们就没办法了；⑦只有一台旧式电脑，不到10台电视机，3台DVD机，U盘是自己买的；⑧学校只有一台手提电脑和打印机，几乎都不会用；⑨没有一些现代化的设备，使得老师"巧妇难为无米之炊"；⑩幼儿园信息技术设备较少，几乎没有；⑪农村条件差，没有多媒体；⑫农村幼儿园有这些设备；⑬对于农村幼儿园来说，有些硬件设施不具备；⑭孩子与老师根本就没法来接触到这些（硬件设施）；⑮我们幼儿园是农村幼儿园，非常简单，硬件设施都不够完善。

3）教师对此愿望与需求：①希望我园能尽早的安装教育信息技术的设备；②多增加些投影仪之类；③希望班内能够增添多媒体设施，给老师配备电脑；④希望在不久的将来能在每个班级里配上多媒体；⑤希望建立信息技术的环境，给信息技术建设提供技术和方法；⑥想让领导配备多媒体；⑦（希望）硬件上能有一些改善；⑧我觉得我们园要添加点以上的设备；⑨每个幼儿园应至少有一间多媒体教室，并有完整的配套设施；⑩建议幼儿园也安 1-2 个多媒体教室；⑪（幼儿园）应把硬件设施相应的提高；⑫希望单位能有个电脑室或每班一台电脑；⑬加大信息技术硬件设施的资金（的）投入；⑭我们还没有多媒体教室希望尽早解决；⑮幼儿园信息技术设备要到位；⑯办公室里最好有一台电脑我希望我们可以每班配一台电脑和一台投影仪；⑰希望园方能给每个班均一台计算机；⑱环境建设再搞合理一点；⑲增添更多更先进的信息技术教学设施；⑳多配备先进的信息技术设备。

3. 信息化学与教软件资源

1）软件资源现状：①合适的教与学资源太少；②在制作教学课件 PPT 时，了解的肤浅，会简单的制作；③（硬件设备不完善）软件设备根本就不用提。

2）软件资源需求：①多增加些多媒体教材之类（的资源）；②信息应多一些一线教师的教学视频；③幼儿园应该拥有自己的幼儿园网站；④幼儿园应该拥有信息技术教学资源；⑤能有系统与学科相配套资源和课件或信息素材；⑥能有课件制作的在线指导；⑦建立资源共享机制；⑧多创建一些教育资源；⑨希望教室的电脑可以联网，在学校可随时搜索下载教育信息和资料；⑩我需要多媒体资源；⑪希望能在网上寻得这样的学习资料；⑫我希望班级能够配备更多的教学资源；⑬建立专业软件，（并）系统管理；⑭增添更多更先进的信息技术教学资源；⑮很有必要开展幼儿园信息技术网络建设。

4. 信息技术幼儿教育活动应用

1）应用现状与问题：①对于幼儿园而言，幼儿教育活动应用很少；②我除了会上网查资料外，别的功能我都不会；③固定的多，变化的少，摆设性比利用性高；④我们是农村幼儿园，信息技术教学跟不上；⑤幼儿园还没有更好的应用信息化；⑥设备的缺失限制了我使用现代技术的手段；⑦应用缺少这方面（信息化）的人才；⑧（应用）没有专业的信息化教师；⑨没有设备教师就无法清晰准确地为孩子展示学习内容；⑩老师学会了技术操作，长时间不使用也会越来越生疏；⑪班级内部的多媒体只是用于授课；⑫随着信息设备的普及，教师缺乏的是对各种资源的高效运用；⑬家长有什么事可用电脑通过 QQ 来和老师联系。

2）应用愿望及策略：①希望幼儿园尽早实现信息化教学；②希望每个班都能达到多媒体课件授课；③我迫切希望我能成为随心所欲的使用者；④我更需要学习各个年龄阶段的幼儿身心发展理念、幼儿园教育信息的设计与获取，才能更好、更恰当地运用到教育教学中；⑤应用与教学，多给我们提供设施、平台去运用、实践会更好；⑥让现代教育信息技术在幼儿园得到合理的应用；⑦（希望）利用高些；⑧配备电脑供我们辅助教学；⑨学会技术，重点用在教学、幼儿活动；⑩幼儿园领导的思想要跟上；⑪领导多支持教师使用多媒体教学；⑫教师在幼儿教育时期加强信息技术支持的教学。

5. 幼儿园教师培训与学习

1）培训的认识与现状：①作为老师要接受信息化教学的培训；②多培训些，让每位教师更合格；③希望培训多多益善；④教师技术不熟练，需要加强教师的培训；⑤目前，培训力度不大；⑥对于个人来说还需要学习；⑦希望多提供信息技术培训；⑧需要更多的、更好的教育技术培训；⑨教育信息化的教师需培训；⑩应多些培训；⑪教师培训应该多一些；⑫应该多一些教师培训，这样对孩子和老师都有很大的用；⑬幼儿园应定期对教师进行专业的信息技术培训，尤其是年龄偏大的教师；⑭（培训）让每一位教师都能很熟练的掌握信息技术，并运用信息技术进行教学活动；⑮希望多组织培训和学习；⑯多开展培训工作有利于提高工作素质；⑰加强幼儿园教育信息化一线（教师）培训；⑱加强这方面（幼儿园信息化）的培训及技术的支持；⑲对于教师培训，我局（要求）我们一线幼儿教师是必不可少。

2）培训的内容需求：①希望加强实践操作；②加大对学前教师在信息技术的培训力度；③如果有条件可以培训幼儿教师的 PPT 以及动画，把 PPT 做得更加吸引幼儿；④需要在计算机应用上得到培训；⑤希望能开展此类（信息技术网络）培训；⑥希望多讲一些"计算机"之类的设备操作的培训供老师和幼儿使用；⑦多讲些计算机使用程序的培训；⑧（培训）一定的技术，让我们把多媒体教学应用的得心应手；⑨希望得到更多的现代教育技术培训，及先进的教与学思想理论；⑩多开设计算机培训；⑪多开实践操作知识；⑫多一些实战经验；

⑬讲一些实际的，一些动手和动脑的；⑭教育信息技术培训应增加多些老师实际操作，演练项目；⑮多传授一些信息技术；⑯多一些关于信息技术的培训，使个人技术娴熟；⑰注意教师专业技能等各方面的培训；⑱从最基础的知识技能开始；⑲希望（培训）有更多可操作性、实用性更强的知识；⑳加强对幼儿园专业知识的培训；㉑培训时应增加或偏向一些专业能力的培训，不但只是理论；㉒幼儿园教育信息化培训应加强技术性培训；㉓网络技术与应用可在培训中多增加；㉔多提供与教学相关的操作方法及有关图片的处理和制作方法；㉕能否多增加一些幼儿园教育信息化相关课程的设置；㉖多一些 PPT 课件制作方向的培训；㉗幼儿园教育信息化培训多让教师去一线考察，讲授一些课件；㉘培训一些课件制作与应用；㉙培训一些较实用的内容，如课堂的各类教学方法及户外游戏活动，有案例更好；㉚培训教师熟练掌握信息技术的应用。

3）培训策略建议：①（培训）不要整天听课、写教育笔记；②结合案例，详细分析讲解；③（培训）多安排一些分组讨论、案例分析的讲座，以便知识的巩固与拓展；④一次培训的时间不要太长，要有针对性地一次培训一个方面，一次学得太多的话，不太好消化；⑤（培训）要经常延续地开展下去；⑥提供良好的培训渠道，大力普及和推广；⑦非常想得到专业的培训和指导；⑧教师培训应对乡村教师定期开展，定期培训较好；⑨希望配备专业人员进行对教育信息化的培训；⑩（每）过一段时间对老师进行一些培训；⑪教师培训当务之急是农村幼儿教师；⑫培训要更有针对性和实用性；⑬多培训专业人员，提高信息技术人员水平；⑭ 70 后老师培训重在简单操作，80 后老师重在提升技术，培训后可帮助 70 后老师，对 90 后老师进行高级技术培训，使其以后成为骨干；⑮希望上级领导重视起来；⑯希望政府多多举办教师素质的培训，来提高教师的工作质量；⑰希望有关部门能在合适的时间让我们有这方面的培训，普及这方面的知识；⑱国家组织一些关于这方面的培训；⑲希望相关部门经常开展一些幼儿园信息化的在岗教师培训；⑳教师培训的这一模块出台政策，希望此项政策继续实行。

6. 对政府/学校的建议

1）大力支持学信息技术幼儿教育应用：①学校领导给予支持；②需要国家

的大力支持和帮助；③希望政府多提供信息化教育支持；④政府部门应加大投资建设力度；⑤希望政府有关部门能重视幼儿园的信息技术化进程，给予一定的支持；⑥相关部门应予以重视，帮助并督促各幼儿园使用信息化教学；⑦希望能出台相应的政策并且落实到位；⑧扩大宣传力度，让更多的人了解和熟悉幼儿园教育信息化的益处和便利；⑨希望国家或当地政府给予一些支持；⑩（政府）应该对幼儿园信息技术加强投入；⑪建议（政府）加大对幼儿园教育信息化的宣传与应用；⑫加大幼儿园教育信息技术知识的普及力度；⑬应加强落实实施，别空喊口号，注重层层落实。

2）关注农村及民办幼儿园信息化：①教育信息化应向农村大幅度推广；②民办幼儿园应该得到政府的支持鼓励；③对农村幼儿园信息化教学应引起足够的重视；④特别是农村幼儿园在配备资源和信息技术培训；⑤多让农村及乡镇幼儿教师进行教师培训；⑥政策现在应看重公办幼儿园教学质量，如环境改善，玩具教具的配用等；⑦希望国家能更多的关注农村较基层的幼儿园；⑧一些民办幼儿园更希望得到国家的关爱；⑨幼儿园教育信息技术的"应用与需求"对于乡村来说非常重要；⑩希望幼儿教育信息化尽快推广到全国农村地区。

3.3.4　访谈内容的量化统计

根据上述一级类目编码与二级类目编码，我们对访谈内容进行分类统计如表3-9 所示。

表 3-9　内容编码统计

序号	一级类目编码统计			二级类目编码统计		
	名称	数量	占比/%	名称	数量	占比/%
I	态度与认识（AT）	25	12.1	积极作用	19	9.2
				消极作用	2	1.0
				理性对待	4	1.9
II	信息技术硬件设施（HW）	46	22.3	硬件设施的重要地位	11	5.3
				幼儿园设备基本情况	15	7.3
				教师的愿望与需求	20	9.7

续表

序号	一级类目编码统计 名称	数量	占比/%	二级类目编码统计 名称	数量	占比/%
III	信息化学与教软件资源（RE）	18	8.7	软件资源现状	3	1.5
				软件资源需求	15	7.3
IV	幼儿教育活动应用（AP）	25	12.1	应用现状与问题	13	6.3
				应用愿望与策略	12	5.8
V	幼儿园教师培训与学习（TR）	69	33.5	培训的认识与现状	19	9.2
				培训的内容需求	30	14.6
				培训策略建议	20	9.7
VI	政府/学校宏观发展策略与建议（MS）	23	11.2	支持信息技术幼儿教育应用	13	6.3
				农村/民办幼儿园信息化	10	4.9
总计	6个一级类目	206	100	15个二级类目	206	100

3.3.5 访谈内容分析与评述

在所有分析单元中，幼儿园教师谈到培训与学习问题的最多，占1/3左右，对信息技术环境设施发表意见或观点的占1/5左右，对信息技术幼儿教育应用的认识和教学应用表达观点与愿望的也有不少，二者各占1/8左右，其次是政府/学校政策建议与教育资源问题。通过对该访谈资料内容的编码、统计、分析，我们发现：①绝大部分教师对信息技术在幼儿园的应用持积极肯定态度，认为信息化是学前发展的必然，对幼儿教育质量的提高具有重要意义；也有个别教师认为教育信息化需求并不明显，甚至有时候会分散幼儿课堂学习的注意力；大部分教师认为开展幼儿教育信息化要兼顾自主性、灵活性、创新性等特点，信息技术要合理应用。②完善信息技术环境设施是当前信息技术幼儿教育应用发展的首要任务。"巧妇难为无米之炊"，只有配备信息技术硬件，教师才可以学，才可以用。然而在实际情况中许多幼儿园只有1—2台的计算机设备，有的几乎没有任何信息技术硬件。教师非常希望政府或学校能配备一定的计算机、多媒体教室等先进的信息技术设备，以提供应用的基础条件和环境支持。③幼儿园教师需要优质的信息技术资源及其制作技术的指导。一方面，他们希望互联网、学校校园网能形成共建共享的良好环境提供更多、更适合的教学资源；另一方面，他们所掌握的资源开发技能还比较简单肤浅，需要专家的指导。④幼儿信息技术应用比较少，一些幼儿园的设备成为摆设利用率不高，教师很多时候使用信息技术仅停留在查查资料、与家长沟通等低层次水平，信息技术融入幼儿园课堂教学、游戏活动的应用不多。解决应用问题的关键在于"人"，即对幼儿园教师进行培训、引导以及支持。⑤积极开展幼儿园教师培训与学习工作是推进信息技术在幼儿教育中应用的又一重要举措。目前幼儿园教师对培训具有强烈的渴求。他们认为培训能让教师掌握先进的技术与技能，培训能提升教师的应用素质。上级领导要重视培训的开展，加大投入力度、多多益善。科学的培训要有明确的目的、缜密的计划。培训内容既要兼顾应用的实践指导，如案例、经验介绍等，又要兼顾信息技术技能操作。培训绝不是走过场玩形式，而要关注实效，结合案例，分散实施，多频次、延续性开展。⑥幼儿园教师认为政府应制定相应的措施推进信息技术在幼儿教育中应用（幼儿教育信息化）进程。访谈中发现，政府与学校通过增大投资、宣传、培训力度等方式已经对信息技术幼儿教育应用给予应有的关注。当前，如何兼顾农村幼儿园、民办幼儿园信息化发展将成为国家教育整体发展战略不可绕开的话题。国家政策过去一直偏向于支持城镇幼儿园及公办幼儿园发展，农村、民办幼儿园信息技术环境确实堪忧，难以应对信息化发展的需要。因此，国家应推动教育信息化向农村基层幼儿园、民办幼儿园辐射发展，毕竟信息技术幼儿教育应用是全国性的一个系统化工程。

3.4 信息技术在幼儿教育中应用的调查结论

结合以上问卷调查与访谈调查情况，我们把信息技术在幼儿教育中应用的发展现状及存在的问题总结如下。

3.4.1 应用与发展现状

1. 幼儿园教师认识

绝大部分幼儿园教师认为信息技术能大大优化幼儿教育的效果。信息技术在幼儿教育中的应用是任何人或任何机构都不可阻挡。无论是大班、中班还是小班，无论是游戏活动还是教学活动以及幼儿园教学的各领域，都比较适合使用信息技术，但不同领域有不同的应用规矩。信息技术是幼儿传统教育形式的有益补充，其应用必须以幼儿的健康成长为追求目标。广大幼儿教育工作者普遍认为：信息技术在幼儿教育的应用利远大于弊，幼儿教育信息化是幼儿教育发展的必然，但需要恰当引导。

2. 幼儿园信息技术环境

幼儿园配备充足的信息化基础设施与装备是教师有效开展信息技术融入活动的前提。[1]幼儿园大部分具备简单的信息技术设备，但是智能化设备仍未达到幼儿教育信息化发展的要求，需要进一步完善与提升，以创造更好、更适合幼儿学习的信息技术环境。

3. 幼儿园软件资源

幼儿优质资源的建设与共享是幼儿教育信息化发展的核心任务。教育资源的"多少"和"优劣"会直接影响幼儿教育信息化的应用。目前幼儿园教育软件资源的拥有率不足75%。单位购买及学校自建信息技术资源库等虽是幼儿园教师选用的重要形式，但着手建设者却不多。幼儿教育资源突出表现为"多"与"少"的矛盾。"多"体现为"种类多""数量多"，"少"体现为"与教学活动相匹配的少""符合幼儿发展规律的少"。访谈中，多数幼儿园教师深有感慨：那些与教材或课堂游戏相关的资源不容易找到，软件资源在"学习内容"和"幼儿能力"上存在"偏离"现象。

4. 幼儿园教师信息素养

"互联网＋"时代背景下，加快构建在线学前教师教育体系，提升教师的信息技术素养，引领教师积极应对新时代的挑战，实现专业的自主发展，是学前教育现代化进程中的必然之路和主动选择。[2]幼儿园教师信息素养不高，需要在培训方面多下点功夫。开展教师信息技术培训，提升教师信息技术应用素养，是促进教师信息技术融入的关键。本调查显示，2016—2021年参加过校级以上培训

---

[1] 刘霞，陈蓉晖. 2019. 幼儿园教学活动中融入信息技术障碍类型与影响因素分析. 学前教育研究，（3）：71-84.

[2] 洪秀敏. 2020. "停课不停学"背景下幼儿园教师专业发展的挑战与应对. 学前教育研究，（6）：27-30.

的教师占85%以上，但这并不能代表培训工作已经做得很好，该群体中超过半数的教师仅参加过1—2次培训。在培训内容上，以往培训过于侧重课件的设计与开发、信息化教育思想与理念，对于资源的再整合技能有所忽视，以致培训不能非常有效地推动技术在幼儿教育中的应用。从调研与访谈看，当前教师需要的培训内容依次为信息化课堂经验与方法、幼儿心理发展与认知规律、先进的教育理念、教学案例评价、课件的设计与制作、信息化教学设计与实施。有的内容或许不是教育信息化核心的知识与技能，但却是幼儿园教师需要的。

5. 信息技术幼儿教学活动应用

在信息时代出生的孩子是数字原住民。当前，将信息技术融入儿童的教育情境已成为趋势，探索如何利用技术支持儿童去探索环境、游戏与交流、表达自我、解决问题成为研究热点。[①]第一，被调查的幼儿园教师普遍认为信息技术适宜于幼儿教育的各个领域、各个年级及各类活动，使用信息技术能取得非常好的或者比较好的教学效果，但在幼儿教学中教师经常使用信息技术的人却不足40%。第二，使用的层次不高。被调查的幼儿园教师使用信息技术的主要方式是呈现教学内容、与家长沟通，开发课件使用的软件主要是文字处理、图形图像以及动画制作软件，教师与家长的交互主要使用手机、微信等工具，这些工具与方式能基本满足交流的需要。第三，信息化办公与管理不完善。在被调查的幼儿园中，20%的幼儿园未建立信息化管理系统，60%左右的幼儿园信息化办公管理是基础性的应用。调查与访谈还发现，影响信息技术应用的三个重要因素分别是"信息技术设备的支持""领导是否支持和引导""有无合适的资源"。

6. 技术支持幼儿园管理

目前，信息技术在幼儿园管理方面的应用主要表现在：①幼儿园监控管理系统。它是当前幼儿园常用的幼儿信息化管理应用系统。②幼儿成长信息管理系统。它是幼儿园信息化管理的薄弱环节，是幼儿管理中提倡的管理系统。信息技术支持的幼儿成长记录，要求各项记录尽可能细致。目前，信息技术对提升幼儿园的共育共管的作用是毋庸置疑的，管理者认为目前已有的信息技术手段，如QQ、微信、智能化分析等可以优化幼儿园的管理与教育工作，使得信息的流通

---

① 陈维维. 2020. 学龄前儿童人工智能启蒙教育的研究现状与实践路径.电化教育研究，(9)：88-93.

和共享更加便捷,但针对幼儿成长信息管理系统(平台)的设计与开发研究并不成熟。

3.4.2 存在的问题与需求

1. 信息技术在幼儿教育中应用的理论研究薄弱

目前信息技术在实践中有较多的经验积累,但在幼儿教育中应用的理论研究还相对匮乏,严谨持续的理论研究甚少。由于一些发达国家在幼儿教育领域使用信息技术仍存在质疑,加上国内幼儿教育信息化发展起步较晚以及相关研究还不完善,以致信息技术在幼儿教育中的应用在教育界并不那么被学者(尤其是教育者)认同,甚至有部分幼儿教育专家对此持否定态度。究其原因,是因为更多人常常按照基础教育信息化的逻辑来理解幼儿教育信息化,忽略了幼儿教育对象的年龄特点及学习特征。信息技术在幼儿园教学过程的应用只是幼儿教育的一个补充,我们必须承认信息技术确实能够丰富幼儿园教学活动的实施。从幼儿教育的整个生态系统来看,教育信息化对幼儿教育发展具有强大的支持作用,如支持幼儿园交流与合作、幼儿教师专业发展等。这些对幼儿的学习与发展起到直接的关键作用。

2. 幼儿园信息技术硬件环境发展不均衡

问卷与访谈数据显示:大部分幼儿园已经拥有基本的信息技术设施,但设备数量与质量仍需要进一步升级、完善。信息技术设备发展不均衡表现为:①拥有信息技术设备的整体比例为90%左右,但是拥有的数量较少,设备主要是传统媒体,如电视等,拥有新兴媒体与设备(如交互式电子白板、幼儿电子书包等)相当少;②有的幼儿园基础设施条件较好,有的幼儿园几乎没有任何信息技术设备,幼儿园之间差异显著。这种现象表面上是资金投入差别的体现,实则主要是幼儿园规模、幼儿园性质、所处地域等因素所致,省级示范幼儿园、城市幼儿园在各方面都明显较好;③民办幼儿园、农村幼儿园信息技术条件相对较差。在访谈中尤其提到这方面的问题,民办幼儿园、农村幼儿园提出了很多设备不足的问题,渴望政府给予帮扶。

3. 幼儿园教师信息技术能力不高

幼儿园教师大多具有使用信息技术的强烈愿望与意识，但自身具备的信息技术知识与能力却较差。相当一部分教师对教与学资源的设计开发、资源的加工重组、幼儿电子记录与评价、资源的检索等技能表示非常不熟悉或很不熟悉。应用的意识与现实技能之间的矛盾构成了阻碍信息技术应用的屏障。在以往的调查研究中，幼儿园教师信息技术知识与技能水平表述存在两种截然不同的结论，有的显示幼儿园教师具备了良好的信息技术基本能力，也有的显示幼儿园教师的信息素养远远没有达到教育信息化的要求。我们的调查及访谈发现，幼儿园教师信息素养需要有针对性地提高，重点突出实用性、操作性技能的培训，尤其是农村幼儿园教师与民办幼儿园教师。

4. 信息技术在幼儿教育中的应用简单化

绝大多数幼儿园教师虽然对信息技术在幼儿教育中的应用持积极肯定的态度，相信使用信息技术能取得较好的教学效果，但在幼儿教育实践中受信息技术应用能力的影响，导致实施过程中遇到阻力；再加之一些幼儿园尚且未建立起完善的信息化系统，六成左右的幼儿园信息化教学、办公、管理只是停留于基础层面，应用过于简单。

5. 教师培训内容针对性不强，培训方式有待改进

教师培训是一个与时俱进地定期学习新知识、新技能的过程。由于幼儿园教师信息技术实际水平与教育信息化客观需要存在一定的差距，幼儿园教师对培训具有强烈的愿望与需求。从调研与访谈看，当前幼儿园教师需要的培训内容大致如下：一是信息化教学经验与方法、先进的教育理念；二是教学案例、课件的设计与制作、多媒体设备的操作；三是电脑与网络基础、教育信息获取与处理等。鉴于幼儿园教师现有的信息素养水平，现代教育思想理论、课件设计与制作、资源的二次整合、课堂应用模式与实施等依然是培训的重中之重。在培训方式上，针对在职教师的学习特点，培训更适合采用案例分析、实地考察、专家报告等方式。

6. 信息技术在幼儿教育中应用的规范与标准缺失

在调查问卷与集体座谈中，我们都涉及信息技术在幼儿教育中应用的技术标

准与规范的问题，但从搜集的数据看，这方面的内容较少。国家已投入大部分资金支持信息技术环境的建设，地方与教育机构也配套资金并推行一些资源建设与培训的政策，但相应的规范、标准往往并未跟上，如信息技术环境建设标准、幼儿园教师信息技术能力标准、幼儿数字化产品标准、幼儿园教师培训规范等。这些规范、标准是信息技术在幼儿教育应用的重要保障，因此需要进一步完善和加强这些方面的建设。

7. 信息技术在家园共育中应用不够

《幼儿园教育指导纲要（试行）》明确指出，"家庭是幼儿园重要的合作伙伴。应本着尊重、平等、合作的原则，争取家长的理解、支持和主动参与，并积极支持、帮助家长提高教育能力……幼儿园应与家庭社区密切合作，与小学相互衔接，综合利用各种教育资源，共同为幼儿发展创造良好的条件"。而在实际发展中，一方面，由于家长往往太忙，对幼儿园教育重视不够；另一方面，由于一些幼儿园的家园共育方式比较单一，模式相对固定，比如按期召开家长会或进行电话交谈，其双向信息传输不畅、互动不足、及时性较差，很大程度上影响了家园共育的效果。调研发现，随着新技术的应用与普及，一些社交软件在家园共育中得到广泛应用，但应用的形式主要是手机微信、QQ，沟通的内容主要是管理方面的通知、幼儿特殊情况的处理（见调研分析），家长在幼儿教育中的应用作用并未得到有效激发。真正的家园共育要改变以往幼儿教育以幼儿园为主、家庭为辅的局面，促进幼儿教育质量的切实提高。

3.4.3 信息技术幼儿教育应用发展建议与战略

1. 信息技术幼儿教育应用发展建议

通过对现状的调研与需求分析，从教育信息化2.0行动中的关键问题或幼儿教育现阶段存在的主要矛盾方面，形成信息技术幼儿教育应用发展重要建议如下。

（1）加强信息技术幼儿教育应用理论研究

加强信息技术在幼儿教育中应用的理论研究既是持续开展幼儿教育信息化工

作的前提，也是促进信息技术在幼儿教育中应用的重要保障。理论研究的重点是理清信息技术幼儿教育应用的内涵与本质，树立正确的技术观念；将国外的成功经验本土化，形成符合幼儿教育特点的信息技术应用的理念与指导原则，进而推动幼儿园教师对信息技术的广泛应用。

（2）完善幼儿园信息技术装备配置

发达地区幼儿园、示范性幼儿园、城市幼儿园的信息技术设施配备比较乐观，当前信息技术环境建设的重要任务是解决设备配置的优化问题，在质量、数量上有所改善，如增添交互式电子白板、购置幼教专有设备等。普通幼儿园，尤其民办、农村幼儿园的硬件环境发展则非常落后，需要国家给予重点关注，解决信息技术基础设备的"有无"问题。另外，信息技术环境健康发展还需关注以下几个方面：①信息技术环境建设的标准或规范；②建设资金的可持续性支持；③幼儿园信息技术环境意识建设；④信息技术软件资源的同步跟进。

（3）构建幼儿优质数字化教育资源库/平台

汇聚幼儿园现有的优质资源，推进共享、共用，是当务之急。首先，资源建设要充分发挥政府建设的统筹与主导地位，形成国家-区域主导的资源库或共建共享平台；其次，幼儿园管理部门不仅要鼓励幼儿园教师进行积淀，形成有自己特色的优质资源库，更要形成相应的机制，以促进幼儿园与幼儿园之间的交流互助和资源共享；探讨资源合作建设的有效机制，充分调动企业、学者、教师、家长合作建设资源库的积极性，通过理论研究与实践经验的结合，体现优质资源应用的实效性。同时，政府和教育主管部门还要加快制定幼儿教育优质数字化资源的规范与标准，严格把关，完善资源准入制度。

（4）提升幼儿园教师的信息技术应用能力水平

目前，提升幼儿园教师信息技术应用能力的最有效途径之一就是培训，并且需要创新的培训模式和有针对性的培训内容。针对幼儿园教师的学习特点、工作特点，积极开展基于面授集中培训、园本教研、网络研修等多元方式的混合式培训；同时应科学地规划培训内容，针对幼儿园教师的需求，提供切实有效的学习资源，保证培训的有效性和针对性，从而提升幼儿园教师信息技术应用能力。

（5）落实技术支持的家园共育理念

技术支持的新型家园共育是信息技术在幼儿教育应用的重要体现，是学前教育信息化发展的重要内容之一。家园共育理念就是要充分利用社会软件、新兴专用互动平台，构建具备育儿知识传授、育儿经验分享、教师经验交流及促进幼儿成长与发展等功能的网络互动空间，充分调动家长参与幼儿教育与管理工作，把家园共育做实，实现家园共育作用的最大化。

2. 信息技术幼儿教育应用发展战略

实施教育信息化是幼儿教育落实幼儿保育与教育职责、促进幼儿教育均衡发展与实现教育公平的重要途径。课题组经过调查研究后形成以下政策建议。

1）推动信息技术在幼儿教育中的适宜性应用。借鉴国外成功经验，开展理论与实践研究，探索信息技术在幼儿教育中应用的规律与策略，确保信息技术的适宜性应用。

2）完善幼儿教育信息技术标准体系，指导幼儿园教育信息技术的建设与发展。制定幼儿园信息技术环境建设标准，引导幼儿园信息技术环境合理规划与建设；制定幼儿数字教育资源质量标准，规范幼儿教学软件、教育游戏、幼儿电子读物等数字化教育资源的审查与准入，确保幼儿数字化教育资源的适宜性。

3）利用信息技术促进幼儿教育的均衡发展。建立五大领域专题教学案例资源库，实现优质资源共享，支持幼儿园教师开展教学活动，着重提升农村幼儿园、民办幼儿园的教育质量；利用网络研修社区开展混合式培训，发挥示范性幼儿园的引领作用，提升幼儿园教师的综合素质以及保育和教育水平。

4）利用信息技术提升家园共育水平。引导幼儿园构建家园共育网络空间，开展家园互动、经验分享、共同参与、有效合作的活动，促进家长与教师育教能力的共同提升，落实家园共育理念。

第 4 章

信息技术幼儿教育应用指导思想的确立与解读

4.1 信息技术幼儿教育应用指导思想的确立

信息技术在幼儿教育中的应用涉及两个方向的交叉领域，其实践推进需要构建科学的理论体系进行指导。信息技术幼儿教育应用指导思想主要借鉴幼儿教育与教育信息化理论成果。

4.1.1 幼儿教育指导思想回顾

中国古时候就已意识到幼儿教育对人们终生发展的重要意义，历代的教育家、思想家们在其著作中或多或少地都提及过有关幼儿教育的问题。例如，颜之推的《颜氏家训》，十分强调家庭对儿童教育的作用，提倡儿童教育应及早实施等做法；《孟子·尽心上》《礼记·学记》有"及时而教""少成若天性，习惯成自然"等的记述，体现了幼儿发展"关键期"之说，并指出了幼儿教育要把握循序渐进的规律。清朝末期，大批爱国志士为挽救中华民族，以"西学东渐"改革教育作为强国之路，涌现出许多教育家、思想家，如张之洞、张百熙、梁启超、康有为等，他们的思想对幼儿教育的发展产生有重要影响。20世纪初，随着西方幼儿教育思想的传入，裴斯泰洛齐（瑞士）、卢梭（法国）、福禄贝尔（德国）、蒙台梭利（意大利）等的教育思想，如，"自然主义教育思想""关键期""三段论""恩物教育法"等开始成为国内幼儿教育的重要指导理论。与此同时，国内教育大师陈鹤琴、陶行知、张雪门等前辈通过实验及对西方幼儿教育理论的借鉴，也提出了较为完善的幼儿教育思想。这些思想共同构成了近代幼儿教育的指导理论体系。新中国成立后，伴随幼儿教育研究者与从业者对国外理论本土化的研究，各种幼儿教育思想开始风起云涌，特别是从1980年，幼儿教育指导思想体系开始走向本土化快速发展时期。

目前,我国开展幼儿教育的主要指导思想,按来源可分为国外、国内两部分。国外指导思想主要包括杜威的进步主义教育思想、蒙台梭利的幼儿教育法、皮亚杰的认知结构主义、加德纳的多元智能理论、维果茨基的"最近发展区"理论、戈尔曼的情感智力理论等,国内的指导思想部分主要是对陶行知、张雪门、陈鹤琴等大师幼儿教育理论或思想的继承与发展。[①]具体见表4-1。

表4-1 幼儿教育主要指导思想

类别	指导思想	主要思想与观点
国外指导思想理论	杜威的进步主义教育思想	教育思想:教育即成长,教育即生活,教育即经验的不断改造
		教育原则:儿童中心论,从做中学
	蒙台梭利的幼儿教育法	教育思想:发现儿童,吸收的心智(敏感期),自由的原则(解放天性)
		教育方法:提供有准备的环境,教师指导、示范、准备,教具
	皮亚杰的认知结构主义	教育思想:强调活动重要性,强调兴趣和需要的重要,发现式教学法,强调智力发展是积极主动的过程
		教育原则:符合儿童心理发展阶段,发展儿童的主动性,强调儿童的实际活动,重视儿童的社会交往
	加德纳的多元智能理论	教育思想:智能是多元的,分为言语/语言智能、逻辑/数理智能、视觉/空间智能、音乐/节奏智能、身体/运动智能、人际交往智能、内省智能、自然观察者智能八种
		教育原则:早期教育对智能发展起关键作用,有些种类的智能需要早期教育进行相应的诱导,否则以后很难出现甚至永远消失,提倡完整学习,即为幼儿提供完整的、多方面的学习环境
	维果茨基的"最近发展区"理论	教育思想:儿童的现有的发展水平与通过学习后可能达到的水平之间的差异就是邻近发展区,最近发展区决定教学的可能性,是教学的目标
		教学原则:超前与发展,教育者不仅要了解儿童的现状,还要判断儿童发展的动态和趋势
	戈尔曼的情感智力理论	教育思想:提出情商概念,情商是决定人生成功与否的关键要素
		教育原则:注重幼儿情商的培养,孩子未来的成功与否,20%取决于智商,80%取决于情商
国内指导思想理论	陶行知的幼儿教育理论	幼儿教育应面向大众,幼儿教育应解放儿童的创造力,幼儿教学应"教、学、做"合一等
	张雪门的幼儿教育理论	儿童身心发展与社会环境相统一,教育取材于儿童生活并与社会生活相适应,"做、学、教"合一,幼儿教育以做为主,自(己)由自(己)动教学等
	陈鹤琴的幼儿教育思想	幼稚教育是一切教育的基础,反复强调幼儿教育不仅是正式教育,而且是人生最基础的教育;幼稚园教育要以"做"为主,在"做中教、做中学、做中求进步"

除此之外,幼儿教育发展还受国家及教育部门推出的政策、措施、教育改革方针等的较大影响,它们也是幼儿教育发展中的重要指导思想。

4.1.2 教育信息化指导思想回顾

教育信息化不同于教育技术,更不能把它等同于教育现代化。对于教育信息

---

① 梁志燊. 2000. 学前教育学. 北京:北京师范大学出版社:69-103.

化的界定，据不完全统计比较有影响的定义超过 10 种[①]，如教育信息化是指在教育领域全面深入地运用现代信息技术来促进教育改革和教育发展的过程[②]；教育信息化是指在教育中普遍运用现代信息技术，开发教育资源，优化教育过程，以培养和提高幼儿信息素养，促进教育现代化的过程[③]；等等。"教育技术"是"舶来品"，来自美国，其研究对象是一切的学习过程和学习资源，如不是概念严格区分的话，在中国可以把它等同于"电化教育"。教育现代化是用现代先进教育思想与科学技术，使教育系统中的思想观念、内容、方法、手段、校舍、设备等提高至现代世界的先进水平，培养出适应参与国际经济竞争和综合国力竞争的新型劳动者和高素质人才的过程。教育信息化并不是构成教育现代化的充分或必要条件，不通过信息化途径也可以实现现代化（如教育国际化）。[④]严格讲，教育信息化是一个实践领域，教育技术是一个学科或专业，二者有区别。弄清教育信息化与教育技术、教育现代化这些概念有利于探讨教育信息化指导思想。

　　教育信息化指导理论目前并无统一的或固定的体系，仁者见仁、智者见智。参考借鉴南国农先生的"信息化教育理论基础与基本理论体系"[⑤]、李龙先生的"教育技术学科知识体系的构成"[⑥⑦]、何克抗先生"我国教育信息化理论研究新进展"[⑧]等成果，本章研究认为，教育信息化的指导思想主要涉及学与教的理论、传播理论、信息技术理论、认知与发展理论等四个方面的内容，具体包括：①三种学习理论，即建构主义学习理论、人本主义学习理论、新行为主义学习理论；②三种传播理论，即传播要素理论、传播过程理论、传播效果理论；③三种信息技术理论，即信息加工处理理论、信息技术传播理论、信息技术施用理论；④四种教学理论，即发展教学理论、多元智能理论、教学最优化理论、认知-发现理论。

---

① 王运武，陈琳. 2008. 中外教育信息化比较研究. 北京：电子工业出版社：34-35.
② 黄荣怀. 2002. 信息技术与教育. 北京：北京师范大学出版社：24.
③ 南国农. 2002. 教育信息化建设的基本理论与实际问题（上）. 电化教育研究，(11)：3-6.
④ 李芒，蒋科蔚. 2012. 教育信息化与"现代化风险". 现代远程教育研究，(2)：3-12.
⑤ 南国农，李运林，祝智庭. 2004. 信息化教育概论. 北京：高等教育出版社：26-33.
⑥ 李龙. 2004. 教育技术学科知识体系的构成——三论教育技术学科的理论与实践. 电化教育研究，(2)：3-8.
⑦ 李龙. 2020. 教育技术学论纲——教育技术的前世、今生和未来. 上海：华东师范大学出版社：396-429.
⑧ 何克抗. 2011. 我国教育信息化理论研究新进展. 中国电化教育，(1)：1-19.

4.1.3 信息技术幼儿教育应用指导思想的提出

信息技术在幼儿教育中应用隶属于幼儿教育与教育信息化场域，其实践必然受幼儿教育理论及教育信息化理论的"联合"指导。广义上讲，"幼儿教育"与"教育信息化"指导理论都可以作为幼儿教育信息化实践的指导原则，但这样确立的指导原则过于宽泛。

为了让提出的指导原则更具有针对性，第一，我们对这些指导理论的核心观点解读和梳理如下：①注重"活动"在幼儿发展中的重要性，"教、学、做"合一；②关注幼儿特殊的认知结构与发展特点；③以幼儿为中心，通过适宜的发展任务促进幼儿的多元发展；④用信息技术手段与技巧优化幼儿教育的效果；⑤以基本的教育原理为大前提，生成"幼儿化"的教育形态。不难看出："①"和"⑤"对幼儿教育方法尤其具有指导性，信息技术幼儿教育的对象是"幼儿"，这是与其他教育最大的区别，因此"教"必须遵循"③"的规律。同时，"③"也是幼儿教育活动设计的核心准则。"④"则为如何利用技术优化幼儿教育提供指导思路。

第二，信息技术于幼儿教育实践指导原则的确立还必须满足以下四个条件：①源于幼儿教育与教育信息化的基本理论或是二者的融合；②是一套系统的方法论"体系"，而非某一个单一的知识点；③能对幼儿教育信息化实践实施与基本理论建构起指导作用或产生重要影响；④符合国际幼儿教育的基本原则，且具有可操作性。我们要站在幼儿的视角看待教育的立场，尊重幼儿个性发展的价值与独立性[①]。幼儿立场的行为主体是"幼儿"，教育者不只是简单接受这个话语体系并以此作为开展实践的基石，还要通过幼儿在场意识、幼儿在场状态保护、"幼儿场"构建对"幼儿立场"进行实践再确认。为此，谨遵幼儿发展规律，以技术营造情境、促进幼儿完成各级阶段发展目标是幼儿教育实现信息化的根本遵循。

"developmentally appropriate practice"最早由全美幼教协会提出，中文译为"发展适宜性实践"，发展适宜性原则中发展的主体是"幼儿"，发展的标准是"适

---

① 章乐. 2018. 儿童立场与传统文化教育——兼论小学道德与法治教材中的中华传统文化教育. 课程•教材•教法, (8)：21-26.

宜",适宜主要要求幼儿发展的适宜。美国以及其他发达国家大都以此作为指导幼儿和幼儿教育实践的一种立场或原则。

通过上述分析及咨询专家,信息技术幼儿教育实施的指导思想体系可以概括地确立为"一个基本原则"(即幼儿发展适宜性)和"三个核心理论"(即幼儿认知与发展理论、多元智能发展理论及最近发展区理论),它们共同构成信息技术在幼儿教育中的应用指导思想,即指导理论体系。具体见图4-1。

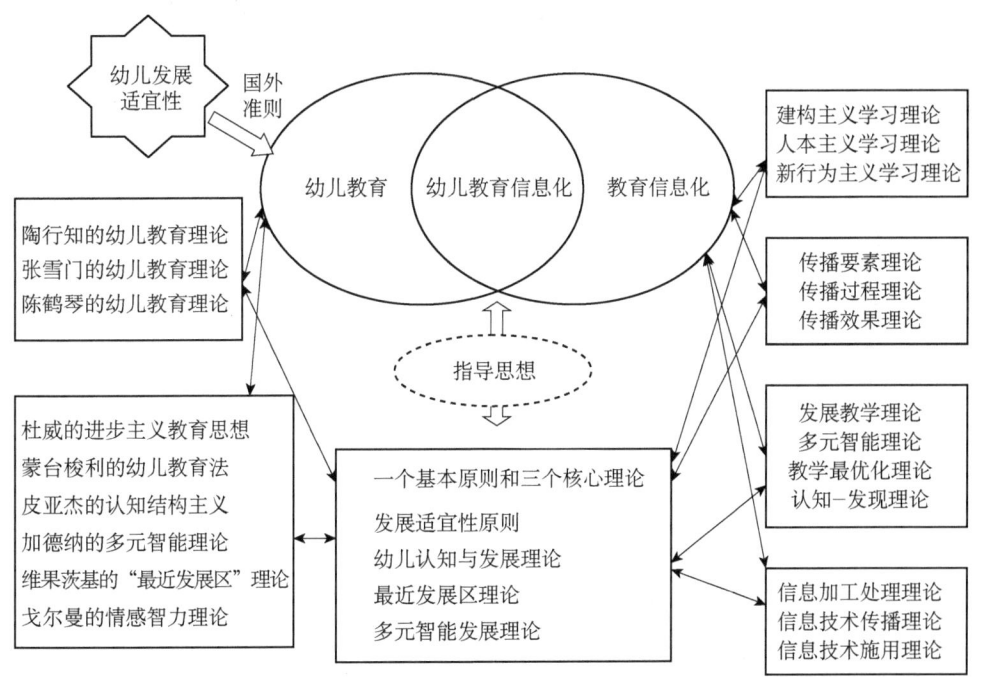

图4-1　信息技术幼儿教育实施的指导思想

4.2　坚持幼儿发展适宜性基本原则

"发展适宜性"是信息技术于幼儿教育应用最起码的行动底线,是幼儿教育信息化发展的基本原则。

4.2.1 以发展适宜性为基本原则的论证

1. 发展适宜性是幼儿教育的立场

访谈中,一位资深幼儿园园长感叹道:"家长并不怎么在乎幼儿园采用什么教育理念、有多少台电脑,而是非常关心小孩一学期下来能否学会 100 以内的加减法、能识多少字。"这反映出一些家长存在的错误认识。那么,究竟该用什么样的标准来评判一所幼儿园教育质量的"好与坏"呢?要回答这个问题我们必须首先澄清幼儿教育的培养目标是什么。

根据《幼儿园工作规程》,将幼儿教育的培养目标确立如下。①生理及心理方面:促进幼儿身体正常发育和机能的协调发展,增强体质,促进心理健康,培养良好的生活习惯、卫生习惯和参加体育活动的兴趣。②智力方面:发展幼儿智力,培养正确运用感官和运用语言交往的基本能力,培养初步的动手探究能力。③情感方面:萌发幼儿爱祖国、爱家乡、爱集体、爱劳动、爱科学的情感,培养良好的品德行为和习惯,以及活泼开朗的性格。④价值观方面:培养幼儿初步感受美和表现美的情趣和能力。该规程对学科知识与技能只字未提,而是从兴趣、习惯、性格、审美等角度提出了具体要求。

学科知识的讲授可能会让家长在短期内看到"智力"的进步效应,但从长远的发展看,学习的压力会让孩子错过许多兴趣,会影响幼儿的性格与习惯的培养,且这种影响会持续终身、难以矫正。国外一项研究证实:接受"直接教授学业技能,强调集中注意力和正确回答问题"培养的幼儿,在 23—40 岁时段表现出更多的反社会性格与行为,如犯重罪、金融罪、工作中断、接受情绪障碍和干预治疗的人明显增多[①]。心理与生理成长规律告诉我们 3—6 岁的幼儿有各自年龄段应该知道什么和能知道什么的自然"规定",100 以内的加减法不太适合 3 岁儿童,4—5 岁的孩子一般也无法理解唐诗宋词所表达的蕴意。不应让儿童的世界因为大人未能正确理解幼儿教育的定位而失去了应有的欢乐。试想孩子们为了获得大人的赞许,去努力实现大人的某种"成龙""成凤"的私欲,被迫遵循某种规则或执行某种标准时,他们的内心该是多么的痛苦。所以,幼儿教育必须摆

---

① Schweinhart L J, Weikart D P. 1997. The high/scope pre-school curriculum comparison study through age 23. Early Childhood Research Quarterly, 12 (2): 117-143.

脱学业培养的枷锁，贯穿"适宜的、符合的"思想精髓，尽量选择恰当的内容（如幼儿生活中常见、能理解的事物等），用适宜的方法（如活动、游戏等），实现适宜的发展目标（如形成爽朗的性格、讲卫生的习惯等），这便是幼儿教育的核心价值立场——发展适宜性。

2. 以发展适宜性为基本原则的重要性

（1）尊重幼儿教育立场

一方面，信息技术在幼儿教育中的应用是幼儿教育的一项事业，属于幼儿教育。它是幼儿教育实践场域下的领域之一，是幼儿教育的信息化。幼儿教育与幼儿教育信息化是上下位概念关系，上位概念的基本属性会限定下位概念的属性特点，并适用于下位概念。另一方面，以发展适宜性引导幼儿教育已被证明是可行的。在西方很多国家，发展适宜性不仅用于指导幼儿教学实践，还用于指导幼儿教育课程设计、物质环境设计、社会/情感环境设计、认知/语言/读写环境设计[1][2]。美英等一些国家更是把发展适宜性视为幼儿教育成功的秘诀。因此，幼儿教育信息化建设坚持幼儿教育发展适宜性指导原则具有一定的实践经验基础。

（2）抑制技术异化的负面影响

信息技术幼儿教育要特别关注技术在幼儿教育应用中的异化问题。信息技术幼儿教育的核心思想是把信息技术融入幼儿教育中，支持幼儿教育活动的实施，也就是将信息技术应用于幼儿的教育教学中。技术应用不可避免地会带来技术的异化，只是异化程度的不同罢了。信息技术幼儿教育的对象是幼儿，他们的身心发展不成熟，还很脆弱，这让抵制异化问题在信息技术幼儿教育中显得更加重要。为了降低信息技术幼儿教育中技术异化造成的伤害，一方面，要求技术的应用必须建立在以幼儿为本的基础之上，关心幼儿自身的感受与体验；另一方面，提倡绿色幼儿教育的理念，让幼儿在无毒无害的信息技术环境中，学（玩）得开心、学（玩）得快乐，学（玩）出效果。幼儿发展适宜性原则符合上述发展的理念，能有效抑制信息技术应用带给幼儿的负面影响。

---

[1] Pratt C. 1948. I Learn from Children. New York: Harper Collins Publishers: 165-167.
[2] Bredekamp S, Rosengrant T. 1992. Reaching Potentials: Appropriate Curriculum and Assessment. Washington, DC: NAEYC: 4.

（3）追求幼儿发展的目标一致

信息技术幼儿教育与发展适宜性都提倡幼儿的全面发展与个性发展。幼儿的全面发展指体、智、德、美的共同协调发展，个性发展指尊重每位幼儿的兴趣与爱好，根据幼儿的具体情况，因材施教，促其成才。信息技术应用于幼儿教育时，所提供的丰富、多样化的数字资源，既有利于幼儿全面发展，又有助于幼儿独特性发展。同时，发展适宜性一方面强调根据幼儿不同的个性特长、兴趣及文化差异，做出适宜的教育反应；另一方面强调语言、艺术、健康、科学、社会等多领域目标的实现，饱含幼儿全面发展与个性发展的思想。二者追求的目标在这一维度具有高度一致性。

（4）舍弃发展适宜性的危害较大

信息技术在幼儿教育中的应用不仅为扩大幼儿教学信息量、丰富幼儿教育方式、加速幼儿学习节奏、改变幼儿传统学习习惯等带来方便，还可能增加幼儿认知和学习负担。维果茨基最近发展区理论告诫我们，任何超出幼儿发展水平的实践，都将给幼儿带来伤害。信息技术的应用若违背发展适宜性原则，就会在以下方面带来潜在危害：①幼儿自尊心。幼儿由于无法按照老师的要求完成某项任务，其自尊心会受到伤害。幼儿面对不能实现的学习内容若经常感到力不从心，这种消极的情绪会影响到幼儿自尊心的发展[1]。②幼儿自我控制力。若幼儿园教师不能充分了解幼儿的能力并选择适宜的教学与评价方式，将导致幼儿越来越按照成人的理念来支配活动，那么幼儿就没有更多的机会学习如何控制情绪。③幼儿抗压力。当技术应用为幼儿提供过多信息或者不适宜的学习方式时，压力会成为一个普遍存在的危险。非发展适宜性的环境对幼儿施加越来越多的压力[2]，这些压力感会带来幼儿压力行为。④幼儿后期学业。过量信息、新技术新媒体的陌生感、媒体的不恰当选择与应用都会让幼儿转向学习的岔路。国外有很多研究证实，处在发展适宜性教育中的幼儿更容易获得长远的学业成就。

---

[1] Katz L G. 1988. What should young children be doing? American Educator, (2): 28-33.
[2] 卡罗尔·格斯特维奇. 2011. 发展适宜性实践. 3版. 雷力岩, 等译. 北京: 教育科学出版社: 序.

4.2.2 发展适宜性的内涵

1. 发展适宜性的提出

1983 年，美国一家名为"蓝带委员会"（Blue-ribbon Commission）的教育质量监督机构对本国过去十年高中毕业生的学业成绩进行了一项调查研究，然后公布了《国家处在危机之中》的报告，指出美国高中的教育质量在过去十年大幅度下降，令人担忧。这一报告当时在美国引起极大的轰动，美国政府开始反思基础教育存在的问题与不足，计划推行第二轮国家教育教学改革。然而，令美国教育界没有想到的是，这一改革又带来另一个问题——幼儿教育的严重小学化，以致幼儿园教育痛失幼儿自然的天性与童真，取而代之的是以传统读、写、算及以模式化教学为主的教育。幼儿教学理念由"幼儿中心"转向"教师中心"，由"活动教学"转向"直接教学"，由"综合教学"转向"分科教学"。为了扭转这种尴尬的局面，促进幼儿教育的健康发展，1986 年，全美幼教协会提出"发展适宜性实践"，也有人称之为"发展适合性实践"。我们认为"适宜"要比"适合"更贴切，"适宜"不仅考虑了理论上的应然，还兼顾幼儿与幼儿教育的实然问题，比较符合幼儿教育精神。

2. 发展适宜性的主要观点

发展适宜性原则中，适宜主要要求幼儿发展的适宜。具体怎么做，我们通过研究全美幼教协会的部分声明文件，概括出如下十条基本准则。

1）幼儿的发展包括身体的、社会的、情感的和认知的发展四个领域，且它们之间密切相关，某一领域的发展受其他领域发展的影响，同时也会影响另一个领域的发展。

2）幼儿之间的发展速度不同，同一幼儿的发展速度也不均匀，且同一幼儿在不同领域的发展速度也不相同。

3）幼儿的发展具有一定的阶段性与顺序性，已经掌握的知识与能力将成为后一个阶段发展的前提。但幼儿发展并不是没有任何规律可循的，在发展的过程中依然存在着一种相对稳定并可以预测的发展模式，只是这种模式在不同的文化背景下的意义有所不同。幼儿园教师掌握了这个发展模式则可以减少不适宜发展给幼儿带来的压力与伤害。

4）幼儿的发展由动作到感觉再到符号具有一定的认知层次，沿着可预期的方向进行，越来越复杂化、组织化和内在化。它是指导幼儿园教师选择合适的媒体工具与教学材料的依据。

5）幼儿表现出不同的认知和学习风格以及不同的掌握知识的方式。不同的幼儿生活背景不同，个人知识也不相同，因此认知结构也不尽相同，每个幼儿个体都表现出自己独一无二的特征，这是幼儿教育和信息技术幼儿教育都必须尊重的事实。

6）幼儿是积极的学习者，他们利用直接的生理和社会经验学习，也利用文化传承下来的知识与技能建构自己对周围世界的理解。幼儿学习以维果茨基的社会建构主义为基础，即幼儿在认知世界时会通过原有知识建构对外部事物的理解。

7）过去的经验对于幼儿来说，既有积累的效果，又有延时的效果，最佳阶段存在于特定类型的发展和学习之中。幼儿早期的经验（不论是好的还是坏的）都会积累下来，对后面的发展产生一定的影响，同时幼儿每个方面的发展都有特定的最佳时期。

8）发展与学习来自多种文化和环境之中，只有广泛了解幼儿的家庭、社会、物质条件、身体条件等背景，才能更好地了解幼儿及幼儿的学习。

9）幼儿有机会练习新技能时，或者经历刚刚超过现有水平的挑战时，才会得到发展。维果茨基的最近发展区理论能较好地解释这一现象，任务的设定要稍稍高于原有的经验，同时幼儿园教师要提供一定的支架助学。它对于信息技术的应用具有重要的指导意义。

10）幼儿园环境只有让幼儿感到心理安全、受到重视、生理需要得到满足，幼儿的发展与学习才能取得最好的效果。良好的环境能提高幼儿发展的效果，是幼儿发展的保障。其中，环境氛围包括生理环境氛围和心理环境氛围。生理环境氛围，如座椅是否会伤害到幼儿等；心理环境氛围，如幼儿的要求是否得到满足、不满的情绪是否得到安慰等。幼儿园信息化环境建设必须充分考虑这些方面。

3. 对发展适宜性实践的理解与把握

在发展适宜性原则下，幼儿的发展包括身体的、社会的、情感的和认知的等多个领域，各领域的发展相互影响。要尊重幼儿发展速度差异，不同的幼儿其发展的速度不同，同一幼儿在不同领域的发展速度也不相同。幼儿发展是有一定阶段与顺序的，前一阶段掌握的知识与能力是后一个阶段知识与能力发展的前提。幼儿早期的经验无论是好是坏都会积累下来，对以后的发展产生一定影响，即经验既有积累的效果又有延时的效果。因此，不同的幼儿表现出不同的认知和学习风格。每个幼儿个体都会突出表现出自己独一无二的特征，这是幼儿教育必须尊重的事实。幼儿发展存在一种相对稳定并可以预测的发展路线，只是这种路线在不同文化背景下的意义有所不同。

理解发展适宜性实践还应处理好发展适宜性原则与幼儿发展理论、幼儿家庭文化背景、开放多元等之间的关系。发展适宜性适用的对象是开放的，实现发展适宜性的途径是开放的，发展适宜性的判断标准也不是固定的。适宜没有唯一的标准，也没有严格的对错之分，适宜只是综合研判各要素之后选择一种更加适合的标准罢了。对发展适宜性的理解还应充分把握以下三种关系。

（1）发展适宜性与幼儿发展理论之间的关系

任何信息技术幼儿教育工作者都明确的任务就是专注于幼儿发展理论的学习。首先，它能为开展信息技术幼儿教育适宜性实践提供符合幼儿发展适宜性的知识与材料。幼儿园教师与幼儿资源的设计者要对幼儿生活圈内的活动、材料、互动、经验等进行普遍推测，以健康、安全、有趣、可以完成等标准选择合适的材料及确立幼儿的适宜性知识。其次，幼儿发展理论为信息技术幼儿教育过程设计的框架与决策提供依据。没有幼儿发展理论的基础，幼儿园教师、看护者等很容易依靠模糊的经验与概念做出错误的判断与选择。这种模糊的经验与概念包括个人价值以及对未来发展结果的风险预期。最后，对信息技术幼儿教育方案设计与实施是否适宜的判断建立在幼儿发展理论基础之上。所以，对于信息技术幼儿教育工作者而言，很重要的一点就是在开展信息技术幼儿教育之前对幼儿发展理论进行深入学习。

（2）发展适宜性与幼儿社会、文化背景之间的关系

幼儿发展理论从整体上提供了有关幼儿教育的普适性规律，但它还不能完全

解释为什么幼儿会具有多种多样的行为与能力。了解幼儿个性差异还必须将幼儿置放于幼儿自身生活的环境之中，结合幼儿的家庭、文化、过去经历等因素加以分析。不同的背景会给幼儿的认知与性格烙上独特的印记，建构主义学习观对此进行了详细解释。这里简单举一个生活中的事例。有一天，笔者发现3岁的女儿冲着惹她生气的人说："你是个村长"。从她生气的样子判断她应该是在"骂人"，那为什么骂人会用"村长"呢？笔者通过了解才知道，她最近看了一部动画片，片中有一个村长是坏蛋。如果不了解这个背后的"故事"，我们就很难对幼儿的语言、行为进行准确的理解。幼儿过去的经历往往会给幼儿的认知、判断、语言、行为产生重大影响。在幼儿教育中，当幼儿园与家庭的要求不一致时，一系列问题很快就会出现。如果在家庭被认可的行为在幼儿园被当作笑话甚至缺陷时，幼儿的能力就会被低估，以致幼儿心理受到伤害。所以，幼儿的社会与文化背景是发展适宜性决策时必须考虑的因素。

（3）发展适宜性与开放、多元之间的关系

发展适宜性并不是唯"幼儿发展理论"是从，幼儿发展适宜性应持有开放的态度和多元的实现路径。首先，发展适宜性适用的对象是开放的。发展适宜性具有跨文化性，对具有不同文化背景的幼儿均具有指导意义，同时发展适宜性的指导也适用于特殊幼儿教育。其次，实现发展适宜性的途径是多样的。发展适宜性只是一种原则，它并不提供信息化应用的具体指导，而是基本的技术应用底线。在这个底线的要求下，幼儿园教师可以选择不同的教学材料、使用不同的教学方法完成幼儿的适宜性发展。最后，发展适宜性的判断标准不是固定的。适宜既没有唯一的标准，也没有严格的对错之分，适宜只需综合分析各个因素，看哪种情况更加适合。笔者提供两个例子以解释判断适宜的灵活性：

事例1：幼儿园教师在为幼儿绘声绘色地讲"小狼与小羊"的故事。

事例2：幼儿园教师在指导一名小班幼儿学习认识多边形。

事例1是幼儿园提倡的教育方式，是适宜的；事例2是违背发展规律的，是不适宜的，3—4岁的幼儿一般仅能识别圆形、三角形等，还不能辨识"复杂"的图形。然而令人意想不到的是：事例1中的老师在过去的教学活动中已经无数次地重复为该班级幼儿讲"狼和小羊"的故事；事例2中的那名幼儿是特殊儿童，属于智力超群儿童，能轻易地辨别五边形与六边形的区别。这样一来就完全颠覆了先前对"适宜"与"不适宜"的判断。所以说，适宜与不适宜的判断既不能搞"一刀切"，也不能非此即彼，它是灵活的、多样的。

4.3 基于发展适宜性视角的指导思想

发展适宜性提供了信息技术幼儿教育应用的基本原则，坚持幼儿发展适宜性的背后是对幼儿认知与发展理论、多元智能发展理论、最近发展区理论的把握与应用。其中，幼儿认知与发展理论是最直接的依据，多元智能发展理论提出了对待幼儿的态度与方法，"最近发展区"理论提出了技术应用的策略与方法。

4.3.1 幼儿认知与发展理论的内涵及其指导应用

1. 幼儿认知与发展理论的内涵

从幼儿感知觉、学习（认知）、言语、智力、个性与社会性等维度认识幼儿认知与发展的普适性规律。

（1）幼儿感知觉特点

感知觉是感觉与知觉的组合，感觉是感觉器官受到刺激作用引起的主观经验，知觉是作用于感觉器官的事物在人脑中的整体反映。幼儿感知觉的整体特征为：3—6岁幼儿对光的敏感性要高于成年人，他们的视力在大约6个月到1岁期间便能达到成人的水平，4岁左右的儿童能分辨8—20种不同的颜色，部分5岁以上的孩子能分辨同一颜色中深浅不同的细微差别，并能给予正确的命名。[1]小班、中班、大班能基本对色彩进行"配对""指认""笼统命名"，这三种行为正确率在75%以上的色彩分别是"黑""黑、淡棕""黑、淡棕、粉红、绿、果绿、深红"；能"配对—指认—精确命名"且正确率在75%以上的色彩分别是"黑""黑、淡棕""黑、淡棕、粉红、绿"[2]。在观察力方面，3岁幼儿观看图形图像的规律是杂乱的；4—5岁幼儿才有一定的规律，基本符合被观察图形图像

---

[1] 卢乐珍.2004.别错过幼儿感知觉发展关键期.家庭教育，（2）：9-11.
[2] 丁祖荫，哈咏梅.1983.幼儿颜色辨认能力的发展.心理科学通讯，（2）：14-17.

的信息表征；6岁儿童才具有相对完善的观察力。幼儿各年龄对图形的辨认随年龄的增长呈明显变化趋势，具体如表4-2。幼儿的听觉能力在3—6岁或3—7岁一直在增长，在十二三岁时到达顶峰，而幼儿嗅觉6岁时就已发展到成人水平。在认识时间上，幼儿初期已经具备一些初步的时间概念，但仍把对时间的理解与生活活动联系在一起，比如理解的"早上"就是"起床的时候"；幼儿到中期可以正确理解"昨天""今天""明天"，但还不能正确理解"前天""后天"；幼儿晚期除了可以辨别"昨天""今天""明天""前天""后天""大前天""大后天"之外，还能知道星期几，区分春夏秋冬。但依然不能真正理解"一秒钟""一分钟"的意义。这是幼儿在幼儿园教育中常用到的感知觉的基本规律。

表4-2　幼儿对形状辨认的顺序与能力[1]

难易顺序	圆形	正方形	三角形	长方形	半圆形	梯形	菱形	平行四边形
小班	√	√	√					
中班	√	√	√	√	√	√		
大班	√	√	√	√	√	√	○	○

注："√"表示能正确掌握，"○"表示适当指导方能辨认。

(2) 幼儿学习（认知）特点

学习是指主体与环境相互作用所引起的能力或行为倾向的相对持久变化[2]。幼儿学习的特点包括幼儿的学习是怎样发生的以及幼儿学习的认知与品质特性。不同幼儿之间学习认知的特点及学习的方式存在较大差异，有的偏向场独立型，有的偏向依赖型，有的偏向听觉器官，有的偏向视觉器官等，但整体上具有稳定规律和特点：①幼儿学习充满兴趣与积极主动性。幼儿园中幼儿学习由兴趣开始，为了好玩才学，带有强烈的主动性，但这种主动性又很容易被扼杀。他们具有好奇爱问的天性，但有些问题和好奇有时会背离大人的行为规范，此时大人无意间的不适宜态度或言行对幼儿学习都是打击，都会影响其兴趣与积极性。②幼儿学习以无意性学习为主，伴有内隐式学习发生。幼儿学习往往在无意联想中学到东西，具有一定的随机性。幼儿甚至在偶然的、意想不到的条件下（尤其当刺激结构高度复杂、关键信息不明确的情况下）学会或记住某些内容，即内隐式学

---

[1] 丁祖荫,哈咏梅.1985.幼儿形状辨认能力的发展.南京师大学报（社会科学版），(3)：11-20.
[2] 皮连生,杨心德,吴红耘.2009.学与教的心理学.上海：华东师范大学出版社：72.

习，这是幼儿学习的重要特征①。③幼儿学习对环境具有极大的依赖，强调在直接经验中学习。幼儿通过参与和体验生活中的真实情境获得的学习效果才是最佳的，实物的教学效果是其他教育形态所无法达到的。幼儿教育对环境的要求，既要丰富、全面并尽可能满足幼儿的各种需求，又要安全以确保学习的顺利发生。④幼儿更易理解直观形象的语言。幼儿的思维具有直观性与形象性，较难理解抽象的学习内容。恰当的运用比拟和绘声绘色的描述能取得事半功倍的效果。

（3）幼儿言语特点

幼儿正确运用语言交往是幼儿园教育工作的重要任务之一。3—6岁是儿童言语不断丰富的时期，是熟练掌握口头言语的关键期，也是外部言语向内部言语过渡并初步掌握书面语言的时期。②幼儿词汇的发展表现为词汇数量不断地增加，词汇内容不断地丰富，词类范围不断地扩大，积极词汇不断地增多。③3—6岁是幼儿一生中词汇量增长最快的时期，据德国心理学家施特恩对幼儿单词数量的统计（包括词尾变体），儿童在3—6岁时的词汇量分别为"1000—1100、2600、2200、2500—3000个"。④随着年龄的增长，幼儿掌握的抽象词汇逐渐增多，对词汇的外延与内涵的理解也不断丰富。幼儿使用形容词的发展规律是从描述物理特征到描述事件情境，从描述单一特征到描述复杂特征，从方言到普通话再到书面语言词汇，从形容词的简单形式到复杂形式。⑤词类在3—6岁幼儿言语中出现的频率，从高到低依次为普通名词、特指名词、行动词、修饰词、个人和社交词、功能词等。3—6岁儿童语法掌握能力主要通过句子的长短与复杂程度体现。3岁的幼儿平均句子的长度为2.91个词，到6岁时平均句子长度发展为8.39个词。⑥幼儿应用句子的复杂情况即句子的结构趋势为，从简单句到复杂句，如联合复句和偏正复句；从陈述句到多种形式的句子，如双重否定和被动句；从无修饰句到修饰句，出现简单修饰与复杂修饰。数据显示：3岁幼儿的修饰句比例为50%以上，6岁时上升到90%以上。语言表达技能主要是幼儿口语。

---

① 陈帼眉，姜勇. 2007. 幼儿教育心理学. 北京：北京师范大学出版社：82-83.
② 林崇德. 2009. 发展心理学. 北京：人民教育出版社：194.
③ 朱智贤. 2003. 儿童心理学. 北京：人民教育出版社：207.
④ 刘金花. 2006. 儿童发展心理学. 上海：华东师范大学出版社：114.
⑤ 朱曼殊. 1986. 儿童语言发展研究. 上海：华东师范大学出版社：161-174.
⑥ 齐沪扬，陈昌来. 2004. 应用语言学纲要. 上海：复旦大学出版社：256.

3岁幼儿依赖于情境，想到什么说什么或者回答大人的问题，说话缺少条理性。4岁幼儿口语表达才开始连贯，5岁或6岁基本上能系统地简述一些事情及自己的思想与感受。在这一时期，幼儿的独白语言逐渐形成，表现为从可视化的、外在表达转向内部表达，由对固有属性的表达转向对关系属性的表达。连贯言语和独白言语的发展标志着幼儿口语表达能力的发展[①]。口语表达能力发展又为幼儿内部语言形成与思维发展创造必要条件。

（4）幼儿智力特点

从幼儿大脑、神经系统的成长及智力发展轨迹来看：2.5—3岁的幼儿脑容量发育至900—1011克，相当于成人脑重量的75%，此后发展减慢，到6—7岁时大脑的容量约达1280克，接近成人的水平，占成人值的90%。幼儿大脑容量的发育不仅仅是细胞的增多，还主要表现在大脑皮层的复杂化和脑机能的不断完善。3—6岁幼儿大脑的神经细胞突触的数量和长度不断增加，细胞体积不断增大，神经纤维也逐渐向不同的方向深入到皮层的各层。智力发展整体趋势表现为三四岁至十二三岁呈迅速直线上升，之后缓慢发展，至25岁左右达到稳定。智力是一个多元结构，知识、经验和技能是智力发展的基础，注意力、记忆力、认知能力、思维能力等，都是智力的具体体现。幼儿智力在观察力、记忆力、思维能力等方面拥有不同的规律。3—5岁幼儿以无意注意为主，仅仅能够专注地从头到尾看完他所能理解的短节目，4—6岁对外界重要信息很敏感，能回忆起重要事件的情节，5—6岁注意力稳定时间平均可达7分钟。3—4岁幼儿能简单记忆一些熟悉的东西，如找到自己想要的东西；4岁幼儿能使用一些简单的记忆策略；5—6岁幼儿能利用位置等帮助记忆。幼儿思维形式主要为直觉行动思维、具体形象思维和抽象逻辑思维等。幼儿发展在不同阶段侧重有所不同，幼儿早期（3—4岁）以直觉行动思维为主，幼儿中期（4—5岁）以具体形象思维为主，幼儿末期（5—7岁）抽象逻辑思维开始萌芽。

（5）幼儿个性与社会性特点

幼儿在成长过程中会逐渐形成自己的性格，并遵循社会的一些规范，这是幼儿个性与社会性发展的体现。关于个性的形成与发展，心理学存在着较大的分歧，这里简要介绍弗洛伊德的"心理性欲理论"和埃里克森的"人格发展阶段

---

① 林崇德. 2009. 发展心理学. 北京：人民教育出版社：198.

论"。在弗洛伊德看来，一个人的个性在儿童期或者说在5岁前就已经形成了。个性发展按照"性本能"可分为5个阶段，3—6岁属于"性器期（俄狄浦斯期）"。弗洛伊德所谓的"性本能"（里必多，英文 Libido）被描述为一种力量、冲动。幼儿时期，里必多的变化决定人格发展的特征和心理活动正常与否。当某一阶段出现异常时会导致人格"病态"。埃里克森则把幼儿的个性发展看作一个逐渐形成的过程，必须经过几个顺序不变的阶段，每个阶段都有一定的发展任务，这些任务来源于"成熟"与"社会环境及期望"之间的矛盾或冲突。每个阶段的实现都将有助于下一个阶段任务的完成，若一个阶段未能完成，则可以在后期的阶段中加以弥补。社会性发展研究比较有影响的理论有柯尔伯格的"儿童道德发展论"和哈里斯的"群体社会化发展理论"。儿童道德发展论认为人类道德发展是由他律到自律的变化过程。幼儿时期，幼儿主要根据表面行为盲目服从权威，仅以行为的后果是否会给自己带来需求的满足来判断行为的好坏。群体社会发展理论认为幼儿社会性主要在群体中得以实现，父母的影响是次要的、短暂的。幼儿从群体中获取他们所谓正确的行为、标准和信仰等。

2. 幼儿认知与发展发展理论的指导应用

幼儿认知与发展理论重点揭示幼儿学习与认知的特征，预期幼儿学习后发展的规律和变化，它为发展适宜性实践提供最基本、最重要的理论依据。幼儿认知与发展理论对信息技术幼儿教育的指导应用在于以下几点。

（1）幼儿发展理论为实践应用提供依据

幼儿认知与发展理论让人们清晰地看到信息技术在幼儿教育中具有广阔的应用前景。信息技术在幼儿教育中全面深入应用是有理可依、有据可查的，而非武断之举。幼儿相关心理学理论是开展信息技术幼儿教育活动首先要遵循的基本原则。无论是信息化环境的建设还是媒体与技术选择，抑或教学应用效果的评价，都既要考虑幼儿身心的发展水平，又要合乎幼儿的年龄特征。教育信息化为幼儿教育提供的只是外部激化条件，具体实践运用过程中还需谨记幼儿心理发展的一般规律，使其符合幼儿发展的需要。

（2）幼儿发展理论为技术环境建设与应用提供指导

幼儿园信息技术设备的研发要符合幼儿的生理特点，信息技术环境设计也必须符合幼儿的心理特点。不同年龄段的幼儿认知不同，如低年级幼儿主要突出展示性、娱乐性设备的建设，高年级幼儿可适当增设认知类、交互类媒体设备的建设。无论是电脑还是电子书包、交互式电子白板的购买，无论是多媒体教室还是计算机活动的区角建设，都必须突出幼儿化特色。此外，媒体的编制与选择也是教育信息化应用的重要任务，媒体编制与选择的适当与否直接影响应用的效果。信息技术幼儿教育在媒体编制与选择时首先考虑幼儿认知与发展的规律，其次考虑"最小代价律""共同经验原理""抽象层次原理"等效果原理。在进行媒体选择时，幼儿园教师要把握"有易获得实物，不使用技术与媒体；必须使用时，以实物为主信息化为辅"的原则。这也是幼儿信息技术教育应用的基本要求。

（3）幼儿发展理论为幼儿数字教育资源开发提供指导

基础教育软件资源具有比较成熟的设计理念与开发技术，但技术与理念在向幼儿资源领域延伸时必须注重幼儿认知与发展的规律。软件设计开发者只有俯下身子倾听幼儿的声音与意愿，才能推出适合幼儿的教育产品。首先，幼儿感知觉的特点是幼儿教育软件系统设计必不可少的参考。3—6岁的幼儿各年龄段分别能识别什么样的图形、能知道哪些色彩及具有什么偏好、能做什么运算、注意力有多久等规律都是软件系统设计之前需要了解的。其次，幼儿认知特点为软件系统结构与教学设计提供框架。幼儿的认知是有一定秩序的，幼儿记忆与思维的特点能告诉幼儿学习软件的设计者和开发者在什么地方进行重复刺激，在什么时候对知识与技能进行迁移与反馈等。最后，软件开发前使用对象预评估及使用后评价是软件开发的必要环节，幼儿心理学规律为幼儿教育软件资源的设计与开发提供前测评估及后测评价的参考常值。

（4）幼儿发展理论为幼儿活动设计与实施提供指导

幼儿活动包括游戏活动、生活活动、教学活动等，是幼儿教育的基本方式。幼儿个性发展与社会性发展为幼儿教育游戏活动、生活活动提供设计原则。3—6岁幼儿身体、个性、社会性等正处于从不成熟向初步成熟的过渡中，其动作、身体机能刚刚开始发展，言语和思维初步形成，幼儿知识经验缺乏、容易激动、不能很好地控制自己的情绪。幼儿发展理论为幼儿信息化活动设计与实施提供依据。小班生活活动要尽量做到家庭化，信息化生活活动与游戏活动不宜太多，注意发展幼儿的社会交往能力。中班幼儿活泼好动，可以设计一些信息化角色游戏。大班多考虑技术支持下的独立性、交互性活动设计等。幼儿园教学活动必须依据幼儿感觉器官接收信息的特点及幼儿认知与思维的规律，设计相应的学习方式与引导策略。幼儿发展理论能使幼儿园教学活动在技术的支持下，最大限度地扩展幼儿的知识范围，满足幼儿的好奇心与求知欲。

（5）幼儿发展理论为信息技术幼儿教育评价提供逻辑框架

信息技术不是万能的，它只是一种辅助性手段，信息化教育的效果不会越出幼儿心理认知与发展的阶段性框架。幼儿发展的阶段论与顺序论为信息技术幼儿教育效果评价提供了参考常模。幼儿认知与发展理论科学明确了3—4岁、4—5岁、5—6岁三个年龄段的幼儿，已经知道什么、应该知道什么、能做什么，大致发展为什么水平。信息技术幼儿教育使用信息技术无论呈现教学内容，还是帮助幼儿认知，抑或支持幼儿活动实施，评判它成败的唯一标准就是看它是否符合幼儿的认知和发展特点，是否在一定节奏内加速了幼儿心理的发展速度与优化了幼儿的发展效果。

4.3.2 多元智能理论的内涵及其应用指导

1. 多元智能理论的内涵

（1）多元智能理论的提出

多元智能理论由美国心理学家霍华德·加德纳最早提出。加德纳，1943年出生于美国宾夕法尼亚州，哈佛大学教授，世界著名教育心理学家之一。1983年，加德纳在对智力单因素论评判的基础上出版《智能的架构》一书，首次提出多元智能理论，并初步定义了七种智能。1996年，他在这七种智能的基础上又增添了自然观察者智能，两年后又增添存在智能。基于对教育价值的考虑，教育界与心理学界普遍认可的是前八种智能组成的智能结构体系。

（2）多元智能理论的基本观点

加德纳的多元智能理论认为儿童智力特质是由八种因素构成的，具体如下[①]。

1）言语/语言智能：指各种和语言相关的能力，包括听、说、读、写及交流的能力。表现为个人能顺利而有效地利用语言描述事件、表达思想，并能与他人

---

① 何克抗，吴娟. 2007. 信息技术与课程整合. 北京：高等教育出版社：81-82.

交流。

2）逻辑/数理智能：指对逻辑关系的理解、推理以及思维的能力。表现为个人对事物间各种因果关系、逻辑关系等的敏感性以及通过数理方法进行运算和逻辑推理的能力等。

3）视觉/空间智能：指对色彩、形状、空间位置等要素感受和表达的能力。表现为个人对线条、形状、结构、色彩和空间关系的敏感性并能通过图形将这些因素表现出来。

4）音乐/节奏智能：指感受、辨别、记忆、表达音乐等的能力。表现为对节奏、音调、音色和旋律的敏感性以及通过作曲、演奏、歌唱等表达自己思想或情感的能力。

5）身体/运动智能：指对自身肌体的协调、平衡、运动能力等。表现为个体用身体表达思想感情的能力和从事各种运动的能力。

6）人际交往智能：指他人的表情、说话、手势动作的敏感程度以及对此做出有效反应的能力。表现为能很好地觉察、体验他人的情绪、情感等并作出适当反应的能力。

7）内省智能：指认识、洞察和反省自身思想、情绪、行为的能力等。表现为能较好地意识和评价自身的动机、情感、个性等，并能有意识地运用内省法则去调适自己的生活与工作。

8）自然观察者智能：指辨别生物以及辨别自然界其他环境特征的能力。表现为个体对自然的敏感与认知能力，该智能在人类进化过程中较为重要和具有价值。

幼儿多元智能与幼儿各领域课程的对应关系如图4-2所示。

（3）多元智能的理解

对于多元智能理论的内涵，我们可以从以下五个方面加以理解。

1）多元智能是一个相对比较科学的智能特质论。它是对大量实践与案例研究的合理解释。其形成的主要依据包括对大脑损伤病人的研究、对特殊儿童的研究、对智力领域与符号系统关系的研究、对某种能力迁移性的研究、对某种能力独特发展历程的研究、对多种智力学说的研究、对不同智力领域需要不同神经机

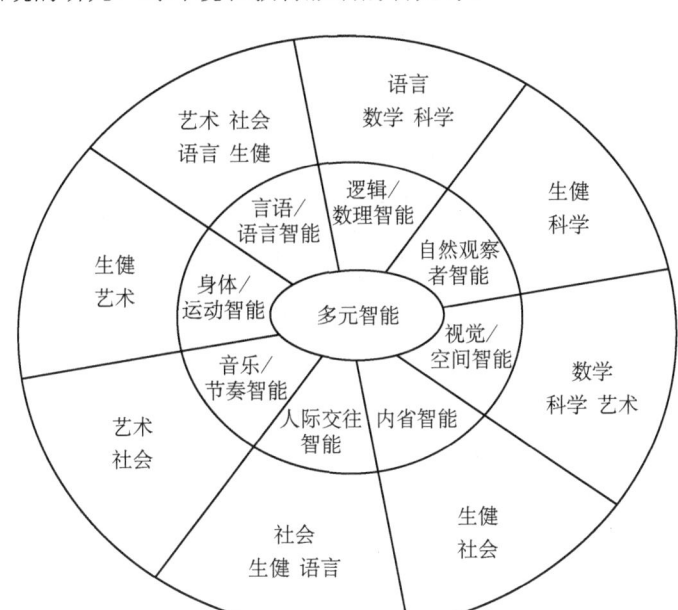

制或操作系统的研究、对环境和教育影响的研究等。[①]

图 4-2 多元智能与幼儿领域课程

2）多元智能是一个开放的体系。目前教育学界与心理学界普遍认同的是上述这八种智能，而这八种智能单元组成的智能体系并非一成不变。随着一些新研究成果的出现，或许其中的某个智能被证明不再符合作为智能的条件，也或许有其他更合适的智能单元被认可，进而成为新的智能单元。

3）每个人都同时拥有这八种智能，而且拥有一定的优势智能，每个人都能把自己的任何一种智能发展到一定的水平。任何人都会在某一个或某几个智能方面具有优势，同时任何人都可以把自己的某个弱势智能通过努力发展到令人满意的水平。

4）每种智能单元都有多种表现形式。具体的某一个智力领域，其外在表现形式是多元的。一个打篮球打不好的人也许会踢足球踢得非常棒，这足以证明他具有出色的运动智能。多元智能强调智能表现的丰富性、多样性。

5）多元智能理论强调多维度地共同看待智力问题。加德纳虽然把智能分成了

---

① 霍力岩. 2000. 加德纳的多元智力理论及其主要依据探析. 比较教育研究，(3)：38-43.

八个单元，但在解决真实问题时，智能并不会以单一的结构去体现，八种智能之间是相互联系的，大多数时候它们以复杂的方式共同发挥作用。因此，对多元智能的理解与应用，应把每个智能单元放回智能的整体结构及其文化价值背景中去把握。

2. 多元智能理论的指导应用

多元智能理论对信息技术幼儿教育发展具有如下指导作用。

（1）多元智能理论树立了正确的幼儿教育观

传统的幼儿教育观以知识识记为基础，强调统一要求、统一进度、统一目标等，它抹杀了幼儿的个性与差异。以"幼儿能背诵多少首古诗""能算多少位以内的加减法"为评价标准的做法是僵化的，甚至是错误的。幼儿沿着这样的道路发展必然导致幼儿性格与能力的不健全，缺乏创造力。多元智能理论提供了一种崭新的幼儿教育理念，让幼儿园教师与家长在幼儿教育目标上拥有更广阔的视野。既然幼儿有八种智能，幼儿教育者与家长的任务就在于设法创设适宜的活动情境，发现每个幼儿的优势潜能和劣势智能，因势利导地让每个孩子都能成才。常言道"没有不成才的孩子，只有不会教的老师"。幼儿园教育者要根据每个幼儿的特点，选择与之相适应的教育内容、方法、要求及进度等，信息技术的运用要以促进幼儿多元智能的发展为目的。这也是信息技术幼儿教育工作的落脚点。

（2）多元智能理论开拓信息技术幼儿教育应用新领域

多元智能强调幼儿之间的智力存在差异性及对幼儿个性的发展。幼儿的不同能力水平及各种发展需求使传统教育手段在幼儿教育中越来越觉得的"心有余而力不足"。新技术、新媒体在幼儿教育中的应用能很好地解决这一问题。第一，多元智能理论提供了信息技术在幼儿教育中充分发挥优势的理论依据。信息技术提供的丰富的资源，个性的活动，立体化的评价，创设的适应性、触发性、沉浸性、诱导性的幼儿园教育环境，是幼儿教育的强效手段和本能选择。第二，在多元智能的影响下信息技术将成为幼儿教育的有益补充。幼儿园教育的有些知识是一些实物教具和传统教学方式所不便实现的，如南方幼儿对"雪"的认识，西北幼儿对"大海"的感受等。第三，幼儿多元智能的发展有时需要信息技术手段来逾越科学与道德伦理的冲突。因此，多元智能理论推动了信息技术在幼儿教育中的应用，为信息技术幼儿教育提供实施的基础与应用的指导。

(3) 信息技术促进幼儿多元智能的发展

多元智能理论自提出已有近 30 年的历史。早期多元智能在教育领域中的应用并不像今天如此深受欢迎。今天信息技术的普及才让多元智能在幼儿教育中的应用成为可能。信息技术能提供丰富的学习内容及个性化的学习进度，对幼儿多种智能的发展具有良好的促进作用。信息技术与幼儿多元智能及幼儿园课程的矩阵对应关系，如表 4-3 所示。

表 4-3　信息技术、幼儿多元智能、幼儿园课程三者对应关系

幼儿常用信息技术与手段	幼儿园课程	多元智能
多媒体演示工具、文字处理软件、互联网网页、故事光盘、台式电脑、电子书、文字游戏软件等	艺术、社会、语言、生健	言语/语言
逻辑性幼儿游戏、计算机设备与软件、电子制表软件、科学程序软件、问题解决软件等	语言、数学、科学	逻辑/数理
投影仪、电视、（交互式）电子白板/一体机等设备，动画程序、剪辑艺术应用软件，图像处理软件、数码摄像（照相）机、绘图和制图软件、仿真系统、几何图形识别软件、图形程序软件等	数学、科学、艺术	视觉/空间
虚拟现实系列软件、眼手协调电子游戏、接通计算机工具、触觉设备等	生健、艺术	身体/运动
网络儿歌、音乐文化辅助软件、CD 等歌唱设备与软件、音调识别和旋律增强器、音乐乐器数字接口器等	艺术、社会	音乐/节奏
幼儿合作游戏、模拟游戏、教师博客等	社会、生健、语言	人际交往
个人化选择软件、可视化多媒体应用程序、幼儿评价记录软件等	生健、社会	内省
科普性软件、自然界声音或图像文件、植物/动物识别软件、动物声音辨别软件、地球科学软件等	生健、科学	自然观察者

以上是部分信息技术设备及软件与多元智能、幼儿园领域课程的对应关系，此外，还有一些复合性的装备，如一些专题学习网站、多媒体教室等，它们对幼儿多元智能与幼儿园课程的影响是多样、复杂的。

4.3.3　最近发展区理论的内涵及其指导应用

1. 最近发展区理论的内涵

（1）最近发展区理论的提出

最近发展区理论由苏联著名心理学家维果茨基提出。维果茨基的主要学术贡献包括创立社会文化发展理论，把马克思主义引入心理学、提出最近发展区理论等。维果茨基认为儿童教学是一种人为形式的发展，为了能更好地解释教学与发

展的关系，维果茨基在《思维与语言》一书中提出了"最近发展区"的概念及其相关理论。

(2) 最近发展区理论的基本观点及解释

维果茨基认为，在确定发展与教学之间可能性的实际关系时，教学无论如何都不能只限于单一的发展水平，应当至少确立儿童发展的两种水平。[①]第一种发展水平称为儿童现有的发展水平，第二种发展水平称为最邻近的发展水平，也叫最近发展水平。所谓现有的发展水平是指由一定已经完成的发展形成的儿童心理机能水平[②]。它是确实存在的教学的最低临界线，低于这条线，教学就不可能发生了。最近发展水平是儿童在教师的帮助下能够达到的发展水平，这个可以达到的最远边界就是第二水平，第二种发展水平之外的区域是潜在发展区。最近发展区是指第一种发展水平与第二种发展水平之间的区域。

对最近发展区的理解包括：①不同儿童的最近发展区存在差异。这种差异主要来自两方面：一是儿童之间现有知识和现有能力不相同，儿童有不同的起点，进而有不相同的发展可能性；二是假设两个发展水平完全相同的儿童（知识结构与能力水平完全一致），即使在发展中都没有教师的指导，但一个儿童借助了例题或示范，另一个儿童是完全独立发展的，那么他们的最近发展区也存在差异。②最近发展区是动态的。随着一次次教学的完成，潜在发展水平会转化为第二水平，第二水平依次逐渐转化为第一水平。最近发展区自身的区域范围与边界都伴随着教学完成而不断发生变化。③教学与发展的关系好比是最近发展区与现有发展水平之间的关系。[③]发展的过程追随着创造最近发展区的教学过程的轨迹而前进，教学要走在发展的前面去引导幼儿发展。④强调教学在发展中的主导作用。儿童的发展并不是像"格式塔"派所说的那样完全依赖于神经系统的成熟，与学校教学毫无关系。最近发展区强调学校教学的作用，同时也指出了儿童自身能力与素质在发展中的影响。

2. 最近发展区理论的指导应用

(1) 最近发展区提供目标设定策略

维果茨基的最近发展区强调了学校教育对幼儿成长的功能与作用，体现了当

---

① 维果茨基. 2005. 思维与语言// 维果茨基教育论著选. 余震球选译. 北京：人民教育出版社：254.
② 王振宇. 2000. 儿童心理发展理论. 上海：华东师范大学出版社：256.
③ 钟启泉. 2013. 维果茨基学派儿童学研究述评. 全球教育展望，(1)：11-31.

代文化历史的发展观。幼儿园是幼儿发展的重要外部动力,信息化是这一动力的催化剂。成功的幼儿信息化必然是信息技术应用满足了幼儿最近发展区的需要。根据"最近发展区"理论,信息技术对幼儿教育的意义在于:①信息技术可以巩固幼儿的现有发展水平;②多媒体创设的信息技术环境能较好地激发幼儿的兴趣;③最重要的是信息技术架起了幼儿从现有发展区通向最近发展区的桥梁,进而引导幼儿在最近发展区的"行走"。最近发展区理论还为信息技术幼儿教育提供指导策略。幼儿信息化活动设计要先于发展,并为其提供支持(即支架)。信息化活动设计只有走在幼儿发展的前面,以幼儿发展的明天为目标才是最好的设计。信息技术幼儿教育更多的是提供"支架"与"助学",以促进幼儿的发展。

(2)最近发展区提供支架助学策略

信息技术幼儿教育的本质很大程度上是用信息技术在幼儿的最近发展区搭建合适的支架,让幼儿在最近发展区走得更稳、更快、更远。这种关系可以形象地表示为图4-3。

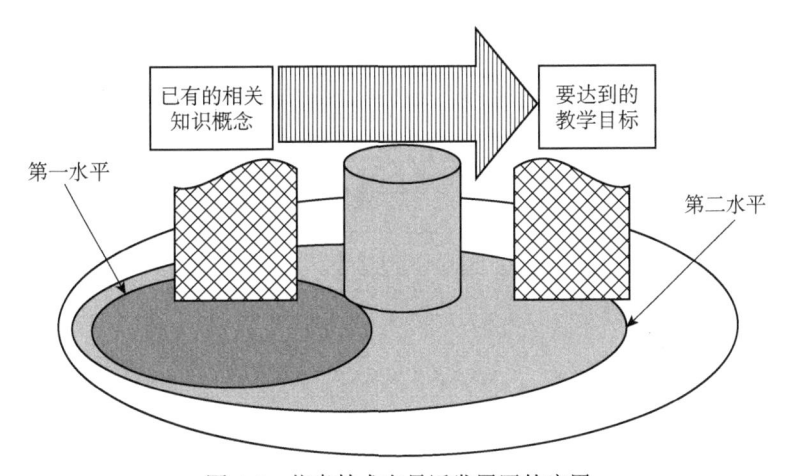

图 4-3 信息技术在最近发展区的应用

图4-3描述了信息技术在最近发展区的功能与作用。最近发展区理论在幼儿教育中的具体应用环节包括:设计技术支持(搭脚手架)、进入情境、引导认知与总结反馈等,其中最关键的是第一步,幼儿园教师要在明确"幼儿的第一种发展水平和第二种发展水平之后,视二者的具体情况而设计合适的信息技术支架,支架的合理性决定应用的效果。通常情况,技术支架活动包括用多媒体呈现内

容，用信息技术帮助幼儿认知、活动、交互等，具体应用有范例、问题、建议、工具、图表等。

使用信息技术支持幼儿最近发展区的发展时还应注意以下几点：①准确把握技术应用的适宜性。信息技术所提供的支持既要适合幼儿能力的发展水平，又要注意出现的时机，也就是"放置时机"的问题——需求支持应在需要的时间放在需要的地方。②准确把握技术应用的灵活性。信息技术在幼儿教育中的应用并非一成不变的，它没有固定的套路或模式，因此幼儿教育者要善于将多种技术与丰富的实物相结合，共同促进幼儿的发展。③可以考虑用"助学"事件促进幼儿在最近发展区的发展。如在幼儿教学各环节上，信息技术可以发挥回顾知识、创设情境、支持幼儿活动过程、提供幼儿学习资源、增进幼儿之间合作的功能，还可以发挥提供幼儿学习支架、个性化引导、幼儿成长记录与评价的功能等。

第 5 章

发展适宜性视角下信息技术在幼儿教育中的应用

信息技术在幼儿教育中的全面深入应用主要体现在六个维度的建设：幼儿信息化产业、幼儿园信息化硬件环境建设、幼儿教育软件资源设计与开发、信息技术在幼儿教育活动中的应用（幼儿园课程整合）、幼儿园教师信息素养提升策略、幼儿教育信息化标准与政策。其中，幼儿教育信息化产业主要受市场经济与社会宏观调控影响，信息化标准与政策主要由政府依据政治经济形势实施引导，因此，本章仅从教育取向对其他四个维度展开系统研究。

5.1 幼儿园信息化硬件环境建设

许多幼儿园已经认识到信息技术给幼儿教育带来的巨大便利与功效，也具备一定的建设条件，但对如何结合本园的实际需求建设适宜的硬件环境却知之甚少，以致影响了幼儿教育信息化的发展。

5.1.1 幼儿园信息化硬件环境建设理念

由于幼儿园教育的特殊性，根据发展适宜性原则，幼儿园硬件环境建设须遵循以下理念。

1. 以幼儿为本

幼儿是幼儿教育服务的核心对象，也是教育活动的主体。"以幼儿为本"的幼儿教育信息化是教育以人为本的切实体现，是现代教育的基本特征。幼儿园信息化硬件环境建设要树立一切为了"幼儿"的观念，首先要满足幼儿健康发展的需要，其次是满足教师教学的需要及管理者管理的需要。

1）确保幼儿的安全健康。保护幼儿的安全是幼儿园的基本责任。幼儿年龄比较小，生活经验不足，自我保护意识差，稍有闪失就可能造成严重后果。信息化硬件环境设施是一些电子设备，要强化安全健康的设计理念，如电脑等设备尽量靠墙放置、电源部分要进行安全遮挡等。设备电源安置于幼儿够不到的地方，尽可能遮盖。条件许可的幼儿园可以考虑把多媒体教室或多功能教室的布线进行隐埋或封装固定处理。电脑要选择那些体积小、辐射小、闪频低、重量轻的设备，最大限度地降低每天使用30—40分钟电脑对幼儿眼睛造成的伤害。鼠标、耳机以无线为主，键盘具备防水功能，可以优选触控一体机。手持终端设备做封套防护，电脑、音箱、电子白板及其设备支架做棱角安全防护。

2）符合幼儿的生理特点。适合幼儿视觉特征及身体发育特征能将信息技术设备对幼儿的伤害降至最低。幼儿使用多媒体仅以画画、浏览、简单操作为主，视觉负担不宜过重。多媒体教室地面、座椅应以白色系为主，显示设备屏幕清晰度要高，亮度适中，幼儿眼睛与电脑应有不少于50厘米的距离，使用投影、电子白板和电视，幼儿与影像距离应保持在屏幕高度的3倍以上。电脑桌椅由于高度的问题可特别订做，或者购买幼儿专用的电脑桌椅。电脑桌椅的高度参考普通幼儿桌椅的高度，以幼儿坐下的视线略高于屏幕中心15—20厘米为宜，也可考虑把电脑放在地上屏幕斜置，幼儿坐在地毯上直接使用。倘若购买交互式电子白板，要选择幼儿专用型号。多媒体教室的组建考虑幼儿的身高、视力等因素，选择短焦距、低屏幕、高清晰度参数设计。也可兼顾其他幼儿教育活动需求，如，美术教育、音乐教育等活动，合并组建多功能教室。

3）满足幼儿的心理需求。信息技术环境建设要符合幼儿的认知特点，营造出一种家庭化、幼儿化的氛围，还要兼顾幼儿教育的目的。多媒体教室窗帘、座椅、多媒体设备，可融入卡通元素，如选择小老鼠造型的鼠标，在鼠标左右键贴不同图案以方便辨认等。幼儿比较喜欢活动并善于模仿，为此，电脑的间距要稍大一些，留给幼儿充足的运动与交流空间，个性化设备要有足够的数量以适应幼儿喜欢模仿和平行游戏的多人需要。幼儿园可着重考虑配备角色类游戏软件、生活类软件，如认识蔬菜瓜果、家具什物等教育软件。此外，幼儿园不同年龄班级要避免"三年一贯制"教育。

2. 统筹兼顾

根据目前国内幼儿教育发展状况，幼儿教育信息化建设必须总览全局，兼顾贫困地区、农村地区、民族地区幼儿园以及民办幼儿园发展。将偏远、贫困、农村、民办等幼儿园信息化硬件环境改善纳入各级各类教育行政制定的长期发展规划。信息化硬件环境建设要分析幼儿园的性质、规模、办学层次等因素，针对不同情况，量力而行地选择适合的硬件配备与网络接入方式，购置适合的幼儿教育软件教育资源。各类幼儿园从实际出发组建不同类型的多媒体教室，如可以选择投影多媒体或交互式电子白板，有盘或无盘工作站等形式。幼儿园信息化环境建设还要考虑与现有设备的兼容，以免造成浪费。例如，在原有校园网基础上建立教育网站，调研显示80%以上的幼儿园实现了"园园通"，但具有幼儿园门户网站的很少。幼儿园局域网具有教育管理、日常办公、内外交流、资源管存等功能，能为幼儿教育提供丰富的资源，为教师提供虚拟的交流空间。多媒体教室还能整合现有区/室写字、操作、美劳、故事、科学等学科教学的需要。

3. 逐步推进

当前，幼儿园信息化硬件环境底子薄，且各园之间差异明显。幼儿园信息化硬件环境建设不是一蹴而就的事，而是一个系统工程。在国家、区域层面，要分层推进、逐步实施，不同层次的幼儿园采取不同的建设策略。各省份可以树立一些典型与试点，"以点带面"，全面推进幼儿教育信息化硬件环境的优化更新。幼儿园信息化硬件环境建设过程中要购买的设备很多，如电脑、交互式电子白板等，要实现的功能也很多，如教学功能、信息化管理功能、办公与内外交流功能、教师备课功能等，这些功能很难通过一次性投入全部实现。所以，要综合考虑幼儿园发展的资金、用途、实际需求等因素分步进行，将总体目标分而治之，分清主次，把有限的资金用在最需要的地方。

4. 配备标准化

幼儿园在信息化设备购买过程中，应尽量遵守有关技术标准、行业标准，采用成熟的技术。硬件设施除参考一些常规教育技术标准外，还要着重参考近期出台的一些幼儿园信息技术规范与标准，如2016年教育部印发的《幼儿园建设标准》；一些省份还颁布了自己的幼儿园信息化标准，如《上海市托幼园所信息化教学环境建设配置要求》等，这些标准对信息化设备提出了系统的要求。规范的标准与成熟的技术有利于设备的后期维护、升级、改造。不同品牌的兼容性和后期维护各不相同，不要让技术的差异阻碍应用的脚步；另外，规范、成熟的技术能降低建设的成本，减少设计和实施的难度，缩短建设周期，例如，从国内外现有的学前教育信息化成熟产品中或标准方案中选择适合自己需要的模式加以利用。

5.1.2 幼儿园信息化硬件环境建设步骤

幼儿园信息化硬件环境建设的第一步是前期分析，主要通过调研详细了解幼儿园现状与应用需求；第二步是根据前期分析的结果提出建设总目标，根据总目标，分析幼儿信息化硬件环境应该具备的基本功能；第三步是结合本园的园情及建设的基本原则，从实用视角对信息化硬件环境建设的功能及技术环境进行分析与选择；第四步是对环境中应该具备的硬件要素进行分析；第五步是细化设备参数，列出参数细化表，形成建设方案；第六步是根据方案进行实施与建设；第七步是测试与试用，对硬件环境存在的问题进行修正完善。具体建设流程如图5-1所示。

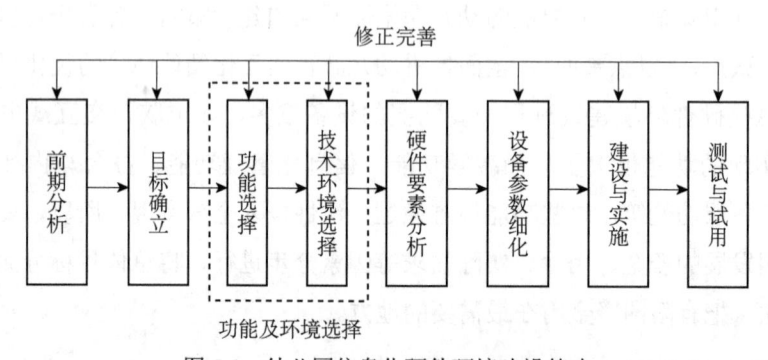

图5-1 幼儿园信息化硬件环境建设策略

1. 前期分析

许多幼儿园信息化硬件环境建设的失败都归结于前期分析的不足，前期分析数据的输入使硬件环境系统更加科学合理化，也更能切合幼儿教育的实际需要。

因此，前期分析是幼儿信息化硬件环境建设的首要任务，它占用整个工程建设时间与工作量的30%左右。幼儿园硬件环境建设的前期分析主要是分析幼儿园的现状、幼儿园工作者的教育与管理需要、幼儿园物理布局及幼儿园现有物质条件等。

（1）幼儿园现状分析

主要考察、汇总、评估幼儿园已经拥有的信息化设施及其能实现的功能，以便在规划环境方案时，清晰了解哪些设备还需要购买、扩建，哪些设施只需在原来的基础上进行升级、改造即可，同时对幼儿园物理环境与物质条件做相应分析，这是后期系统设计、结构布线、建设实施的前提。

（2）幼儿园教育功能分析

从教育与管理两个维度，考虑具体需要实现什么功能，必要时邀请专家、承建方及全园人员召开座谈会。根据幼儿园教育教学活动需要，由教师提出具体想实现什么目标，根据信息化管理的需要由管理者、教师、后勤及安保人员共同提出管理需要，根据建设与未来发展的需要由专家及承建方提出技术发展与建设的整体规划等，然后集思广益讨论出合理的方案。

（3）幼儿园物理布局分析

主要对幼儿园校舍进行逐一摸排，包括楼宇的地理位置分布，楼宇内的幼儿活动室、多媒体教室、办公室、备课室、资料室等物理数据及布局等。根据排查画出分析图纸，对网络接口、信息接口、设备位置、设备数量及型号做出初步设计，以便提出科学的结构化综合布线方案。

（4）幼儿园物质条件分析

包括外部物质条件分析与内部物质条件分析。外部物质条件分析主要是了解周围环境是否有网络接口及接入方式如何，是否建设有城域网，是否提供有资源服务平台，是否有周边资源可供调用、购买或合作等；内部物质条件分析主要是了解现有的经济情况，信息化环境建设需要大量资金的投入，这是不得不考虑的。即便建设完工，信息化环境的后期维护、升级、购买软件及人员培训等仍需持续不断的资金注入。

以上内容是幼儿园信息化环境建设前提分析的基本内容，但不是固定的，比如有时还要综合考察分析政府政策导向及要求、地域与层次差异性等因素。

2. 目标确立

幼儿园信息化硬件环境主要为幼儿园提供教育教学及教育管理方面的支持与服务，因此建设的目标可分教育教学目标与教育管理目标。

（1）幼儿园信息化硬件环境建设的教育教学目标

1）实现幼儿教育教学内容显示与呈现的多媒化。

2）实现网络获取、下载、共享幼儿教育教学资源的便捷化。

3）实现幼儿教育教学信息处理的数字化、管理的智能化、传输的网络化。

4）提供幼儿园教师研修及专业发展的信息化平台。

5）实现在幼儿教育、教师学习活动中幼儿、教师、媒体间的即时交互。

（2）幼儿园信息化硬件环境建设的教育管理目标

1）安全管理信息化：幼儿园安全保护是一项比教育还要重要的工作，包括幼儿安全管理，幼儿园教师安全管理，幼儿园财产安全管理等。

2）总务后勤管理信息化：包括财产管理（信息化环境设备与资源、图书资料的管理），食堂餐饮管理，多媒体教室及活动教室使用管理等。

3）幼儿成长管理的智能化：包括对幼儿的入学、班级、家庭等信息的管理，对幼儿学习成长记录与评价信息的管理等。

4）办公管理信息化：包括对幼儿园政策文件、财务、党务管理的信息化以及对教师个人信息、考核、工资发放等信息管理。

5）教务管理功能信息化：包括幼儿园教师排课、教学安排、教师进修与培训的管理等。

3. 功能及环境选择

根据幼儿园信息化硬件环境建设的总体目标，幼儿园信息化硬件环境应该具备教育教学信息化功能与教育管理信息化功能。教育教学信息化功能主要包括光盘环境教学、多功能教室教学及幼儿计算机区角、教师教研活动、资源设计开发、教师学习培训、家园共育等功能；教育管理信息化功能主要包括行政管理、幼儿管理、后勤管理、教务管理、财务管理、财产管理、安全管理等功能。幼儿园实际建设可以根据前期分析的情况进行适宜选择。幼儿园信息化硬件环境功能及其支持环境如表 5-1 所示。

表 5-1　幼儿园硬件环境功能及其支持环境

实现功能		支持环境	选择情况
教育教学信息化功能	光盘环境教学	多媒体计算机+投影仪或大屏幕电视+多媒体课件+音响系统	是□ 否□
	多功能教室教学及幼儿电脑区角	（智能）交互电子白板/一体机+音响系统（选择项）	是□ 否□
		多媒体计算机（多台）+音响系统+投影仪+打印机+扫描仪	是□ 否□
	教师教研活动	Internet +校园网+教育资源库+网络点播、上传、发布、协作、交互工具系统	是□ 否□
	资源设计开发	高性能计算机（多台）+ Internet+教育素材资源库+多媒体设计软件（文字处理软件、视音频处理软件、图形图像处理软件、动画设计软件、集成平台软件等）	是□ 否□
	教师学习培训	Internet+校园网+流媒体服务器+网络学习平台（具备网络下载、交互、上传功能）+本地资源库+视频点播系统	是□ 否□
	家园共育	Internet+协同平台或校园网平台+交流软件（微信、校信通、电子邮件、微博、QQ 等）+录像系统	是□ 否□
教育管理信息化功能	行政管理	Internet+校园网+基础信息数据库（服务器）+信息上传与发布工具	是□ 否□
	幼儿管理	校园网+幼儿日志管理系统+摄像机+照相机+信息上传与发布工具	是□ 否□
	后勤管理	校园网+交互性软件+考勤软件（门检刷卡机）+ Internet（可选）	是□ 否□
	教务管理	校园网+计算机+排课及教室管理系统+ Internet（可选）	是□ 否□
	财务管理	校园网+高性能计算机+财务管理软件+ Internet（可选）	是□ 否□
	财产管理	校园网+软硬件管理系统+ Internet（可选）	是□ 否□
	安全管理	校园网+监控系统（摄像设备、布线、总控、存储设备等）+Internet（可选）	是□ 否□

4. 硬件要素分析

根据幼儿园信息化硬件环境建设所选择的功能及客观因素，规划设计硬件环境的组成要素及基本要求，具体包括以下内容。

（1）幼儿园校园网

幼儿园网络的接入方式、带宽，综合布线（包括建筑物概况、机房位置、功能化教室数量及位置选择、拓扑结构、信息点设置等），服务器（是否 Internet 站点信息发布、邮件服务、视频点播、资源数据库等功能），交换机（位置、接口、数度等），网线类型等。

（2）功能化教室

选择建设多媒体教室、多功能教室、计算机区角活动室等以及建设的数量、位置等，确定建设的形式（选择"一体机"还是"多媒体计算机+投影仪"等）、系统要求、外围设备（如展台、VCD/DVD 机、音响、调音台、麦克风等）。

（3）幼儿园广播系统

语音广播系统是校园网建设的重要组成，在幼儿园发挥重要作用。幼儿园广播系统主要实现语言广播、广播体操、眼保健操、校园事务广播、课件音乐等功能，考虑设备包括计算机、录音录像机、功放、音响设备等，系统要求考虑声音的传输、系统的播放及其控制等。

（4）幼儿园监控系统

幼儿园常用的幼儿安全管理系统，应用比较普遍。在幼儿活动的所有区域安装监控设施有利于幼儿安全防范和家园共育。根据学校布局选择适当的监控点，然后选择摄像及监控设备，还要监控中心的设置（一般在园内幼儿活动区域，由网络中心或园长管理，或园长分控）。系统要求能实时监控、录像存储和回放等。

5. 设备参数细化

要形成幼儿园信息化硬件环境组成及系统，还要对其进一步细化才能具体开展建设。细化的具体做法一般采用配置表的方式，如校园网系统设备参数表、功能化教室配置参数表、幼儿园广播系统设备参数表、幼儿园安全监控系统设备参数表等。这里提供两个参考样表（表 5-2 和表 5-3）。

表 5-2　幼儿园网络设备参数样表

设备		基本参数	数量
网络中心系统硬件	FTP 服务器		
	Web、E-mail 服务器		
	管理服务器		
	数据服务器		
	核心交换机		
	楼宇交换机		
	机柜、UPS 电源		
广播电视系统硬件	卫星信号接收系统		
	高频头		
	卫星接收机		

续表

设备		基本参数	数量
广播电视系统硬件	卫星信号接收卡		
	高性能计算机		
	液晶显示器		
综合布线系统硬件	光缆		
	光纤（盒子）		
	配线架		
	机柜		
	网络接口（头）		
	双绞线		
	线槽		
其他			

表 5-3　幼儿园安全监控系统设备样表

设备		基本参数	数量
成像设备	摄像头型号		
	CCD 模块		
	镜头		
	红外		
	视频制式		
	视频压缩方式		
	帧率		
	图像调节		
	支持的分辨率		
	平均占用带宽		
	画面延迟		
	I/O 接口及控制接口		
显示设备	品牌与型号		
	主要规格		
	显示参数		
	I/O 接口		
	电源参数		
	外观参数		
	环境参数		

续表

设备	基本参数	数量
存储与控制设备	型号与基本参数	
	处理器	
	声卡/显卡	
	硬盘容量	
	内存容量	
	I/O 接口	
	电源与机箱	
网络设备	网络接口	
	性能	
	动态域名	
	建议远程监看用户数量	
	网络监控方式	
	PPPOE（点对点协议）	
	无线路由	
音频	音频输入	
	音频压缩标准	
报警	触发事件	
	报警输入接口	
	触发后动作	
	报警输出接口	

6. 建设与实施

完成幼儿园信息化硬件设备参数细化工作后，接下来是建设工程的实施。在工程实施过程中需要注意的是：尽量参照预订方案及设备参数表进行施工与购买设备，方案及设备参数的更改需要慎重，要考虑改变后的兼容与需求问题；但建设方案不是一成不变的，实际施工中，常常也会根据新需要及设备革新的情况做出合理优化调整。

7. 测试与试用

测试与试用是幼儿园信息化硬件环境建设的最后一个环节。测试主要邀请信息化专业人员实施，试用主要由幼儿园管理者、教师、幼儿、家长等进行初步试用。测试与试用的目的是及时发现设备运行中存在的问题、需要改进的地方，更重要的是通过测试与试用要形成相应的改进建议与意见供后续整改参考。

5.1.3　幼儿园信息化硬件环境建设的影响因素

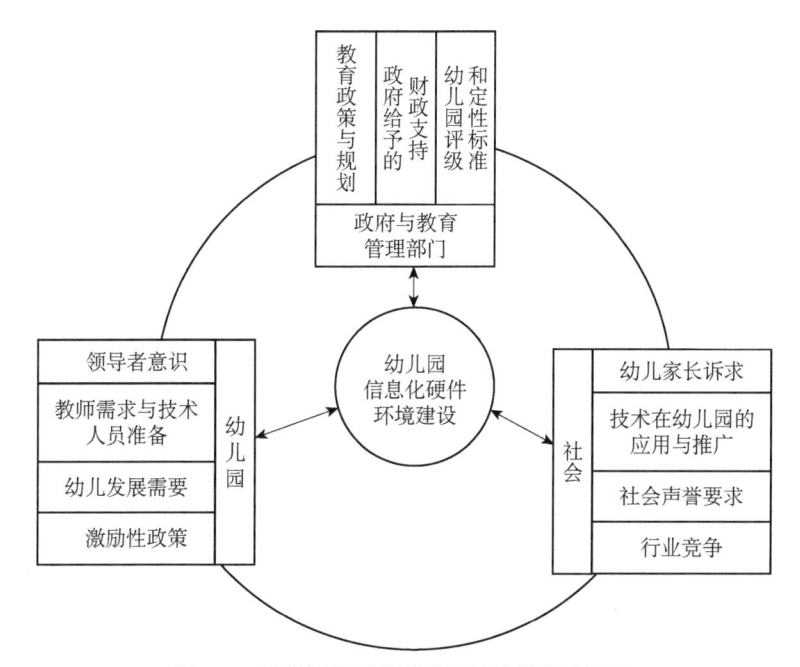

1. 幼儿园信息化硬件环境建设影响因素概述

影响幼儿园信息化硬件环境建设的因素主要源于内部需求与外部推动两方面，外部推动又分政府与教育行政部门推动与社会的推动，它们所包含的因素系统如图 5-2 所示。幼儿园内部影响因素主要是领导者意识、教师需求与技术人员准备、幼儿发展需要与激励性政策。社会影响因素主要是幼儿家长诉求、技术在幼儿园的应用与推广、社会声誉要求、行业竞争等；政府与教育管理部门的影响因素主要是教育政策与规划、政府给予的财政支持、幼儿园评级和定性标准等。这些因素共同影响幼儿园信息化硬件环境的建设与发展，但其影响程度的大小各异。

图 5-2　幼儿园信息化硬件环境建设影响因素

2. 幼儿园信息化硬件环境建设影响因素分析

（1）政府与教育管理部门的影响

幼儿园信息化硬件环境建设与政府及教育管理部门的导向有很大关系。幼儿园信息化硬件环境通常会按照各级政府、教育管理部门出台的信息化发展政策与规划进行建设。上级部门例行的检查、评价机制、资金投入等导向使得幼儿园信息化环境硬件建设逐渐及教育管理部门的要求相一致。

（2）幼儿园的影响

伴随信息技术与互联网技术的普及，幼儿园教师运用信息化手段开展教学成为一种发展趋势，也是个人教学能力的重要象征。幼儿园教师迫切希望能够接触到新媒体、新技术，满足自身教学与专业成长的诉求。但诉求能否得到支持，往往还要看幼儿园领导者的建设与管理意识，甚至很多人把幼儿园领导者意识视为决定信息化硬件环境建设成效的关键。此外，幼儿园信息化硬件环境建设还受来自幼儿发展需要的影响，一方面幼儿有使用信息技术设备促使其成长与发展的必要，另一方面由于幼儿的生理、心理还不成熟的原因又会限制技术设备的购买与建设。

（3）社会的影响

幼儿园信息化硬件设施建设水平已经成为幼儿园赢得良好声誉和知名度的重要砝码。为了获得更多、更好的生源或为了获得政府的认可与资金支持，大部分幼儿园还是在情愿与不情愿的纠结中最终投入了一定的资金来发展信息化硬件环境。在社会因素中，企业的影响也是不容小觑的。信息化产业部门对幼儿教育设备及幼儿教育资源的研发，技术人员对新技术、新设备的宣传与推广，也无形中影响着幼儿园信息化硬件环境的发展。

5.1.4 幼儿园信息化硬件环境发展对策

幼儿园信息化硬件环境的健康发展需要重点关注以下四个方面的问题。

1. 关注资金可持续性体制的形成

影响信息化环境建设的最大因素还是资金。一些幼儿园教师很尖锐地指出

"没钱寸步难行""巧妇难为无米之炊",这些说法毫不夸张。资金的支持既是幼儿教育信息化发展的重要保障,也是制约其发展的关键要素。幼儿信息化发展资金主要来源于各级政府的财政拨款与补贴、社会企业的融资与捐赠、幼儿园内部自筹等渠道。事实上,一般规模的幼儿园很难独立支撑信息化建设的庞大开支,信息化硬件建设主要还是要依赖前两种形式。因此,政府既要在每年的财政预算中设立幼儿园信息化环境建设与改善的专项资金,又要制定完善的社会投资、捐赠支持幼儿园发展的政策与制度,以形成可持续发展的良性生态环境。

2. 关注幼儿园信息化硬件环境意识的建设

幼儿园信息化硬件环境意识指幼儿园相关人员对信息化硬件环境的功能与作用的认识、理解、思考等的总和。国内外学者普遍认为环境意识是幼儿教育改革的决定性因素。幼儿园相关人员要更新观念,正确认识幼儿园信息化硬件环境建设的重要意义。信息化硬件设施是促进教师教学和幼儿学习的基础条件,它为激发幼儿兴趣、提高幼儿教育质量、促进幼儿健康发展提供支持。提高环境意识的有效途径:一是对相关人员直接进行培训与引导等;二是让幼儿园园长及教师通过考察、参观等感受领悟环境建设的重要性。

3. 关注信息化资源环境的协同建设

幼儿园信息化硬件环境发展离不开幼儿教育软件资源的支持。教育软件资源包括资料性资源和服务平台性资源。前者可通过 Internet 下载搜集和改造、购买、自建幼儿资源等方法,在服务器或网站平台上建设一定规模的幼儿园资源库。后者涉及面较广,它既包括基本的服务系统的配备,如网络操作系统、公用信息服务、数据存储服务等,也包括常用软件的配备,如 Office 软件、媒体课件、多媒体设计软件等,还包括支持幼儿教师备课和教学的平台,如网络资源库、教学备课网站等。幼儿园要根据具体需要有选择地同步建设。

4. 关注先进技术与新媒体的建设

先进技术与新媒体能为幼儿园的教学、管理、资源建设等注入新活力。信息化环境建设一定要摒弃那种"够用""实惠""凑合"的意识。在幼儿园信息化建设过程中,尽管目前部分教师还不能驾驭一些设备,甚至还不了解某些先进设备与技术的基本操作，但应该相信新技术、新媒体对教育应用的巨大引领与推动作用，因为它们的应用有助于生成先进的思想与应用模式，能较快地缩小东西部及城乡数字化鸿沟。注意，"先进"并不等于"前沿"与"最新"，而是指成熟的主流新技术。总之，面对先进技术与新媒体，政府、幼儿园要解放思想并做好宣传，争当先进技术应用的倡导者与引领者。

5.1.5 幼儿园信息化环境建设案例

1. 幼儿园计算机区角建设

计算机区角如同幼儿园其他区域一样，是幼儿园环境创设的一部分，它具有促进幼儿整合学习、自主学习、个别化学习的功能。

（1）计算机区角设计

1）提供计算机及基本配备：教室内计算机数量与幼儿人数的比例会影响幼儿互动行为，当计算机与幼儿比例为1∶10或是更低的时候，较容易产生正向的互动行为。因此建议幼儿园的活动室设置3—5台计算机即可，以增加幼儿正向互动的频率。

2）提供计算机相关设备及软件：幼儿园教师根据幼儿的兴趣及教学内容，选取其他相关设备，如耳机、摄像机，并选择适合幼儿能力的游戏软件。

3）设定椅子数量：每台计算机旁应至少安排两张椅子，以增加幼儿之间的社会化互动。若空间许可，可以安排教师的位置，以方便教师指导。

4）合并其他工作区：计算机区角可与教室内的其他学习区整合，如语文区，与其他活动相互配合，帮助幼儿提高学习兴趣和学习效果。

5）适当增设附件：如彩色打印机。幼儿在操作计算机时，会有创造性的作品，如果有打印机供幼儿打印其作品与大家分享，对幼儿的学习也有很大的助益。如让幼儿彩打自己喜欢的图片、进行剪贴等活动，能大大增强活动的吸引力。

（2）计算机区角功能

幼儿园常见的信息技术设备有计算机（台式、笔记本）、放音设备（简单音箱与耳机）、麦克风、投影仪、摄像（照相）机、打印机、扫描仪等，而在软件上常以文字处理软件、视音频处理软件、图形图像处理软件、动画设计软件为主。结合幼儿园课程主题，计算机区角可以实现如下功能。

1）为幼儿提供多种体验：幼儿园计算机区角可提供其他学习区所无法提供的媒介，多媒体感知、网络搜寻、文本链接、动态操作过程、及时的互动回馈，为幼儿带来其他媒体所不能实现的直观感知，如让幼儿自己制作多媒体绘本，体验信息技术所提供的新型表达方式。

2）为幼儿提供整合性的学习经验：计算机区角可作为学习的延续，可以复习和延伸教学内容。计算机区角的活动更可与主题教学相呼应，帮助幼儿对学习内容进行加工整合。它可以提供幼儿绘图、简报欣赏、制作绘本等机会，可与老师的教学做链接，也可与手工、阅读等学习区活动相配合。

3）为幼儿提供自主学习与主动探究的环境：计算机区角设置于幼儿活动室内，幼儿可弹性使用，不但可根据自己的步调独立操作，也可与其他幼儿合作学习，提供给幼儿较多的自由探索、观察探究与自我表达的机会，计算机区角活动可提供其他教学所不能给予的个别化探索空间。

4）幼儿园其他硬件资源的基地功能：由于技术的发展，幼儿日常生活常见信息技术工具已不局限于计算机，计算机区角起到科技纽带的作用。

2. 幼儿园班班通建设

"三通两平台"建设依然是国家提出的教育信息化的重要解决方案，以及网络云平台是目前比较主流的应用模式。

（1）整体架构

幼儿园基于云资源的"班班通"信息化交互式环境设计架构如图5-3所示。

（2）幼儿园教室硬件环境

幼儿园多媒体硬件组合如图5-4所示。

交互式电子白板一般具备高速运算与存储能力，而且大部分幼儿教育资源的存储与管理主要依托云平台实现，因此不再单独配置服务器。

（3）基于云资源的"班班通"幼儿信息化环境具备的功能

1）家园共育：使教学活动充分发挥家园共育的优势，实现多方协同教育。

2）多网合一：多媒体教学网、数字电视网、数字广播网、视频会议网，全部在同一个网络内，降低维护工作量与成本。

3）分布计算：一体化教室多媒体主机系统自身具备计算功能，各幼儿平板具有系统计算功能。

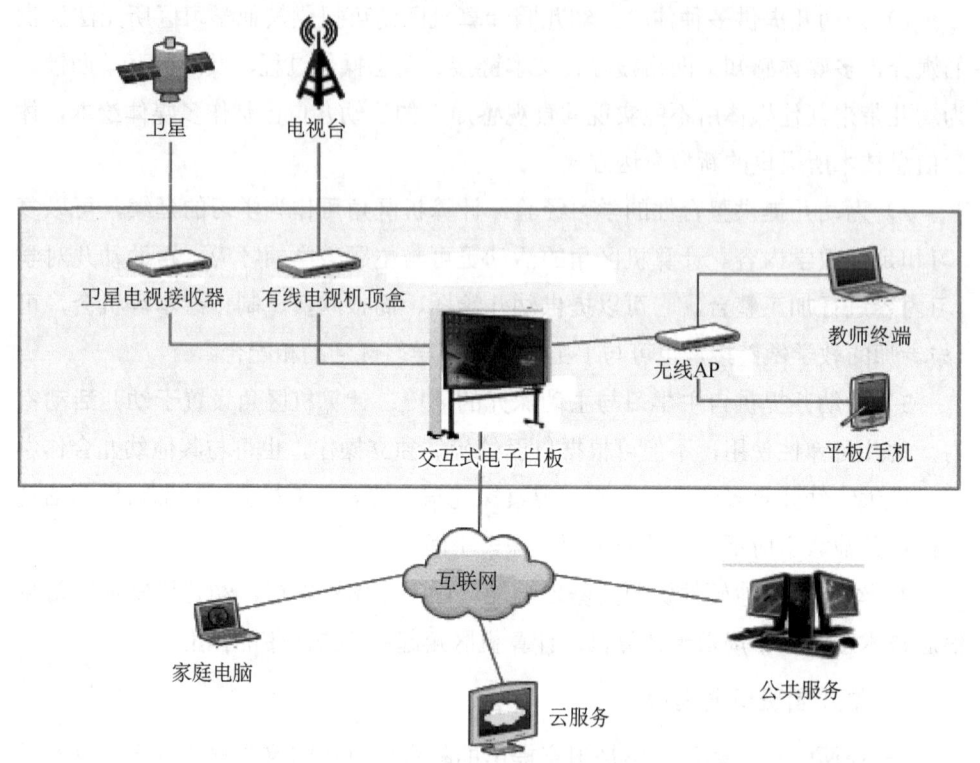

图 5-3　幼儿园"班班通"网络整体架构

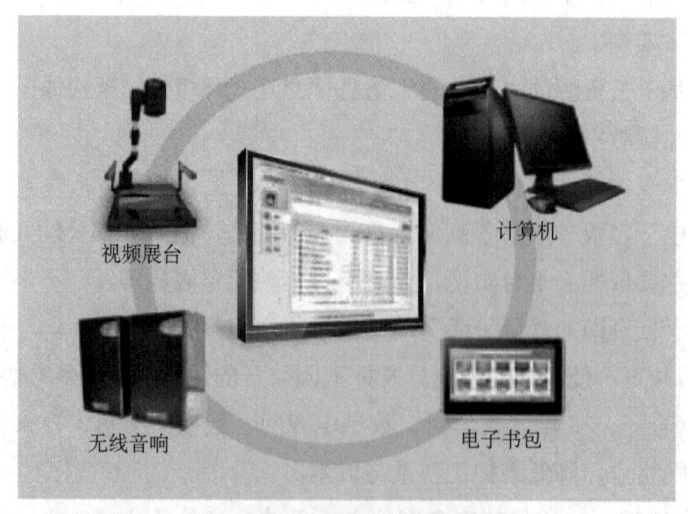

图 5-4　幼儿园多媒体硬件组合

4)集中管理:所有设备、信息点、用户在主控端访问,确保所有信息的完整性、一致性、可靠性,避免误操作导致的信息丢失。

5)安装便捷:触控一体机无须电子讲台,即装即用。节约教室空间和资金。服务器与教室之间只需普通网线的连接。

6)操作简单:友好的多媒体教学系统操作界面一目了然,使用者无须培训即可使用。绝大多数操作可用遥控器完成,并可连接无线鼠标键盘。

7)兼容性高:可兼容幼儿园原有已建多媒体教室设备,将新旧系统无缝对接,保证学校原有投资。

8)全数字化:所有信息存储和发布都是数字化的。

(4)教室常规配置

"班班通"应用环境的教室,一般采用触控一体机作为主要演示设备,通常还会配备讲台、视频展台和音箱功放等设备,实现多媒体教室的交互式教学功能。"班班通"教室硬件常规配置如表5-4所示。

表5-4 "班班通"硬件常规配置

硬件	参数
1. 触控一体机	
2. 音频系统	
3. 多媒体讲台	
4. 视频展台	
5. 推拉式黑板	
6. 幼儿园服务器(选)	

"班班通"移动配置如表5-5所示。

表5-5 "班班通"移动配置

硬件	参数
1. 笔记本电脑(教师本)	
2. 平板/手机	
3. 幼儿园校园网络	
4. 无线访问节点(access point,AP)	

上述提供的只是幼儿园信息化环境建设的一个典型方案,实际建设时幼儿园

要灵活组建，根据自身条件与需求适当添加或删减设备。

5.2 幼儿教育软件资源设计与开发

5.2.1 幼儿教育软件资源设计与开发理念

软件资源建设是教育信息化发展首要突破口[①]，目前优质的幼儿教育软件资源依然短缺[②]。软件资源建设是幼儿教育信息化重要的内容之一，它是确保信息技术应用的必要条件。幼儿教育软件资源包括教育游戏软件、专题学习网站、游乐网站等，其开发遵循如下理念。

1. 教育性

幼儿教育软件资源属于教育资源的一种，其功能在于促进幼儿教育质量的提升。幼儿教育信息化资源建设只有考虑教育的意义，体现幼儿教育的目的、幼儿教育的内容、幼儿教育的原则、幼儿教育的方法等，才能对幼儿的身心发展起到有效推动作用。幼儿教育目的和内容最详细的解读为教育部《3—6岁幼儿学习与发展指南》，它从幼儿的发展规律与学习特点，科学地提出可操作的、明确的幼儿教育的五大领域的各阶段发展目标。幼儿信息化资源依据该指南中的五大领域内容，实现各阶段的发展目标，贯彻该指南精神则能让幼儿信息化资源应用具有"看得见"的效果。此外，幼儿信息化资源的设计与开发必须遵从幼儿教育的基本原则，包括独立自主性原则（让幼儿学会独立，依靠自己生活、游戏）、活动性原则（教学内容与目标融入活动）等。

2. 启蒙性

启蒙，英文为"enlighten"，有启发、开导之意。启蒙强调以幼儿为本，主张幼儿个性与自由的解放，旨在为幼儿的自由、解放与发展提供必要的切入点和

[①] 周伟涛. 2013-01-21. 资源建设是教育信息化首要突破口. 中国教育报，（012）.
[②] 吴刚. 2011-04-23. 优质学前教育资源依然短缺. 湘声报，（001）.

引导。①幼儿教育软件资源是实施幼儿教育的重要材料,因此,启蒙性原则也是幼儿教育软件设计与开发的重要指导思想原则。幼儿教育软件设计与开发应站在幼儿的立场,用幼儿已知的"类似性常识"来说明新知识和技能的原理。为此,幼儿教育软件在主题与内容选择上,一要"广、博、浅",不宜"偏、窄、深",体现对幼儿品德的启蒙、智力的启蒙、体育的启蒙及审美的启蒙等;二要强调发生在幼儿身边的、为幼儿所熟知和能理解的事或物。幼儿教育软件的内部结构与所体现的价值也不应以学科能力发展为目的,而应以诱导幼儿潜能的自然开启为目的。幼儿教育软件设计的出发点在于为幼儿打开通向某方面的窗口,但并不要求他们走进去对此做深入的探究。

3. 趣味性

考虑幼儿的注意力与耐心不足的特点,幼儿教育软件资源的开发更需遵循趣味性原则。趣味性原则的核心思想即寓教于乐。幼儿资源或软件设计的各个环节与应用过程要充满趣味和欢乐,进而激发幼儿浓厚的兴趣,提高幼儿的积极性和求知欲,引导幼儿从软件或数字化资源中获得知识与技能。这要求软件设计贴近幼儿的生活兴趣,选择幼儿生活中有趣的、发生在他们身边的、为他们所能理解的事或物来替代抽象化的知识与原理。幼儿教育软件资源开发时,宜用艺术的审美来增强幼儿软件资源的趣味性,用精美的画面、美妙的音乐使幼儿在轻松愉快的氛围中接受良好教育和启发。

4. 技术规范

技术规范包括技术标准规范、应用规范、操作控制规范等。技术标准规范指元数据的素材格式、开发技术、语言代码、传输接口等要有统一的技术标准,这是幼儿资源实现共享的前提,否则会造成资源的重复建设与浪费。技术应用规范指软件开发不能为了技术而技术,而要让技术成为实现幼儿教育目的的适宜性手段。操作控制的规范指幼儿教育软件的操作使用要简单、灵活、可靠。开发的课件、动画等内部系统结构要清晰简洁,体现交互性又不能烦琐,技术实现要可靠。因为软件的受用对象是幼儿,所以操作界面尽可能设计寓意明确的按钮和图

---

① 刘睿. 2009. 启蒙教育与人的全面发展. 学前教育研究,(7):36-39.

标，甚至配以按钮、图标的中文发音。

5.2.2 幼儿教育软件资源开发策略

1. 幼儿参与式开发方式

为了使开发的软件适宜幼儿的发展，我们提倡让幼儿参与软件的设计与开发的做法。20 世纪 70 年代末，信息化之父派珀特（Seymour Papert）及其同事首次将儿童以测试者的身份引入 Logo 语言的设计过程，开创了儿童参与软件设计的先河。[1]随后，有学者[2][3][4]分别对幼儿以设计者的身份参与软件的设计与开发进行了尝试性探索。研究结果认为幼儿不仅有能力参与软件设计，还能为软件设计带来意想不到的灵感与创意。第一，幼儿参与软件设计能够反映幼儿的声音、展现幼儿的视角、注入幼儿的想法，让幼儿教育软件更加符合幼儿的生理与心理特征，体现发展适宜性原则。第二，幼儿参与设计的过程也是幼儿一次很好的学习机会，软件的内容会对幼儿的发展起到积极推动作用。第三，幼儿参与软件设计与开发也能培养幼儿的信息素养。在开发过程中幼儿将对信息技术产生初步的认识并形成良好的兴趣。因此，幼儿参与软件的设计与开发是发展适宜性在幼儿教育软件设计中的最好体现方式。参与方式与具体做法的示例如表 5-6 所示。

表 5-6 幼儿参与式设计开发

参与方式	具体做法
情境式设计	前期分析走进幼儿生活，通过与幼儿接触，观察其行为与方式，搜集数据等
参与式设计	遵循相互学习、在实践中设计的原则，最大限度地让幼儿对软件的设计提出自己的看法等
信息提供式设计	设计者需要某方面信息时，要求儿童参与具体的任务等
合作询问式设计	通过不同学科领域的成人与幼儿间的代际合作平台使幼儿参与到软件设计中来。一般过程包括预期设定、头脑风暴、小组反思三个阶段

---

[1] 杨珊珊，郭力平. 2009. 论教育软件设计中儿童的参与. 中国电化教育，（6）：61-65.

[2] Kafai Y B，Carter C. 1997. Children as designers of educational multimedia software. Computers Education，(29)：117-126.

[3] Taxen G，Druin A，et al. 2001. Kidstory：A technology design partnership with children. Behaviour and Information Technology，(20)：119-125.

[4] Farber A，Druin A，et al. 2002. How young can our design partners be? Proceedings of the 2002 Participatory Design Conference. Malm，Sweden：Binder，Thomas，Gregory，Judith and Wagner，Ina.：272-276.

幼儿参与软件设计与开发是未来幼儿教育软件设计开发的一种非常有潜力的应用范式。注意，该方式与移情设计有较大区别，移情设计并不一定要求幼儿直接参与其中，它也可以是用设计者的智慧去分析获取幼儿的相关数据，也是一种比较好的幼儿教育软件设计开发方式，后面还要单独对它做进一步介绍。

2. 基于幼儿认知特点与习惯的设计思路

为了使制作的幼儿教育软件更加符合幼儿的发展特征与认知习惯，我们将从幼儿教育软件制作流程的各个环节分别提出相应的设计与开发方法。幼儿教育软件资源的设计开发与其他多媒体软件的设计开发流程基本上是一致的（图5-5），主要包括主题选择、教学设计、稿本设计、软件开发制作、试用测试评价5个环节[①]。

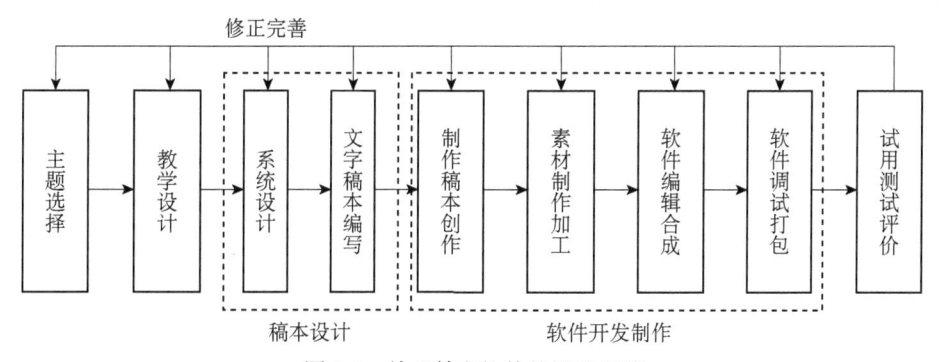

图5-5 幼儿教育软件的设计环节

（1）幼儿教育软件开发的主题选择

幼儿教育软件设计与开发的第一步就是确定主题，也就是该软件要实现什么教育目标，达到什么样的教育效果。主题确定之后方能围绕主题展开相应的设计。幼儿教育软件主题主要来源于幼儿园培养目标，但一个简单的软件或软件的某一模块，其主题不宜太多，最好只针对某个方面。选题具体可以通过解读《幼儿园工作规程》《3—6岁儿童学习与发展指南》等，选择其中的培养点，如以卫生习惯的培养、热爱家乡情感的培养等作为软件的主题。软件主题也可以依据幼儿园五大领域课程的教材内容来确定。幼儿园课程教材中的那些难以用语言和传统媒体表达的重点与难点，且宜用多媒体形式演示或分解的内容，可以作为

---

① 南国农，李运林，祝智庭. 2011. 信息化教育概论. 2版. 北京：高等教育出版社：174.

较好的开发主题。

（2）幼儿教育软件开发的教学设计

教学设计是用系统论的观点与方法、分析学习者的特征、确定教学内容与教学目标、选择与设计媒体信息、建立教学内容知识结构、设计相应的评价与总结的过程。在幼儿教育软件开发中的"教学设计"重点是分析幼儿特征，选定软件内容，分析内容呈现方式等。

1）幼儿特征分析涉及智力因素和非智力因素两个方面。智力因素有关的特征主要包括具备的知识基础、认知能力和认知结构变量；与非智力因素有关的特征主要包括幼儿的兴趣、动机、情感、意志和性格等。不同年龄的幼儿，其生理、心理的发展水平与接受能力相差很大，设计时必须具体分析软件针对的是哪个阶段的幼儿，以及该阶段幼儿的生理与心理特征。

2）幼儿教育软件内容的选择应重点考虑：①幼儿教育软件以发展适宜性为原则，选取幼儿身边的人或事、幼儿能认知与理解的素材或事件，并对其进行适当地加工与改编。②注重中华优秀传统文化，因为它反映民族特质和风貌的文化，是中华民族几千年的结晶，如儒家经典、唐诗宋词、民族戏剧、民谣曲赋等。它们对幼儿文明礼仪及道德习惯的教育具有很大的促进作用。③幼儿园办学特色指幼儿园在长期发展中形成的某方面稳定的、独特的优势品质，如德育、美术、舞蹈等优势特色。该主题资源的信息化一方面有利于幼儿园知名度的提升，另一方面有利于优质信息化资源的共建共享。④地方性区域特色的文化指某地区或幼儿园所在地特有的经典文化、传统文化、生活习俗等，如北京的京剧文化、甘肃的皮影文化、广东的民谣文化、开封的宋文化等。这些资源的数字化既能宣传地域特色，又能加深幼儿对自己家乡的认识，培养幼儿热爱家乡的情怀。

3）内容呈现策略主要是情境创设策略与活动设计策略。软件情境创设的主要目的是为幼儿提供一个完整的、真实的生活背景，以此为支撑启动教学，引起幼儿的注意，调动幼儿的积极性；同时支撑情境的表征与视听觉形式，还能促进幼儿在活动中与同伴、教师之间互动、交流与分享信息，从而实现幼儿的意义建构。幼儿教育软件的内容通常是幼儿生活经验的总结与提炼，有效的学习还必须把它还原到幼儿真实的情境中。幼儿活动的设计将在后面做具体分析，这里仅对幼儿活动设计需要关注的三个要素加以说明：一是活动的背景。描述活动的任务、规则、方式等。二是活动的组织。用具有吸引力的表征，为幼儿设置真实、富有挑战的任务。三是活动的操作空间。为幼儿完成活动提供一定的工具和引导等。

(3) 幼儿教育软件开发的稿本设计

幼儿教育软件稿本设计包括系统设计和文字稿本编写。系统设计包括超媒体结构设计、交互页面设计、导航策略设计等。首先，幼儿教育软件系统框架以软件知识点之间的相互关系及活动环节的顺序为主。软件键出信息、从一个页面进入另一个页面、返回主页、结束与退出链接不要太多。幼儿的思维是单维度的，过于复杂的系统链接会使幼儿迷糊进而影响幼儿的判断与学习效果。一般情况下幼儿教育软件的结构：一要简明清晰，如扇入（多少个上级模块可以直接调用该模块）、扇出（一个模块可直接调用的模块数量）不超过 3 个，宽度（同一层级的模块数量）、深度（软件的总层数）不超过 5 个等；二要节奏适当、舒缓平和，重要内容与故事情节可以多形式重复展现。其次，交互功能的引入，为画面组接提供多种链接方式，使得一组画面可以有选择地和多组画面中的一组进行连接①。软件交互能让幼儿通过鼠标、键盘、触摸设备与软件进行互动交流。软件交互的形式主要有菜单、按钮、图标、热键、窗口、对话框等。按钮、图标交互方式相对比较适合幼儿的认知水平与习惯，是相对比较合适的选择。尽管实践中幼儿与软件的交互很少且难以把握，但交互设计能让幼儿教育软件直观易懂、操作简单。最后是幼儿教育软件的导航设计。导航是软件提供的让幼儿及幼儿园教师顺利找到学习目标的路径提示，常见有检索导航、帮助导航、线索导航、导航图导航、书签导航等。幼儿教育软件导航策略主张采用热区方式，以形象化的图示放于界面显眼的位置并配以该功能语音，鼠标经过时发出相应声音。幼儿通过浏览、观察软件中的学习与活动信息网络结构图（通常为形象化图标、按钮等），找到自己需要的信息。

幼儿教育软件的文字稿本编写主要完成对幼儿教育软件中将要用到的文本、图形画面、视频动画等信息如何显示以及声音如何运用等工作进行细化说明。

1) 文本内容显示的语法规则。幼儿教育软件素材一般很少使用文本或使用

---

① 游泽清. 2003. 对信息化教学资料呈现规律的探讨（下）. 信息技术教育，(10)：101-102.

很小的文本等[①]。文本显示以观看清楚为原则,一方面,合理选择字体、字号、行间距、字间距等,使之符合幼儿的视觉习惯,每屏字的区域不要超过整屏的60%—70%;另一方面,合理选择色彩和明亮度,幼儿能识别的色彩有一定规律,色彩设计要巧妙利用反色与混色原理,避免颜色与背景的"顺色"现象,还要确保明亮级差在40级以上。[②]

2)静止图像内容的语法法则。静止图像有图形与图像两种类型,它们的艺术性优劣主要体现在平面构成和色彩构成的好坏。平面构图主要把握匀称、比例、对称及均衡等规律的应用。匀称指均匀和谐分布,比例如黄金分割比例等;对称指结构空间等形或重复出现;均衡指左右、上下、前后布局不等形而等量的情况,即双方虽然外形大小不同,但是视觉分量是对等的。在色彩运用上,色彩容量不宜超过5种,太多的色彩会增加幼儿的观看时间,引起幼儿的视觉疲劳,夸张的色彩变化会让幼儿感到不真实,且不利于幼儿注意力的保持。

3)运动画面内容的语法规则。画面运动的方式有多种,有镜头的运动,机位的运动,电脑特技实现的运动,还包括蒙太奇组接手法的运动感,但无论哪一种运动都遵循一个基本规律,即有序、和谐且符合幼儿的视觉经验与心理观看顺序。此外,幼儿的注意力只有几分钟时间,建议运动画面尽量采用短小的视频录像、形象的动画,或者多种方式的组合共同表达同一主题。

4)声音内容的语法规则。软件声音包括解说、音乐、音效等。由于幼儿的识字水平有限,解说是很关键的要素。幼儿教育软件的解说速度要慢,每秒钟不得超过3个,最好使用幼儿语气或直接由幼儿配音,可全文念读,也可字少念多。音乐主要用于烘托气氛、营造意境,起到重要的陪衬作用。虽然是陪衬元素,但也要做到:一是音乐要与主题基调一致;二是音乐要避免分散幼儿的注意力或让幼儿产生离题的遐想。音效主要由计算机或其他音频设备对需要的声音进行模拟,如关门声、动物的叫声等。音效应用既要做到真实细腻,又要符合幼儿的接受心理与听觉习惯,不能太过强烈与刺激。此外,音乐与音响在软件中建议尽量设计使用中更加人性化的"控制音量"和"开关"按钮。

---

① Lee C,Sherman G. 1999. Reviewing software as a means of enhancing instruction. Information Technology in Childhood Education Annual,(1):255-261.

② 游泽清. 2006. 走出屏幕上呈现文本媒体的误区. 中国电化教育,(1):80-81.

(4) 幼儿教育软件的开发制作

常用的软件开发工具可分为两类：一是素材处理工具软件，主要用于素材生成、美化、加工等；二是编辑合成工具软件，主要用于语言编写、素材集成、数据库支持等（表 5-7）。

表 5-7　常用的软件开发工具

素材类型	常用加工、编辑合成工具软件
文本	记事本、Word、WPS、PDF、Ultra Edit 等
图形图像	PhotoShop、Auto CAD、Illustrator 等
视频动画	Premiere、绘声绘影、爱剪辑、剪映、Focusky、3D Max、GIF Animator 等
声音音效	Audition、Cool Edit、Wave Edit、GoldWave、AvRack、Realtek 等
编辑合成	开发语言：Java、C/C++、O 语言、PHP、JSP、ASP、NET；数据库支持：MySQL、SQL Server、Oracle；常用的组合：PHP+MySQL、NET+SQL Server、Java+ Oracle 等

幼儿教育软件开发的实施环节倡导多元合作的模式。多元合作有利于优势组合，多方形成合力。幼儿教育软件资源的制作过程至少需要邀请三类人员的参与：一是教育技术专业技术人员，主要完成素材加工、平台搭建、软件编辑、软件维护与调试等工作；二是幼儿教育专业人员主要为软件制作提供幼儿教育知识的指导、素材设计、教学策略与方法设计等；三是幼儿教育机构人员，主要是幼儿园相关技术人员，他们提供良好的实践支持、幼儿发展特征与教师教学需求的数据、一线的经验、平台试用与使用的反馈等。在软件开发过程中，他们能发挥各自专业优势，共同完成幼儿教育软件资源的各项工作。

(5) 幼儿教育软件的试用测试评价

幼儿教育软件开发制作完成后，在被投入市场应用之前，不仅要邀请幼儿园教师、幼儿进行试用，还要邀请软件开发专业人员测试运行参数与稳定性，根据试用测试反馈及观察幼儿的应用情况，对软件提出修改意见并进行相应的完善。其中，幼儿参与软件测试过程也是发展适宜性教育理念的重要体现。

5.2.3　幼儿教育软件资源适宜性开发模式

结合幼儿教育软件资源设计的原则与策略，这里介绍三种较为实用的幼儿教育软件资源的设计与开发模式。

1. 娱教式设计开发模式

不同于"寓教","娱教"一词由国外翻译而来,英文为"edutainment",是"education"(教育)和"entertainment"(娱乐)两个词的组合。娱教技术是以尊重学习者当前的生活价值为基础,通过创建、使用与管理恰当的技术过程和资源促进"学习者生活体验和乐趣"与"教育目的和手段"相融合的理论与实践。[①]国内学者常把它理解为一种理念,以幼儿教育软件开发为例,娱教式设计是在尊重幼儿生活的前提下,把幼儿的生命体验与乐趣转变为幼儿数字化资源内容与过程的统筹规划。

娱教式设计开发幼儿教育软件的核心包括:①隐性的教育目标与内容。把幼儿的教育内容融合到幼儿游戏或活动中,让软件或资源被使用时不知不觉地达到教育的目的。②适宜的交互。没有交互性就没有反馈效应(对结果的了解能强化学习者的投入与效率),幼儿就很难被设计的软件或资源吸引。幼儿与幼儿教育软件资源的"对话"能增强幼儿活动的趣味性。③引人入胜的界面。资源呈现界面要做到友好、美观、卡通及幼儿化,尽量吸引幼儿的注意。娱教式设计开发的关键环节,一是尊重幼儿的权利,把资源受用对象视为独立、完整的人,选择幼儿喜欢的方式去表达软件内容,通常采用故事、操作、音乐、角色扮演、游戏、活动等形式。二是努力构思创设富有乐趣、人性化的软件或资源意境。软件设计前,设计者首先对幼儿进行心理特征分析,精心设计和挑选软件开发需要的素材,巧妙运用交互策略,合理安排内容组织结构及导航等。优美、好玩的界面能够激发幼儿的兴趣,进而达到娱教的目的。三是设计过程中通盘考虑娱乐性与教育性的平衡问题,这也是娱教式设计指导幼儿信息化软件设计的关键。娱教类软件资源的设计与开发,若娱乐的成分过多,软件或资源的应用就会变成一次简单的娱乐行为,从而遗失教育的价值;倘若教育的目的性过于明确突出,又会降低幼儿的兴趣感,压抑幼儿的积极性。如何把握二者的比例,笔者认为对于幼儿教育软件而言,则是"三分教育,七分娱乐",甚至娱乐的成分可以再多一些,这样更加契合幼儿园教育活动的特点——游戏化。

2. 移情式设计开发模式

"移情"是心理学术语,最早由德国心理学家利普斯(T. Lipps)提出。心理

[①] 祝智庭,邓鹏,孙莅文.2005. 娱乐技术:教育技术的新领地. 中国电化教育,(5):11-14.

学界认为人的认识领域存在"物""自我""他者的自我"三种心理成分。"物"一般需要通过知觉来理解,"自我"需要通过内部知觉才能理解,"他者的自我"则必须通过移情方式来理解。移情是一个人感受到他人的情感、知觉和思想的一种心理现象。移情式设计是一种重要的产品设计方式,也用于指导教育技术学游戏软件的设计与开发。移情式设计开发幼儿教育软件的核心理念是理解幼儿、基于幼儿发展、以幼儿为中心。

移情式设计开发模式最关键的环节在于如何解决移情的问题。研究认为,为了充分理解用户的体验,至少有三种方法可以被应用:语言数据("说",表达人们知道的和思考的)、行为数据("做",观察人们是怎么操作和使用的),以及情感和梦想的数据("想",描述当前体验的非语言化的结构性方法,包括知觉、感觉、梦想等)[①],三者之间的层级关系及体验模型如图 5-6 所示。

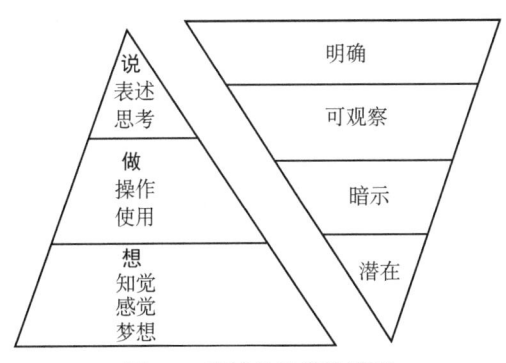

图 5-6 移情体验设计模型

出色的幼儿教育软件应准确了解幼儿使用软件中的状态及幼儿使用软件的体验。幼儿教育软件设计时,设计者要善于收集幼儿对该软件相关问题的描述性数据、观察幼儿操作与使用行为的数据以及想象幼儿所感知的使用体验数据,这些数据是开发"以幼儿为中心"软件的基础。幼儿教育软件的开发是根据幼儿发展需求创建软件系统或软件部分的过程,一般包括前期策划、幼儿发展需求分析、资源设计、技术实现、测试与评价、软件应用推广等环节。下面从一般性软件的开发过程简要说明移情式设计开发模式的应用(图 5-7)。

---

① 科斯基宁, 等. 2011. 移情设计:产品设计中的用户体验. 孙远波, 姜静, 耿晓杰译. 北京:中国建筑工业出版社:30.

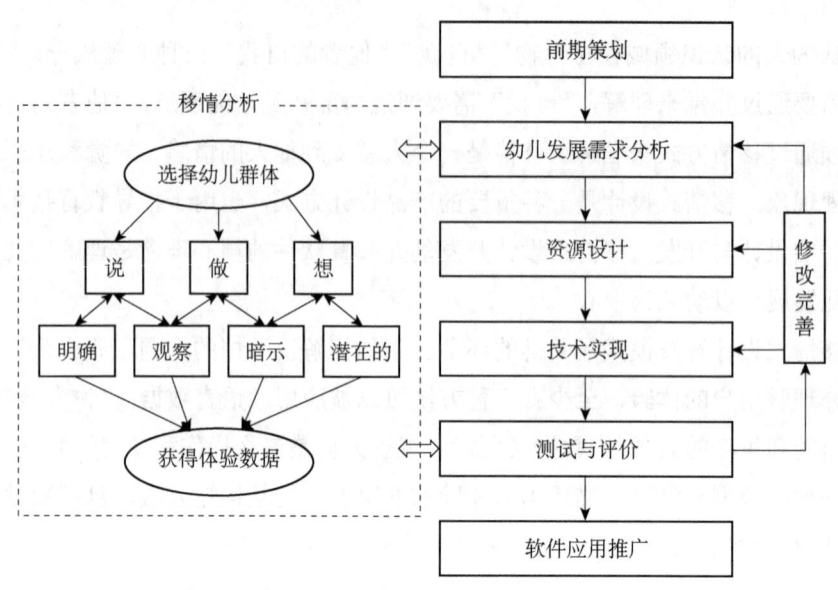

图 5-7　幼儿教育软件移情式设计开发模式的应用

移情式设计开发模式在幼儿需求分析环节的主要任务是掌握幼儿信息化学习特征。幼儿教育软件的受用对象是幼儿，移情分析时既要选取那些经常使用信息化软件的幼儿，又要选择一部分未来将使用信息化软件的幼儿以及具有某些特殊需要的幼儿群体，后两类幼儿的参与能为幼儿教育软件设计者提供更加有效的设计灵感。[①]根据移情式设计开发模式，常用的移情策略有：①通过记录分析幼儿的表述和思考，获取幼儿明确的或可观察的体验；②通过幼儿在日常活动中操作、使用软件的行为，获得幼儿可直接观察到的体验或操作使用行为所暗示的体验；③分析幼儿使用信息化软件的所"想"（知觉、感觉、梦想），深度发掘幼儿对信息化软件的认知与情感体验。通过这一系列过程，幼儿教育软件设计者将详细了解幼儿对教育软件资源的"他我体验"，这是移情设计的重要数据。那么，接下来的主要任务就是通过幼儿的移情分析，设计信息化软件的模块划分、组织结构、层次结构、逻辑调用关系等。在幼儿教育软件开发的测试与评价环节，软件设计者还将再次运用移情分析策略进一步完善幼儿教育软件的设计等。移情式设计开发需要特别强调的是关于"想"的数据获取策略，主要操作工具有"情感工具"和"认知工具"两种，前者如可视化建构技术等，后者如心理地图等。通

---

① 赵慧臣. 2013. 幼儿数字化学习资源的移情式设计. 电化教育研究，（10）：33-39.

过上述分析，使用移情式设计开发模式的关键是：科学地选择幼儿群体、正确地使用移情策略与工具、恰当地将移情分析数据融于软件设计中。

3. 启发式设计开发模式

"启发式设计"与"启发式教学"，虽然二者的内涵和应用领域不尽相同，但却具有相同的指导思想。启发式教学源远流长，在中国两千多年前就有《学记》"不愤不启，不悱不发"的记载，古希腊学者苏格拉底约在公元前 400 年也提出过"产婆术教学法"，即今天的启发式教学。启发式教学更多地被人们看作一种教学指导策略[1]。相对传统教学，启发式教学要求教师充分调动学生的学习热情和积极主动性，最大限度地巧妙启发和引导学生真正有效参与教学活动[2]。"启者开其意，发者达其辞"，启发的基本内涵是：根据学习者的实际，采用一定的情境手段，引导学习者积极主动学习的一种做法。在工程学界，启发还是一套数字化软件或资源的设计开发规则。启发式设计开发幼儿资源的重点有两个方面：幼儿教育软件内容在组织上的启发式教学设计、教育软件系统架构的启发式原则应用。

"启"是幼儿教育软件内容与结构的体现，"发"是幼儿使用软件过程中内心认知活动的体现，幼儿教育软件的设计与开发要赋予软件"启"的基本属性和"发"的潜在特质。启发式设计模式以"幼儿"为中心选择软件的内容及呈现方式，一是要符合幼儿的年龄特征，二是内容选材要求简单、典型、直观形象且适合用画面语言表达。在软件内容素材的组织上，应尽可能多地创设启发式的认知情境。常用手段主要有启发式问题、启发式讲授、启发式示范等。启发式问题是通过预先设计的一系列具有内在关联的提问，使幼儿的注意力集中在软件的某一问题上，从而调动幼儿学习与参与教学活动的积极性，促使幼儿自愿地去探究知识、操练技能。但在软件设计中，提问并不完全等同于启发，启发式问题还要创建一定的情境认知空间，即为幼儿充分想象与交互提供可能。启发式讲授则是对幼儿园课程中的一些原理、方法、客观事物等内容，在讲授时采用形象化、艺术化的表达，如加强比喻、拟人、抒情的运用等。启发式示范主要对幼儿教育活动

---

[1] 张忠华，周阳. 2009. 对启发式教学几个问题的探索. 教育学刊，(2)：50-52.
[2] 李艳征，吴婷婷. 2020. 启发式教学需做到"三结合". 中国教育学刊，(6)：103.

实施引导性操作。针对幼儿教育软件中的一些技能实践性教育，如剪纸、体操等，设计时遵循"边示范边讲解、正误操作相结合"的策略。逼真的错误示范对于幼儿也能起到良好的启发作用。幼儿在使用软件时能通过对比、甄别，对正确的操作或运动形成更加深刻的印象。

启发式思想在计算机工程软件研发中也演绎出一种自我发现能力或者运用某种方式方法去判定事物知识和技能的优化设计模式。它能优化软件的结构，使其更加适合幼儿的思维，对幼儿教育软件设计与开发具有重要的指导价值。针对幼儿教育软件系统结构设计，具体要求：①单个模块的规模要适中且相对独立。心理学研究表明单个模块最好控制在一页"纸或界面"内，超过这个范围就会超出幼儿的理解程度。模块若太小，就会增加接口的复杂性，降低软件的稳定性，因此，要通过分解、合并手段降低模块间的耦合，如共有模块内容可以单独设计成独立的模块。②幼儿教育软件模块间的接口要尽可能简单，多设计单入口、单出口的模块。既确保软件模块的进入与退出方便、容易，也确保接口间的信息传递简单、高效，与模块功能相一致等。③幼儿教育软件的系统架构，如模块的扇入、扇出、宽度、深度等要适中，符合幼儿的认知能力。根据幼儿心智特点，笔者认为扇入、扇出以不超过 3 个为宜，宽度、深度以不超过 5 个为宜。启发式设计开发模式在幼儿教育软件的内容与结构设计开发上具有非常实用的指导价值。

以上模式是具有发展适宜性特色的幼儿教育软件设计与开发模式。需要指出的是，模式的价值不在于提供具体的操作步骤或临摹框架，而在于提供思考该问题的方式或视角。在幼儿教育软件设计与开发实践中，设计者和幼儿教育者要深入领会模式背后的精神，依据具体需要灵活运用，或重组，或调整，或删减。

5.3　信息技术在幼儿教育活动中的应用：幼儿园课程融合

信息技术在幼儿教育中应用的关键在课堂，课堂的核心工作是开展幼儿活动课程。幼儿教育信息化关键在于信息技术与幼儿园课程融合。课程融合、活动信息化、课堂教学媒体选择与应用是幼儿教育信息化的重要体现。

5.3.1 信息技术与幼儿园课程（活动）融合概念

"课程整合理念"来源于西方，"整合"的英文单词是"integration"，在汉语中有"使一体化、集成、结合"的意思，把它翻译成"融合"较"整合"更能显示技术与课程之间的渗透性与结合力。国内有关信息技术与课程整合的研究可谓数不胜数，但最为系统地提出整合的目标、内涵、指导理论、原则与方法、应用模式者当数北京师范大学的何克抗等。何克抗认为，"信息技术与课程整合就是将信息技术有效融入于各学科的教学过程，营造一种信息化教学环境，实现一种既能发挥教师主导又能充分体现学生主体地位的教与学方式（自主、探究、合作），使传统教学结构发生根本性的变革"[①]。那么，这个概念是否也适用于幼儿教育领域？何克抗提出信息技术与课程整合主要是出于对"基础"教育改革的考虑。传统教育模式以教师为中心传递知识与技能，学生接受知识与技能、应用知识与技能，培养出的毕业生大多数是应用型人才，缺乏解决问题的能力和创新能力。这已经影响到中国在国际经济发展中的竞争力。伴随信息技术应用普及，运用信息技术手段转变教育的这种劣势现况，实施素质教育已是教育改革与发展的趋势选择。

信息技术在教育中应用（教育信息化）的核心是信息技术与课程整合。这些整合的背景与幼儿教育面临的环境虽有许多相似之处，但幼儿教育有其幼儿教育的特殊性，可以肯定地说，把上述整合理念直接移植到幼儿教育领域是不太合适的。第一，幼儿教育的培养目标是促进幼儿机体协调健康发展，启蒙智力发展，形成良好的性格，培养正确的审美意识等，与传递学科知识与技能的要求很不相同。第二，幼儿教育素来以"幼儿"为中心，强调幼儿园教师启蒙、幼儿自主发展，幼儿教育的教学结构与基础教育有较大差别。第三，实现教育目标的手段与途径不同。幼儿教育依托健康、语言、科学、社会、艺术五大领域课程，以活动与游戏形式展开，基础教育则依托学科知识与技能，以课堂教学与学生探究为主展开。因此，信息技术与幼儿园课程融合就是将信息技术融入幼儿园五大课程领域的各类教育活动中，创设适宜的数字化学习环境，支持幼儿的学习与认知，促

---

① 何克抗. 2008. 信息技术与课程深层次整合理论. 北京：北京师范大学出版社：5.

进幼儿全面发展的一种新型教育形态。整合的本质在于通过信息技术优化幼儿教育的过程，促进幼儿的适宜性发展。

5.3.2 信息技术与幼儿园课程（活动）融合层次

对于课程融合，我们经常听到这样一种说法："信息技术与课程整合不是'盖浇饭'，而是'扬州炒饭'。"如今一些学者觉得"扬州炒饭"也还不能准确表述信息技术与课程深层次整合的寓意，信息技术与课程应是"糖"与"水"的关系，糖加在水里之后，糖"消融"了，水变"甜"了。这个看似简单的道理不仅揭示了整合的本质，还体现了整合的发展阶段与层次。

信息技术与幼儿课程整合存在阶段与层次之分。我们把它依次划分为幼儿信息技术能力培养阶段、信息技术辅助幼儿教育阶段、信息技术与幼儿课程融合阶段三个发展阶段。第一个阶段表现为计算机等信息技术进入幼儿园，主要用于幼儿信息素养的培养，是计算机等信息技术本位的融合。第二个阶段随着信息技术的深入，信息技术逐渐成为幼儿园教师开展幼儿活动与教学的辅助工具，如幼儿园教师使用计算机、Internet 等技术搜集教学资料、解决课堂重难点以及帮助安排教学计划等。第三个阶段是幼儿教育信息化应用的高级阶段，它又可以再细分为三个层次，分别是以五大领域为中心的课程融合、以资源环境为中心的幼儿园课程融合、幼儿园课程本位的课程融合。第一层次的明显特征是信息技术用于支持幼儿园五大领域课程的教学，表现为信息技术更加系统地支持幼儿园科学、音乐、美术、数学、语言、健康等课程的游戏、教学活动等。第二层次的明显特征是信息技术作为环境与资源的概念为实现幼儿园教师对课程的教和幼儿对课程的学等提供有效的支持，幼儿园拥有相对丰富的优质信息化资源，以支持幼儿的全面发展，彰显幼儿的中心地位。第三层次的明显特征是信息技术完全融于课程中，课程及其学习活动实现了深层信息化，如教材实现立体化、以幼儿发展为中心的技术支持、幼儿活动的自主化等。从目前对幼儿园的调研分析来看，大部分幼儿园的信息技术课程教学应用处在第二阶段到第三阶段第一层次之间。

5.3.3 信息技术与幼儿园课程（活动）融合途径

1. 融合途径分析

信息技术与幼儿园课程融合的途径，为幼儿园课程整合提供努力的方向与实施的方式。当前较有影响的信息技术与幼儿园课程融合的原则与方法有以下两种。

图5-8为幼儿教育专家郭力平提出的"融合"的七条途径及其关系，它可以概括为在适宜理论（特别是建构主义）的指导下，以课程信息化资源为前提，把握"要素和谐统一"与"信息技术作为教与学工具"的思想，重点做好三件事：构建学科整合模式、提出活动和媒体的整合策略、实现学科间的整合应用。图5-9是幼儿教育专家冯晓霞提出的计算机与幼儿园课程融合的六条基本途径，它体现了"幼儿园课程融合"是一个"感知设备—探索应用—开展主题活动—生成主题活动—辅助课程教学—成为教与学工具"的循序渐进的过程。这些融合理论分别从不同的视角提出了整合的途径与方法，都是信息技术与幼儿园课程融合的重要方法论，但"教无定法，贵在得法"，信息技术与幼儿园课程融合永远没有最完美的路径与方法。

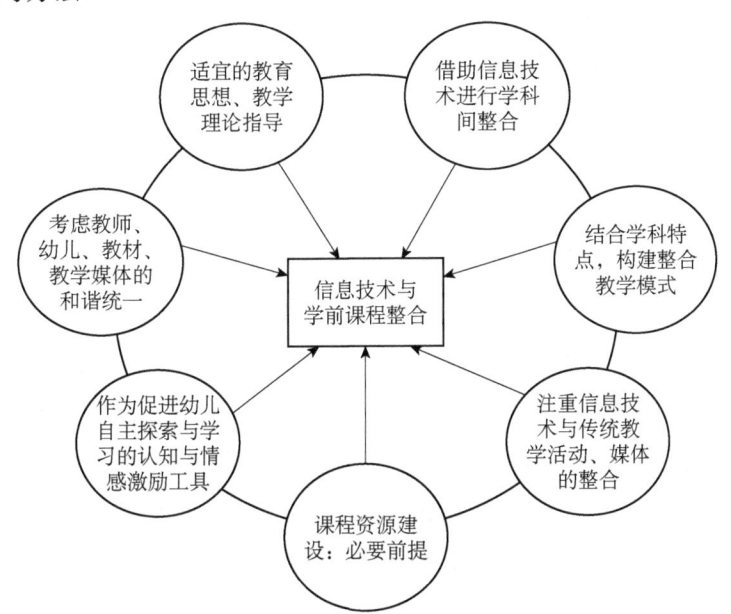

图5-8 信息技术与学前课程整合的原则与方法

资料来源：郭力平. 2007. 信息技术与早期教育. 上海：华东师范大学出版社：144-145.

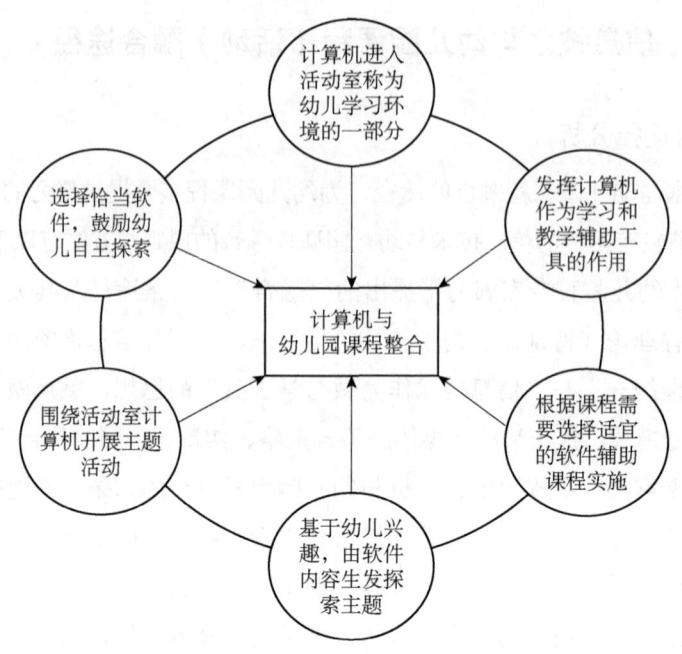

图 5-9　计算机与幼儿园课程整合的方法
资料来源：冯晓霞.2010.计算机与幼儿教育.北京：人民教育出版社：62-68.

上述融合途径主要借鉴了基础教育课程融合的经验与方法，虽然提出了融合的科学框架，但在具体方法上未能充分体现出幼儿园课程的特殊性。为了形成适合幼儿教育的行之有效的整合原则与方法，融合策略的提出还应结合幼儿园课程的特点：①幼儿园课程以幼儿发展为价值取向，即幼儿课程尊重幼儿的本性，把幼儿视为一个知、行、意、情合一的人，尊重幼儿的发展水平、能力、经验及认知方式；②幼儿园课程比较注重对幼儿终身学习及发展品质的关注，即课程设计以培养幼儿学习乐趣与兴趣为主，注重对幼儿获取知识、更新知识能力的培养，注重幼儿与他人的合作品质、交往品质的养成；③幼儿课程的实施以丰富的活动环境为前提，即活动环境是课程实施的主要形式，创设丰富的环境有利于课程目标的实现。此外，原则与途径、方法之间是有很大区别的，原则指行为、处事所遵循的标准或法则，途径是解决问题的框架与通道，方法则是为了达到某个目的而采取的行为方式、步骤、手段等的总称。原则是行为的依据，相当于基本的立场，途径是问题解决的方向与渠道，方法是在原则的前提下采取的相对具体的措施，途径与方法常常放在一起表达相同的意思。

2. 融合理念分析

通过上述分析，信息技术与幼儿园课程融合必须把握如下理念。

（1）适宜性

"幼儿发展适宜性"是由全美幼教协会应对国内幼儿教育普遍存在的"小学化"现象而提出来的对策。信息技术促进幼儿园课程的实施有必要恪守这一原则。要求信息技术课程活动设计应适宜3—6岁幼儿发展的特点与需要，符合幼儿的习惯。

（2）自然性

自然性是说，教学中使用技术就像使用黑板粉笔一样自然流畅，不矫揉、不造作，让信息技术真正融入幼儿园课程的教学，成为教学有机的组成部分。信息技术运用应以教学活动过程为中心，以课程目标为指导，既不盲目追求高新技术，也不排斥一切传统教学形式和传统教学媒体。

（3）环境性

信息技术不只是幼儿教师实施课程的教学辅助工具与学生学习课程知识技能的认知工具，更是一种环境的概念，是幼儿园环境的一部分。整合的关键在于用信息技术手段创设适合幼儿发展的环境，包括幼儿园硬件资源环境、软件资源环境，以及由二者共同营造出的人文环境。

3. 融合途径与方法

信息技术与幼儿园课程融合的途径与方法应以幼儿发展适宜性理论为指导，建设丰富的幼儿园课程信息化资源，用活动设计的理念，构建针对课程领域的应用模式。

（1）选择适宜的指导理论

理论的重要价值在于指导实践，没有理论指导的融合是盲目的教育实践行为。指导理论若选择的合适，融合则能达到事半功倍的效果。幼儿发展适宜性理论告诉我们，适宜不等于前沿与最新，"适"指符合实际情况或现实需要，"宜"指恰到好处、相吻合。与"信息技术与幼儿园课程融合"相适宜的指导理论主要来源于幼儿教育发展理论，《3—6岁儿童学习与幼儿发展指南》《幼儿园教育指导纲要》等文件反映出的幼儿教育指导思想，信息技术与学前课程融合的本质论等。①幼儿教育发展理论：一是学前教育学科依据幼儿生理与心理特点形成的德、智、体、美等教育的经典原则；二是一些幼儿学习理论，尤其是建构主义，它强调以儿童为中心，强调"整体学习环境"的设计，强调"情境""协商""过程"对建构的意义。②《3—6岁儿童学习与幼儿发展指南》《幼儿园教育指导纲要》蕴含的一些幼儿培养的思想：各阶段幼儿发展的起点与目标、教育的内容与要求、实现的策略与评价等，能为信息技术与学前课程融合提供重要的尺度参考。③信息技术与学前课程融合的本质论包括融合的目标、融合的内涵、融合的途径与方法等相关理论。

（2）建设丰富的幼儿园课程资源

幼儿教育主题活动需要建设大量数字化课程资源来支持，强调建设资源并不是要求每位幼儿园教师都去开发资源，当然，没有大家的共同努力也就谈不上丰富的资源，但对于某一主题资源或某一幼儿园资源库，则可以通过网络下载、购买、共享等方式获得。课程资源与一般的数字化资源不同，它主要用于支持课程的实施，与课程主题一致或相近。幼儿园课程资源包括教师课程资源、家长课程资源、幼儿课程资源。教师课程资源是对课程主题活动开发的"助教"资源，能为幼儿园教师开展课程教学提供支持。家长课程资源主要提供家庭教育支持服务，让幼儿家长参与幼儿的培养，了解幼儿的学习与发展情况，了解幼儿成长的基本规律等。幼儿课程资源是指为了支持幼儿对课程的学习而开发的资源，常见的是幼儿游戏与活动软件等。幼儿课程资源有利于幼儿对课程内容的探索。

（3）运用信息化幼儿活动设计思路

幼儿在幼儿园生活基本上由各类活动组成。活动是幼儿园教育的最大特点，也是信息技术与幼儿园课程融合所提倡的形式。幼儿园活动主要包括三类：教育活动、游戏活动、生活活动。其中，生活活动是指满足幼儿基本生活需要的活动，如进餐活动、作息活动等，它的目的是培养幼儿良好的习惯。因此，本书仅探讨前两类活动的设计。幼儿园信息技术支持的幼儿活动设计就是从幼儿参与的视角，对幼儿园课程目标、内容、媒介、教学策略等进行信息化编制与处理。技术支持的幼儿教学活动设计环节如表5-8所示。

表 5-8 技术支持的幼儿教学活动设计环节

活动步骤	活动环节	具体内容与要求
第一步	活动名称确定	简单阐明活动所属领域、年级等主要内容
第二步	活动目标设计	活动目标可根据《3—6岁儿童学习与幼儿发展指南》按照一定的角度逐层细化，表述要比较具体、可操作与检验，内容包括认知方面的、能力方面的、情感方面的、信息素养方面的等
第三步	活动准备设计	包括经验准备（了解幼儿已有水平、经验等）、精神准备（意识到活动的流程、重难点等）、媒体准备（信息技术工具、传统玩具等）
第四步	活动重难点设计	预测活动可能遇到的问题与困难及解决策略，活动的关键点在哪以及强化的策略，分析信息技术在哪些地方能提供更加适宜的活动支架与助学手段
第五步	活动过程设计	包括导入部分、基本部分、结束部分等的设计。导入部分一般采用信息技术创设一定的情境。基本部分是活动的重点，技术应用的地方要给予适当的安全与应用指导，让幼儿在技术与实物共同营造的情境氛围中完成活动达到目标，要突出幼儿的参与度及媒体的应用。结束部分也比较适合使用技术手段，如作品展现、过程展示
第六步	活动反思与评价	主要是活动效果的评定及教师的自我审视，通过可观察的幼儿状态，评价完成活动目标的程度。反思技术应用的优势与劣势，记下成功的经验，提出今后有待提高的建议

关于如何设计计算机区角活动、信息化教育游戏活动将在后面的章节做更为详细的介绍。

（4）构建针对领域课程的整合模式

幼儿园课程有艺术、健康、社会、科学、语言五大领域，它们通过不同课程形式加以体现，如艺术领域又分美术与舞蹈等，语言领域又分拼音与英语等。这些课程的教学模式虽然有一定的通用性，但不同领域的培养目标与实现途径不同，即便在同一领域，由于课程设置不同，使用的原则与方法也不同。对于不同领域的课程，在遵循融合原则的前提下，教育者要针对学科特点灵活多样地运用信息技术，构建具有学科特色的教学模式，如信息技术与幼儿语言整合模式的创建、信息技术与幼儿艺术整合模式的创建等。在目前幼儿信息化教育阶段，这些教学模式能有效地引导幼儿园教师积极开展教学整合实践。

5.3.4 发展适宜性视角下的技术模型

技术选择是教学设计中技术应用的关键环节，对于教师而言，在课前如何选择适宜的技术（媒体或软件）是影响教学效果的关键。

1. 技术应用模型构建

全美幼教协会发布的 1996 年和 2012 年立场报告中均强调，在幼儿教育信息化教学中，幼儿教师的专业化判断至关重要，是应用信息技术和交互式媒介开展幼儿教学活动的基础。本书在梳理中外文献的基础上，总结出幼儿教育信息化教学过程的要素包括软件、游戏、幼儿活动设计、活动评价、实践反思。根据上述"基础"和"要素"进行归纳，提出幼儿教育信息化技术模型，用以指导幼儿教育信息化的应用实践（图5-10）。

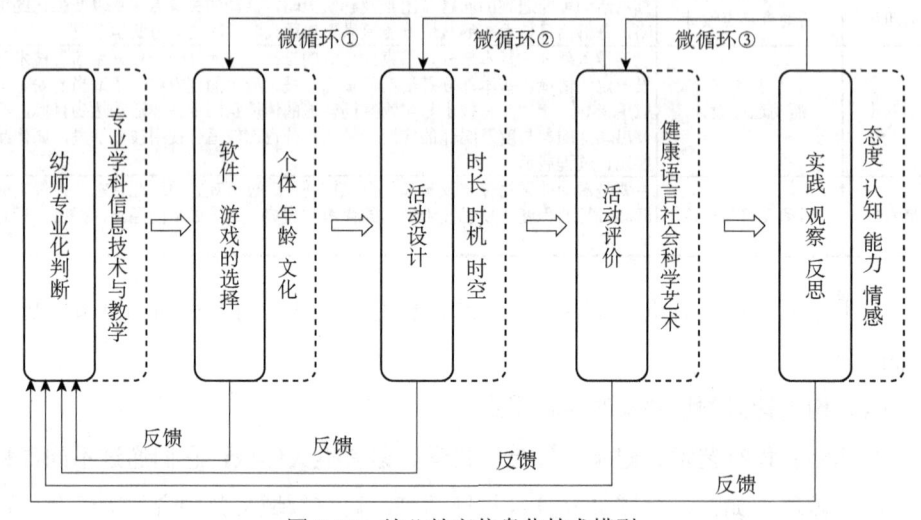

图 5-10　幼儿教育信息化技术模型

　　幼儿教育信息化技术模型的构建有利于幼儿园教师厘清幼儿教育信息化诸要素之间的关系，帮助幼儿园教师逐步梳理形成完整的过程环节。第一，每次实施信息化教学都要有教师的专业化判断，这需要幼儿园教师长期形成的综合能力，包括专业知识、学科知识、信息技术知识和信息技术教学应用知识等。每次活动的实施都是对幼儿园教师专业化判断能力的锻炼。第二，具备专业化判断能力的幼儿园教师需要进行软件或游戏的选择，此时必须强调幼儿发展适宜性理论，即充分考虑幼儿的个体适宜性、年龄适宜性、心理适宜性、文化适宜性。有了符合幼儿身心发展规律的适宜的软件或游戏，还需要进行合理的活动设计，需要考虑开展活动的时长、时机、时空等，活动设计要充分考虑软件和游戏的四个适性，不断反馈信息至软件或游戏选择环节，构成第一个微循环。由于幼儿活动大多是围绕健康、语言、社会、科学、艺术五大领域展开的，因此教学活动评价必须从具体学科出发，结合活动设计形成第二个微循环。第三，需要幼儿园教师在实践中不断观察并勤于反思，观察幼儿的学习态度、幼儿的认知状况、幼儿的动手能力和语言表达能力、幼儿的情感表现等，构成第三个微循环。观察的数据信息可以通过第三个微循环及时反馈，为活动评价提供依据。幼儿教育信息化教学过程的主要环节所积累的经验通过三次微循环逐渐丰富和完善，并最终转化为幼儿教师专业化判断能力，为进一步开展幼儿教育信息化工作奠定基础。

2. 交互式媒介及其适宜性选择：以交互式音频为例

随着信息技术、通信技术、网络技术的不断发展，大量的新兴媒介应运而生，在教育的每个阶段，都有不同的媒体介入，传递教育教学信息，但并非所有媒介都适合每个教育阶段，不同教育阶段有不同的媒体适宜性，因此媒体的适宜性选择就显得尤为重要。全美幼教协会发布的2012年立场报告中强调要应用交互式技术和媒介，这与教育所要求的生生交互、师生交互不谋而合，表明幼教阶段媒体和技术的选择要考虑教育取向性，幼儿只有通过与教师、同伴、学习材料之间的积极交流与互动才能实现自身对环境、社会等多方面的认知。报告指出，"交互式媒介"主要指一些数字材料和模拟材料，如应用软件（App）、广播和流媒体、部分儿童电视节目、电子书、Internet等，这些材料能更好地调动儿童的主动性，促进他们与他人（包括儿童与成人）的社会交往。非交互式媒介容易导致幼儿的被动观看和暴露于视频的时间过长；交互式媒介旨在调动使用者的主动性与参与性，并增进与他人的互动、交流与合作。

根据教育所具有的交互性，建议在常见的九大类媒介中应用教育取向原则分阶段选择适宜学生发展的媒介（图5-11）：传统教具、广播媒体、电视媒介、计算机、平板电脑、智能手机、电子白板、网络媒介、电子玩具，这九大类媒介分别适宜于不同学段的学生。图5-11清晰地显示：学段越低，可选择的适宜媒体就越少。

在四个教育阶段的媒介选择对比中可以发现，"传统教具、广播媒体"是四个阶段均适宜的交互式媒介。传统教具包括各种挂图、黑板、粉笔等。"广播媒体"（radio broadcasting）是指通过无线电波或导线传送声音的新闻传播工具，诞生于20世纪20年代。其中，通过无线电波传送节目的称无线广播，通过导线传送节目的称有线广播；只播送声音的，称为声音广播，也就是通常所说的广播，被列入广播媒体；播出图像和声音的，叫电视广播，也就是通常所说的电视，被列入电视媒介。广播的优势是"广而播之",其接收对象广泛,传播迅速,功能多样,感染力强;其劣势是其传输信息稍纵即逝,顺序收听,不易选择,对语言理解的依赖性强。音频是指存储声音内容的文件。音频的特点是存储与编辑方便,存储成本低廉,可选择收听等。对比后发现,音频与广播是包含与被包含的关系,音频在教育中的应用可塑性比广播更强。因此,本书将以音频为例探讨交互式媒介在幼儿教育中的选择与应用策略。

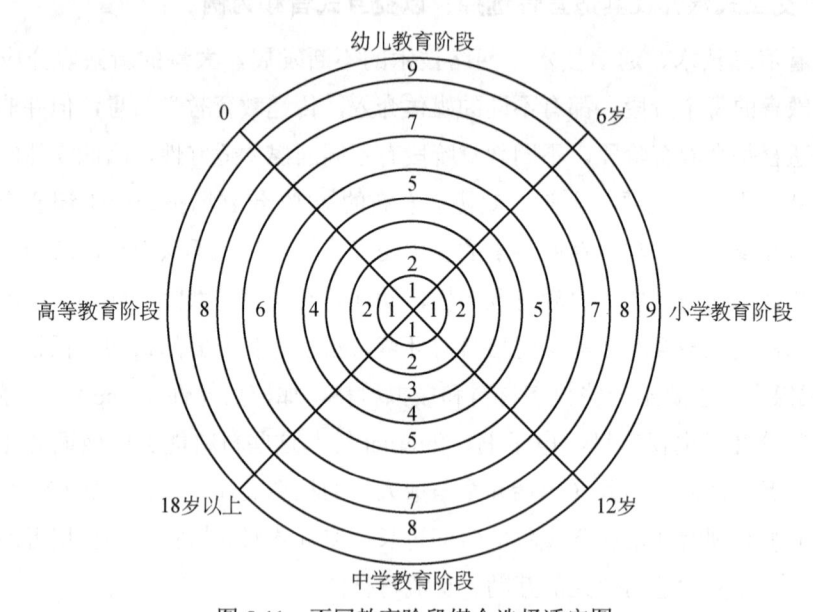

图 5-11　不同教育阶段媒介选择适宜图

注:1.传统教具 2.广播媒体 3.电视媒介 4.计算机 5.平板电脑 6.智能手机 7.电子白板 8.网络媒介 9.电子玩具

交互式音频媒体集合了音频与其他传播载体的优势,成为幼儿教育学段最佳的适应性媒体,也是幼儿教育教师的有力工具。因交互式音频媒体种类众多,如何适宜的选择应用成为需要解决的问题。根据不同交互式音频媒体的特点与应用范围,幼儿园教师可从媒体的特点出发,选择交互式音频媒体,如表 5-9 所示。

表 5-9　交互式音频媒体选择策略

交互式音频媒体种类	特点	选择策略
音频与语音协同交互	保护视力,开发想象	理解性知识;开放性任务
音频与广播协同交互	受众面广,成本低廉	宣传类课程;家长与学生共同参与的集体性活动
音频与直播协同交互	实时互动,双向交流	线上;兴趣培训类课程

续表

交互式音频媒体种类	特点	选择策略
音频与录播协同交互	灵活设计，内容丰富	课中；英语听力、汉语拼音识记类课程
音频与场馆协同交互	临场感强，生动形象	科普类活动、知识拓展
音频与App协同交互	角色多元，海量资源	课后任务类、兴趣培养
音频与图片协同交互	绘声绘色，激发兴趣	课外阅读、知识识记
……	……	……

促进幼儿教育信息化的音频媒体适宜性选择包括以下几个方面。

（1）适宜媒体的教学素材开发：自主开发园本音频素材

目前，幼儿园幼儿音频素材的来源主要是购买、引进、开发制作三种方式。除了精选购买幼儿广播剧、引进幼儿广播节目以外，应该鼓励幼儿园教师开发符合本园特色、幼儿发展规律的音频素材，制作音频系列节目等。这些音频可以在生活和学习等方面发挥积极的作用。例如当幼儿生病无法入园时，教师录制的健康鼓励广播剧便可发挥作用。

（2）适宜媒体的空间环境设计：创设空间立体化音频环境

在幼儿园空间环境设计时，应充分考虑音频媒体的设计与安装，为幼儿活动创设情境，如根据幼儿园内不同空间的不同功能录制音频材料，实现每个空间的自动讲解、友情提示等，例如洗手间设置提示音频，提醒小朋友认真洗手、告知勤洗手的好处，适时进行健康习惯教育。休息间可为幼儿播放催眠曲或者舒缓的轻音乐，使幼儿在休息的同时受到艺术的熏陶。

（3）适宜媒体的活动设计：辅助开展游戏活动，锻炼幼儿想象力

游戏是幼儿教育的重要形式，音频媒体的合理设计能够辅助游戏活动的开展，为幼儿模拟自然环境，启发幼儿想象力。例如在模仿小动物游戏中，可以通过音频呈现不同小动物的声音，让小朋友根据声音猜动物，并做出相应的模仿动作。目前，根据不同游戏内容和需要可供选择的音频素材很丰富，并且幼儿教师自己也可以制作与游戏相适应的音频素材。

（4）适宜媒体的应用实践设计：对幼儿教师和保育人员实施音频媒体应用培训

为提高幼儿教师和保育人员应用音频媒体的能力，需要开展形式多样的培训活动，包括音频素材的检索、下载和应用能力以及音频素材的设计、开发、编辑

和处理能力。

（5）适宜媒体的应用反馈设计：应用音频记录儿童成长，促进家园协同育儿

共同见证幼儿的发展是家长和教师共同的心愿，教师可以在制作"园本音频"素材的同时，注意录制幼儿的表演或发言。这些宝贵的生成性资源既可以用于幼儿园今后的教育保育工作，也可以反馈给家长，让家长共享孩子的进步成果。

（6）适宜媒体的家校互通设计：应用音频创设家园同悦环境

利用音频媒体可以减少因家庭条件、地理环境等因素造成的幼儿成长环境的差异，创设家园同悦的环境。例如，可以通过音频录制将幼儿园的游戏活动延展至家庭，将游戏伙伴由幼儿之间拓展至幼儿与家长之间。由于音频材料成本低，家庭通常可以承担音频素材的支出。因此，通过音频媒体，幼儿园愉悦的学习与生活体验可以延伸到家庭，对规范幼儿行为、养成良好的家庭生活习惯大有裨益。

（7）适宜媒体的趣味激发设计：利用录音激发兴趣

一些孩子不喜欢上幼儿园，在小班尤为突出，一方面是孩子对新环境的不熟悉，另一方面是自我中心心理的强烈外显。初入幼儿园的孩子均以自我为中心，但反应强度不同，一些孩子表现的十分明显。教师可以通过录音活动让孩子体验"我的声音真好听！"感受"你的声音也不错！"，帮助孩子快速适应陌生的环境，同时巧妙地让孩子感受到，原来还有好多小朋友和自己一样。录音激趣可以是幼儿"自我介绍"，也可以是"和妈妈（或老师）一起讲故事"，均有利于幼儿发展自我价值。

（8）音频媒介多载体协同交互设计：幼儿教育信息化技术模型实践

教师在应用广播媒体促进幼儿教育发展中需遵循幼儿教育信息化技术模型，应用模型的 5 个环节指导自身的教学实践，幼儿教师需要考虑：做出什么样的音频素材适合幼儿，活动中如何设计音频媒体应用的三时（时长、时机、时空），如何评价音频媒体介入的教学等一系列专业化问题，以便选择适宜的音频素材、灵活设计游戏和幼儿活动、科学评价与反思，切实应用音频媒介多载体协同交互促进幼儿教育信息化。

5.3.5 信息技术支持下的幼儿教育活动应用案例

下面以幼儿园常用的交互式电子白板为例,探讨发展适宜性视角下的幼儿教育信息化活动应用。

1. 幼儿课堂教学活动的主要环节

幼儿园教学活动也被称作"课堂"或"上课",一般过程包括导入、主题展开、总结与评价三个基本环节,各环节具体活动内容如表 5-10 所示。

表 5-10 幼儿园课堂教学活动的基本环节

教学活动/环节			具体内容
导入	激活幼儿对先前知识的回忆	幼儿自主回忆	教师让幼儿回忆先前学过的、与当前教学活动有关的内容,先行组织者策略
		幼儿园教师提供一个回忆的框架或结构	提供一个有助于幼儿学习和记忆的问题,或陈述性的框架,或结构
	阐明活动目标	教师告知活动的目标与要求	描述幼儿教学活动实施的要求、规则及注意事项
		出示活动任务	必要时给出适当的示范
	吸引幼儿注意力、激发幼儿动机	提出恰当的问题	提出一个幼儿熟知的、发生在身边的故事或问题
		创设新情境	设置一个新的情景,引起幼儿注意
		呈现趣味性的典型案例	用故事性、真实性、冲突性、情感性的典型事件呈现
主题展开	教师讲授	教师指导	教师提供活动的指导,借用适当的媒体功能使活动过程更简化、便捷
		教师讲解	教师叙述解释教学活动,并在每做一个或几个动作时给予适当的总结,提炼要领与难点
		教师演示	演示教学活动与内容的动态过程与步骤
	交互活动	教师与幼儿交互	教师展示设计的活动资源,激发幼儿提出问题,并由教师解释作答,问题也可以由教师自己提出
		幼儿与幼儿交互	幼儿间有效的互动、合作的操练、无私的经验分享
		幼儿及教师与媒体的交互	幼儿与媒体之间、教师与媒体之间围绕活动任务的实施进行交互,如操作媒体、浏览资源、借助媒体等
	幼儿探索	同伴互助	幼儿之间活动并彼此分享经验,不同的幼儿针对操作活动的想法不同,他们可以互相弥补,互相激发思维
		同伴评价	发挥互助合作与知识共享的精神,通过观察、模仿、评价同伴活动或操作行为,实现相互学习的目的
	小组活动	围绕某主题或知识点展开活动	以异质分组的方法组织活动,幼儿可以分组或共同完成某个任务
		课堂活动模仿	教师提供让幼儿模仿的活动范例,并引导其他幼儿做出正确的操作
		角色扮演	让不同的幼儿分别通过扮演家庭、银行、商店、幼儿园等一些日常生活中的角色,获得更多的社会体验;幼儿园教师指导点评或引导幼儿们点评
		畅想问题	幼儿从不同角度,用不同方法,大胆展开想象,发挥童真的天性,培养幼儿的创造能力、想象力、语言表达能力

续表

教学活动/环节			具体内容
总结与评价	小结与复习	总结	教师总结一堂课或教育活动的意义，提炼一个完整的主题，点明教育的意义
		复习	让幼儿复习本次活动的内容或表演某一活动
	促进迁移	提供问题情境	为幼儿提供相似的问题情境，让幼儿在该环境中表达做法，实现迁移
		提供训练或练习	提供附加的相似训练或练习活动
	课堂后练习	模拟练习	幼儿园教师提供一个类似问题供幼儿课后思考或解决类似问题
		游戏练习	课后营造游戏的气氛，以增加游戏的趣味，给幼儿练习机会，引发幼儿在特定的氛围中主动表现某一活动的欲望

2. 交互式电子白板在幼儿教学活动中的应用

（1）在各环节的展开应用

交互式电子白板在幼儿课堂教学导入、展开、总结、评价、课外环节均可发挥重要的作用，尤以导入和主题展开环节应用效果明显。

1）导入环节：交互式电子白板主要用于创设问题情境，激发幼儿兴趣，调动幼儿活动的积极性。

在此环节中，幼儿园教师常用的方式是呈现图片，播放音频、视频，以引起幼儿注意，激发幼儿的活动兴趣与动机，引出本堂课的主题，交代活动的规则。教师还可使用聚光灯功能、拉幕功能与幼儿玩游戏、互动，达到激趣的目的。相对于传统黑板教学，交互式电子白板的视觉效果（如色彩）及多种教学功能（如隐藏、动画等），能够极大地吸引幼儿的注意力。交互式电子白板使幼儿课堂教学更加突出幼儿的参与性，以及教师与幼儿、幼儿与幼儿之间的互动，使原来在课堂教学中注意力不集中、爱做小动作、随意说话的现象大大减少，提升了幼儿活动的动力与质量等。

2）展开环节：展开环节是交互式电子白板应用最多的环节。交互式电子白板主要用于突破活动重难点以及促进幼儿的操作互动。

第一，运用电子白板功能，突破教学重点、难点。幼儿园教师在讲授新内容时，通过图片、文字、视音频提供的信息和实例，结合交互式电子白板的画笔、毛笔、荧光笔等进行书写、标注，使用拖动、隐藏或显示、Flash 动画等功能进行活动与知识的重难点分解。教师还可以通过网络连接，访问局域网络或调用

Internet 中的资源来丰富课堂。

第二，运用交互式电子白板强化互动。交互式电子白板触控技术为课堂互动提供了便利，为建立以幼儿为中心的课堂奠定基础。传统的多媒体更多的是演示功能，课件在演示过程中幼儿无法参与操作，因为幼儿与教师对课件的内容幼儿无法直接更改或交互。用交互式电子白板设备呈现的课件，为教学过程中的互动和参与提供了极大的方便。整个教育过程中，幼儿园教师可以更改、充实原先的资源内容。不管是正确的操作还是错误的操作，只要在电子白板上做的操作，系统都会自动储存这些宝贵的资料，从而生成每位教师每堂课个性化的课件，并且成为幼儿园教师以后教学的重要资源和参考。

3）总结环节：交互式电子白板在总结所学知识与技能、促进知识迁移等方面也能发挥积极作用。幼儿园教师可以引领幼儿重新快速浏览页面，让幼儿将自己认为比较重要的内容挑选出来，通过拖动复制功能集中生成一张新的页面，以突出本次活动的重点。教师还可以在复习课上，利用交互式电子白板将预先准备好的内容、标注、库中的图片随时调出来，以达到回顾总结、促进迁移的目的。

4）评价环节：交互式电子白板可以让幼儿在界面上完成练习来实现对幼儿的评价。幼儿园教师可以通过适当的练习，让幼儿进行现场操作以及时进行巩固，同时也有利于幼儿园老师了解幼儿的水平。在这一阶段，各种操作（诸如复制、拖动等）的功能都可以设计于练习之中。

5）课外环节：除了常规课堂之外，结合 Internet 还可以实现课堂之外的学习与互动。例如在美术课的教学中，幼儿园教师可以把幼儿完成的绘画作品导入交互式电子白板资源库，供幼儿在课余时间展览欣赏，也可以上传至网络空间与家长分享等。

（2）应用的特性

研究发现交互式电子白板在幼儿园课堂教学中的应用具有如下特征。

1）创设情境性。交互式电子白板在幼儿园教学中应用的主要意图是用于创设幼儿活动情境，尤其是在教学导入环节的应用最多。创设情境是很多信息化教学模式的重要环节，在幼儿园课堂教学中，情境创设有利于激发幼儿的兴趣，提高幼儿的观察能力和思考能力。情境创设有不同的实施方式与应用层次，有的是显示一组图片或播放一段动画、视频、音乐来创设情境，有的是用多种类型资源组合或多种媒体组合；应用的层次有的是为了引入主题，有的是为了提供幼儿活动背景，有的是为了营造虚拟的幼儿交互操作空间。

2）增强交互性。交互式电子白板，其中的"交互"二字是交互式电子白板技术带来的核心革命理念。该交互的主要表现类型有三种：操作技术层的交互、人与人活动层的交互、认知概念层的交互。观察发现：①幼儿园教师在课堂教学中凭借交互式电子白板的强大功能，创造了许多幼儿、同伴、小组对媒体刺激做出反应的条件与机会；②交互式电子白板的应用拓展了幼儿教育活动的空间，使幼儿与教师、幼儿与幼儿之间的交互明显增多和加强；③最重要的是，交互式电子白板的数据运动使"幼儿了解的空间"与白板展现的"语言与视觉空间"产生联想与互动，这是幼儿意义建构发生的重要条件。

3）应用的交替性。应用的交替性指交互式电子白板应用与实物教具在课堂教学中交替使用。实践中我们观摩了17节幼儿园课程活动。我们惊奇地发现，教师在使用电子白板上课时都借助了其他实物教具，如《有用的漏勺》中的各种漏勺、《小熊家做客》中的床与衣物、《会动的身体》中的木偶人物模型等。我们从中总结了一个重要特征——信息技术在幼儿园课堂教学中的应用依然离不开传统的实物教具，即便是幼儿教育信息化发展到某个高级阶段，实物教学也不可能退出幼儿园课堂教学的舞台。教师必须把二者统一起来，发挥自身的特长，协同促进幼儿的适宜性发展，这可能是幼儿教育信息化教学最鲜明的特点。

4）教学的生成性。幼儿园课堂教学过程非常强调尊重幼儿的个性，遵循幼儿发展适宜性理论。课堂会给予幼儿充分表达的权利与自由，一旦幼儿的兴趣与积极性被调动起来，就像打开了奇思异想的大门。于是我们常常看到交互式电子白板虽然提供了很好的课程引导策略与结构性知识，但孩子的天性使教学并不一定沿着教师预设的进程发展，这是让很多幼儿园教师头疼的事情。例如，在《光盘行动》的教学中，教师用交互式电子白板一步步展示了饺子的制作过程，本想让幼儿感受小麦种植与饺子包制过程的不易，学会珍惜粮食，但有孩子就是想知道"饺子"与"馄饨"的区别。这种情况在多媒体教学环境中表现得尤为突出。因此，教学过程往往既不是幼儿园教师事先预设的那样，也不是幼儿无目的、随意、自发的形式，而是在教师、幼儿、交互式电子白板三者之间的互动过程中，教师通过对幼儿兴趣的把握与价值判断不断调整而生成的动态过程。

（3）基于交互式电子白板的幼儿课堂教学模式

交互式电子白板在幼儿园课堂教学中应用能创设活跃的课堂气氛，扩大幼儿的教学活动空间，增强幼儿的交互操作等特征。基于交互式电子白板的教学结构是多元的，教学模式也非常灵活。通过课堂实践观察与分析，结合上述对幼儿课堂教学环节的应用，我们总结了以下三种模式。

1）情境创设模式。交互式电子白板的应用策略不以幼儿课程知识的表征为主要导向，而侧重于为课堂导入、活动实施、教学总结等环节提供更加逼真的情境。用多媒体画面呈现学习知识与幼儿活动内容，仅仅是交互式电子白板应用的最基本的形式，更重要的是幼儿园教师要积极安排能激发幼儿操作的适宜软件及虚拟设备，让幼儿沉浸在交互式电子白板营造的虚拟氛围中，去完成教学活动的任务，使幼儿能在完成任务的过程中收获丰富的体验，建构自己的图式，养成良好的生活习惯。在情境创设教学模式中，课堂教学实施的关键是，幼儿园教师在指导幼儿操作设备与活动的同时，必须准确把握幼儿在情境中的感受，然后根据幼儿的感受做出适当引导，以及对活动进行适当的调整。情境创设教学模式常用的教学策略主要是建构主义的教学策略，包含运用交互式电子白板进行探究活动与问题解决的策略，以及采用虚拟现实情境模拟或游戏活动，使幼儿在操作中理解建构知识的策略[1]。

2）互动生成模式。互动生成模式的主要环节包括问题提出/任务设计、问题/任务展开与互动、动态调整原生态或预成教学方案、实施新方案、完成任务实现目标。互动生成模式的第一步，由教师确定一个基于课程领域的问题或任务，然后对该问题或任务进行结构化设计，包括设计实施的规则、步骤、资源与工具等；第二步，把基于问题/任务的资源与策略呈现给幼儿，教师通过讲解或引导手段，促使幼儿与教师、问题/任务之间产生一定的交互；第三步，幼儿园教师根据自己的经验、教学的目标以及幼儿的经验对教学的原生方案或预成方案进行适当调整，在生成性理论的指导下，批判性地汲取预成方案与原生方案的优点，联系幼儿的实际经验提出新生成的教学模式，这是一个动态平衡的决策过程；第四步，生成模式的实施，幼儿在教师的引导及交互作用下解决课程的问题或完成活动的任务，实现教学目标。幼儿学习的主题也可以由交互式电子白板提供的适

---

[1] 胡卫星，王洪娟. 2012. 交互式电子白板课堂教学应用研究的现状分析. 中国电化教育，(5)：104-108.

宜性教育软件为依据生成。幼儿在操作软件的过程中会获得相关的概念和经验，从而生成一些更深入的探究主题。如果能引导幼儿利用交互式电子白板的信息化资源开展进一步的探究与实践活动，将有助于对该活动主题的深入探究，为幼儿带来更多的利用交互式电子白板操作、思维及表达语言的机会[1]。这也是很好的互动生成方式，其流程与由课程问题或任务生成的教学模式流程基本一致。

3）媒体混合应用模式。根据幼儿园信息化教育的实际需要，幼儿课堂教学中的媒体选择策略应是多元的，尤其要考虑实物教具的运用，信息化设备与实物教具以混合的方式应用，共同促进幼儿发展。在媒体混合应用教学模式中，幼儿园教师将幼儿活动的过程分为若干较小的模块与环节，然后判断选择最好的媒体将每个模块与环节呈现给幼儿。混合应用教学模式就像混合式学习模式那样，被描述为运用多种传递方式的学习计划，其目的是使幼儿教学活动的过程与活动的效果实现最优化[2]。应用媒体混合应用模式成败的关键在于如何依据幼儿的学习风格与课程培养目标，选择适宜的媒体完成幼儿教育过程。该模式的教学设计需要关注三个重要环节：①分析活动任务与问题的性质，将教学过程按流程分解成多个不同的模块；②分析幼儿的认知水平与学习风格；③根据幼儿的学习特征及教师的经验判断适宜教学导入、呈现、展开、活动实施与评价等环节的支持媒体。不同的媒体给幼儿带来的感受不同，其中，幼儿直接接触实物获得的经验更加牢固和科学。这也并不意味着，所有教学都采用实物形式而摒弃信息技术的应用。教学设计往往还要考虑成本与效益的最优化，设计一个烦琐的实物教学过程也是不可取的。反之，对唾手可得的生活实物采用信息化手段，教学效果也不会太好。媒体在某环节的运用不是选择了一种就必须舍弃另外一种，交互式电子白板与实物教具应该是相辅相成的。在媒体选择得当的假设中，适宜的交替越细腻，教学的效果就越好。此外，不同的媒体在很大程度上能决定教学可以实现的对话及活动的空间，交互式电子白板强化了幼儿与媒体的交互，但在一定程度上弱化了幼儿与幼儿、教师与教学内容之间的交互。实物媒体增强了幼儿与实物的对话，却削弱了幼儿与教师的对话。这些都是媒体混合应用教学模式设计时需要考虑的因素。基于交互式电子白板的三种课堂应用模式对比如表 5-11 所示。

---

[1] 冯晓霞.2010. 计算机与幼儿教育. 北京：人民教育出版社：66.
[2] 南国农，李运林，祝智庭.2011. 信息化教育概论.2 版. 北京：高等教育出版社：256.

表 5-11　交互式电子白板在幼儿课堂的应用模式

比较项	情境创设模式	互动生成模式	媒体混合应用模式
直接理论基础	建构主义学习观	课程生成理论	教学最优化理论
电子白板的主要教学功能	提供幼儿完成学习活动的情境	交互工具、呈现工具、生成工具	辅助工具、呈现工具、创设情境、评价工具等
适用的教学活动	游戏、教学活动等需要进行体验的知识与技能	问题解决、任务驱动、开放性教学活动	课程知识与技能学习的教学活动、游戏活动等
教师、幼儿、电子白板三者之间的互动情况	幼儿与技术交互，教师观察、协助	幼儿与电子白板交互、幼儿与实物教具交互、幼儿与教师交互	幼儿与电子白板交互、幼儿与实物教具交互、幼儿有与教师交互
常用的教学策略	探究活动、问题解决、情境模拟、娱教式学习	探究、基于问题/主题资源的学习	多种常规教学策略，如课堂讲授、问题探究、任务驱动等

交互式电子白板的应用贯穿于整个幼儿学习与活动过程。在此过程中，幼儿与教师之间通过问答、讨论、辩论、协商、探究、评价等方式互相交流和交换信息，教学过程成为一个多元化的信息传播系统。交互式电子白板构建的活动与学习情境，可以清晰地呈现活动任务与学习目标，交互电子白板特有的功能可以使活动和任务不断地细化与深入。交互电子白板提供的交互平台使得幼儿在协作沟通的基础上完成探究活动，使得教师能轻松便捷地对幼儿进行科学记录与评价。总之，基于交互式电子白板的教学模式应用具有如下特征。

1) 它体现了发展适宜性的基本思想，教学过程普遍以"幼儿发展"为中心或"以幼儿为主体，以教师为主导"的双主教学结构。

2) 交互式电子白板不仅成为辅助教师课程教学与评价的工具，还成为幼儿认知的重要工具、课堂教学组织的工具、幼儿游戏的支持工具、课堂主题生成的工具。

3) 交互式电子白板并不排斥其他信息化媒体及传统实物教学媒体，而是与其他新媒体、新技术、传统媒体、实物教具整合在一起，共同为实现幼儿园课程教学目标、促进幼儿的适宜性发展服务。

4) 交互式电子白板在课堂教学中的应用是灵活的，不拘泥于上述三种模式，更不能僵硬地套于上述模式的固定环节，任何教学模式的应用都要首先领悟其中的精髓。

5.4 幼儿园教师信息素养提升策略

幼儿园教师是幼儿教育信息化这场改革的核心推进者和具体实践者。幼儿教育实现信息化教育并实现可持续发展，都离不开幼儿园教师信息素养的整体提升。通过文献与调研发现，目前幼儿教师的信息素养并不高（第 2 章和第 3 章有相应的论述）。

5.4.1 幼儿园教师信息素养培训的内容

幼儿园教师应该具备什么样的信息素养才是一名合格的教师？如果把这个问题弄明白，培训内容的问题也就迎刃而解。为了构建一套科学合理的教师培训内容体系，我们采取以下解决思路与方法（图 5-12）。

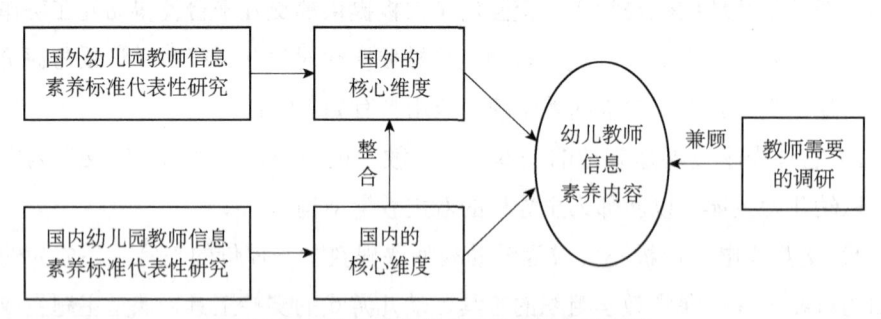

图 5-12　幼儿教师信息素养内容形成路线

1. 国外代表性结论

2002 年，美国教育信息化专家在《早期教育工作者需要掌握哪些计算机知识与技能以增强幼儿的学习环境》一文中指出：信息与通信技术已为幼儿创建了一个积极有效的学习环境，幼儿园教师必须确保掌握必要的计算机知识与技能，以避免因技能水平较低而产生应用的抵触心理，还要学会如何为幼儿选择适宜的软件，保持使用技术的自信，以促进 ICT 在幼儿教育中的有效应用。[1]

2004 年，美国克利夫兰州立大学学者尼尔-加尔针对"培养明日教师使用教育技术"（Preparing Tomorrow's Teachers to Use Technology，PT3）项目中的早期幼儿教育教师进行了研究。尼尔-加尔以教师参加 PT3 项目培训前后发生的变化为线索，指出计算机技能操作水平及使用计算机的信仰和动机对幼儿教育工作者在课堂教学中使用技术是非常重要的，对于那些计算机技能水平较低的教师来说，他们不愿意在自己的课堂教学中使用计算机，即便应用，也仅仅是发挥计算机辅助教学的功能，并不能很好地将其与课程相融合[2]。

2006 年，芝加哥公立学校和埃里克森研究生院为从事幼儿教育的教师设计规划了一项教育技术能力发展与提升项目，该项目要求幼儿园教师必须达到四个维度的教育技术能力与目标，如表 5-12[3]所示。

表 5-12　幼儿园教师能力维度及目标

维　度	目　标
态度	能够自信地在教室中使用计算机 能够自如地使用互联网和 E-mail 进行交流 能够自如地教授幼儿使用计算机
知识与技能	能够理解计算机的基本功能和命令 拥有选择幼儿发展适宜性教育软件的技能 能够独立完成新软件的安装 能够通过使用手册、帮助文件、尝试错误等方法掌握新的软件程序
课堂教学策略	能鼓励幼儿尝试使用计算机软件 能将计算机能力强的幼儿与能力弱的幼儿分到一组 能与幼儿面对面地交流合作 能使用计算机并让它成为学习的中心 能综合利用各种软件支持实施活动
利用计算机制作素材（丰富教室环境和学习材料）	利用技术制作时事简报 利用技术安排课程 利用技术制作成绩单 利用技术制作儿童评估材料 利用技术制作日历 利用技术制作教育游戏等

---

[1] Specht J，Wood E，Willoughby T. 2002. What early childhood educators need to know about computers in order to enhance the learning environment. Canadian Journal of Learning and Technology，（1）：31-40.

[2] Nir-Gal O. 2004. Computers for Cognitive Development in Early Childhood- The Teacher's Role in the Computer Learning Environment. Information Technology in Childhood Education Annual. https://www.learntechlib.org/primary/p/2273/.

[3] Chen J Q，Chang C. 2006. Testing the whole teacher approach to professional development：A study of enhancing early childhood teachers' technology proficiency. Early Childhood Research & Practice，（1）：1-18.

在英国，幼儿教育的年龄阶段是 3—7 岁，又可分为基础阶段（3—5 岁）和关键阶段一（6—7 岁）。1998 年，英国教育部与就业部联合颁布《ICT 应用于学科教学的教师能力标准》（The Use of Information and Communication Technology in Subject Teaching）[①]。该标准对基础阶段的 ICT 能力目标要求为：①表现出对 ICT 的兴趣；②知道如何操作简单的 ICT 设备；③能在计算机上完成简单程序操作及使用 ICT 设备功能。关键阶段一的 ICT 能力要求为：能够发展儿童在大量信息面前根据自身需求来搜集、加工和利用信息的能力，包括从各种各样的 ICT 资源中收集信息的能力，以不同的 ICT 形式加工和利用信息的能力，从已存储的信息中检索和利用信息的能力。该标准在英国幼儿教育界颇受认可，一直影响至今。

2005 年，英国教师培训署颁布培训需求的鉴定文件，它针对基础阶段的幼儿教师提出了 ICT 的要求。[②]

1）能够鼓励儿童熟悉 ICT 并正确地使用它。

2）能够确保所有儿童都有机会使用 ICT，并能考虑到他们以前使用 ICT 的经验。

3）能够有效地教给儿童输入设备的必要操作技能，如开关电源、鼠标和键盘的使用等。

4）能够应用 ICT 去支持儿童语言表达能力和读写能力的发展。

5）能够应用 ICT 去支持早期教育机构的发展，如利用互联网技术加强家园合作。

6）能够使用 ICT 支持儿童创新能力的发展，如鼓励他们通过多媒体技术对图案、形状、声音和色彩的认知与理解。

7）能够鼓励儿童通过使用 ICT 进行协作学习、确定角色、分担责任、学会合作。

澳大利亚学者的研究发现，ICT 在幼儿教育中的应用的关键是幼儿园教师的能力。[③]影响计算机与幼儿教育课堂整合的主要因素如表 5-13 所示。

---

① 王炜. 2005. 国外教师信息技术应用能力标准综述. 中小学信息技术教育，(6)：62-65.
② 王炜，祝智庭. 2004. 解析英国《ICT 应用于学科教学的教师能力标准》. 电化教育研究，(12)：77-80.
③ Plowman L, Stephen C. 2005. Children, play, and computers in pre-school education. British Journal of Educational Technology, 36 (2): 145-157.

表 5-13 影响幼儿教师幼儿教育使用计算机技术的因素及排序

排序	具体内容描述
1	具备一定的计算机技术知识（硬件和软件）及操作技能
2	能根据幼儿的发展和学习需要，为幼儿选择适宜的教育软件
3	能够掌握当前最新的、可靠的计算机技术（包括硬件和软件）
4	能根据实际情况积极思考计算机在教室的安放地点，且安放情况符合幼儿园教室的整体布局规律
5	有能力教授幼儿如何操作计算机和附加设备（如打印机、扫描仪等）
6	能支持幼儿在使用计算机时进行合作，共同完成任务
7	在课程中整合计算机能考虑到更多的教育目的和潜在价值（不为用技术而使用技术）
8	制定适宜的规则，协助幼儿一起分享或轮流使用计算机
9	确保幼儿有足够的精细动作技能来有效操作计算机（不能让年龄太小的幼儿接触使用电脑）

2005 年，新西兰教育部颁布《通过 ICT 来支持幼儿教育的学习：一个发展框架》[1]的指导手册，其中规定幼儿园教师专业学习及能力发展的战略目标为：让幼儿园教师使用技术时变得自信，并且有能力利用 ICT 来促进儿童的学习和教师自身实践与专业的发展。

新西兰教育部官方网站显示教师在幼儿 ICT 教育模块的内容主要包括数字素养（digital literacy）、博客介绍（introducing the world of blog）、利用 ICT 与家庭保持联系（using ICT to link with families）、应用 ICT 的教学法（pedagogical approach to using ICT）、数字故事（digital storytelling）等。[2]

联合国教科文组织教育信息技术研究所（UNESCO Institute for Information Technologies in Education，IITE）对幼儿教育工作者应具备的 ICT 能力表述，如图 5-13 所示。

该框架中的初级 ICT 能力分三个发展阶段。①认识：具备基本的计算机操作能力。②利用 ICT 进行学习：指利用 ICT 技术在网络世界和现实中进行交流、沟通，与同行专家或同事交流、分享信息、交流经验、提出问题、积极讨论等。③整合 ICT 技术：能利用自身已经具备的信息素养和技术能力将新技术和新教学理论融合于儿童一日活动，融合于儿童的学习过程。

---

[1] Ministry of Education. 2005. Foundations for Discovery：Supporting Learning in Early Childhood Education through Information and Communication Technologies—A Framework for Development. Wellington：Ministry of Education.

[2] Information and links to resources about teaching and learning in early learning services. https://www.education.govt.nz/early-childhood/teaching-and-learning.[2023-01-25].

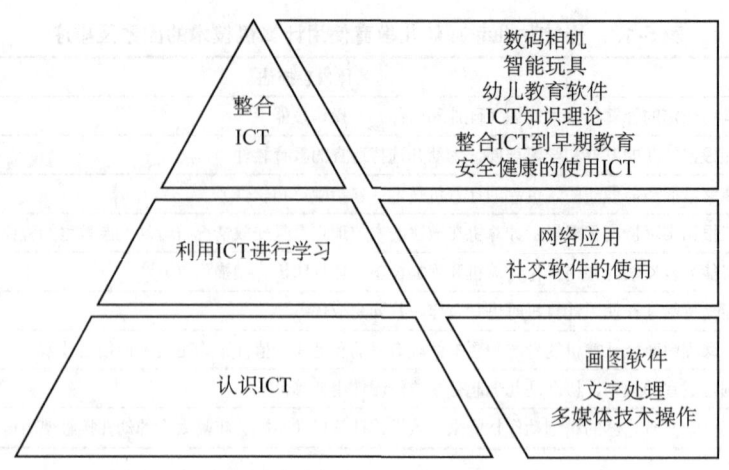

图 5-13　幼儿教育者初级 ICT 能力框架及学习项目

2. 国内代表性研究结论

20 世纪 90 年代末至今，幼儿教育非常重视对幼儿园教师专业能力发展的研究，其中在对幼儿园教师能力结构的研究中，已有部分学者将运用现代教育技术手段的能力纳入幼儿园教师的能力标准（表 5-14）。

表 5-14　幼儿园教师的教育技术能力表述

提出者	观点表述
袁爱玲[①]	使用电教设备与制作电教软件的能力
张健波和郭俐[②]	电化教育软件设计应用以及电脑操作的能力
饶淑园[③]	掌握现代教育技术的能力
张博[④]	掌握先进的教育手段和技术
步社民[⑤]	教育信息输入技能（口头语表达技能、书面语表达技能、体态语表达技能、现代教育技术运用技能）
王强[⑥]	信息技术与幼儿园活动整合力
丁海东[⑦]	能够运用现代教育技术手段

[①] 袁爱玲. 1997. 对未来社会幼儿教师素质与能力的透视. 教育导刊（下半月），（1）：12-14.
[②] 张健波，郭俐. 1999. 21 世纪幼儿教师的素质要求及教育对策. 北方论丛，（5）：152-154.
[③] 饶淑园. 2002. 幼儿教师职业能力结构的理论构想. 江西师范大学学报（哲学社会科学版），（4）：111-113.
[④] 张博. 2003. 我心目中理想的幼儿教师. 学前教育研究，（9）：48-49.
[⑤] 步社民. 2005. 论幼儿园教师的专业技能. 学前教育研究，（5）：45-47.
[⑥] 王强，宋淑青. 2008. 幼儿教师胜任力模型之构建. 上海教育科研，（4）：52-54.
[⑦] 丁海东. 2011. 论我国幼儿教师专业标准的功能定位与内容构架. 中国教师，（6）：19-21.

续表

提出者	观点表述
《幼儿园教师专业标准（试行）》	具备一定的现代信息技术知识
《中小学教师信息技术应用能力标准（试行）》	两个领域要求：应用信息技术优化课堂教学的能力和转变学习方式的能力；区分为五个维度：技术素养、计划与准备、组织与管理、评估与诊断、学习与发展等
《普通高等学校师范类专业认证实施办法（暂行）》	具有较强的信息技术应用和学习指导等教育教学能力；注重应用信息技术推进教与学的改革；《学前教育专业认证标准》（二级）
汪基德和朱书慧[①]	ICT 认识与价值认同、ICT 基础知识、素材的编辑与处理、信息化设备使用
《中学教育专业师范生教师职业能力标准（试行）》	掌握一定的现代信息技术知识，具有安全、合法与负责任地使用信息与技术的意识；能够基于幼儿身心特点，利用技术工具分析幼儿学习过程、收集幼儿学习反馈；能够运用信息技术拓宽家园沟通交流的渠道和途径；掌握专业发展所需的信息技术手段和方法，能在信息技术环境下开展自主学习

王永军的研究发现，可以从技能和思维的角度将幼儿园教师信息素养分为四个不同的层次：基本信息素养、学科信息素养、科研信息素养和发展信息素养。[②]这四个层次是逐步提高、逐渐深化的，具体内容及其关系如图 5-14 所示。

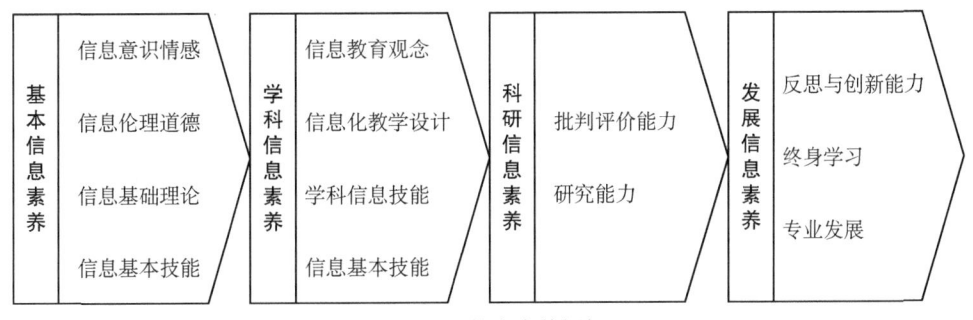

基本信息素养	学科信息素养	科研信息素养	发展信息素养
信息意识情感 信息伦理道德 信息基础理论 信息基本技能	信息教育观念 信息化教学设计 学科信息技能 信息基本技能	批判评价能力 研究能力	反思与创新能力 终身学习 专业发展

图 5-14　信息素养框架

刘珍芳在对浙江省幼儿园教师信息素养的调查研究中把信息素养界定为信息化意识、信息化知识与技能、运用信息技术能力三个维度。其中，信息化意识包括对教育信息化的认识、学习信息技术的态度、应用信息技术的热情和信息道德及安全意识；信息化知识与技能包括信息理论基础知识、使用网络获取与交流信息、使用现代教学媒体以及对多媒体素材的获取与处理；运用信息技

---

① 汪基德，朱书慧，等. 2020. 幼儿园教师信息技术素养与提升路径. 北京：科学出版社：96.
② 王永军. 2007. 幼儿教师信息素养及其培养初探——以安徽省委机关幼儿园为个案研究. 华东师范大学硕士学位论文.

术的能力包括教师借助信息技术进行教学和学习的能力,具体包括信息技术教育观念、设计与制作多媒体教学课件的能力,以及在多媒体教室中开展幼儿教学活动的能力等。①

20世纪,《电化教育基础》教材对幼儿师范学校的学生及在职幼儿园教师提出的电化教育要求为:了解现代化教学手段在幼儿园教育、教学活动中的必要性及其作用;提高他(她)们对电化教育的认识;初步掌握电化教育的基本原理、基本技能和教学规律;初步具备使用电教媒体进行各项幼儿园教育活动的能力;促进幼儿园的教育改革,推动幼儿教育事业的发展。②

在我国香港特区,幼儿园被称为"幼稚园",教育对象面向3—6岁的儿童。香港教育学院数学与信息技术学院将原来的信息素养发展为"教育信息技术能力"(information technology competency in education,ITCE),其中规定幼稚园教师必须达到的标准,包括技术整合实践、管理与信息技术领导力、技术知识与技能、社会文化意识四个方面(图5-15)。

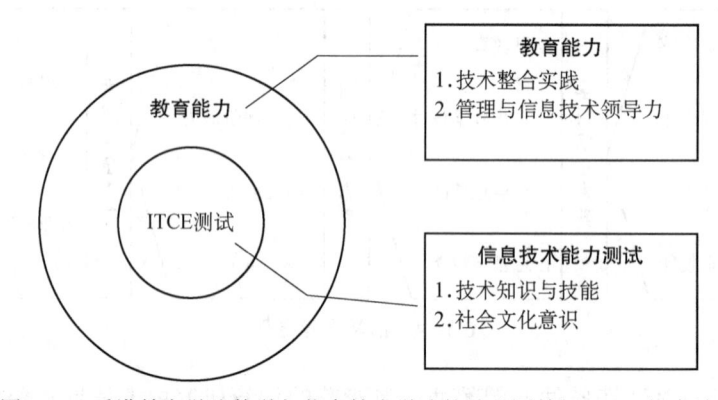

图 5-15　香港教育学院数学与信息技术学院的幼稚园教师 ITCE 能力结构

3. 幼儿园教师信息素养培训内容分析

我们把上述有关机构与学者提出的信息素养体系用表格方式进行对比总结(表 5-15)。

---

① 刘珍芳.2011.幼儿教师信息素养培养模式研究.中国电化教育,(5):106-108.
② 中国/联合国儿童基金会幼师合作项目学校电化教育工作协作组.1997.电化教育基础.天津:天津教育出版社,序.

表 5-15 信息素养核心维度与观点

提出者	核心维度与观点
美国"培养明日教师使用教育技术"项目[①]	计算机技能操作水平
	使用计算机的信仰和动机
	计算机与课程相融合能力
美国芝加哥公立学校和埃里克森研究生院[②]	态度：自信地使用、交流、教授
	知识与技能：理解基本功能与命令，选择适宜性软件，能通过手册掌握、安装新软件
	教学策略：指导幼儿正确使用软件，恰当与幼儿交流合作，掌握计算机为中心的、软件支持的活动策略
	环境与游戏支持：创建丰富环境与支持幼儿教育游戏
英国"培训需求的鉴定"文件[③]	能有效引导、鼓励、教授幼儿正确使用 ICT
	应用 ICT 支持幼儿言语、创新、协作等能力的发展
	使用 ICT 支持幼儿机构的发展
英国教育与就业部[④]	基础阶段：ICT 兴趣，简单操作软件与 ICT 设备
	关键阶段一：具有发展儿童信息能力的能力
澳大利亚 Plowman 等[⑤]	具备一定知识与技能，掌握最新的、可靠的技术
	为幼儿选择适宜的软件
	信息化环境创设
	教授幼儿操作计算机及附加设备的能力
	支持幼儿学习、交流、合作
新西兰教育部《通过 ICT 来支持幼儿教育的学习：一个发展框架》项目手册[⑥]	自信
	利用 ICT 促进幼儿发展
	利用 ICT 促进自身实践与专业发展

---

① Nir-Gal O. 2004. Computers for Cognitive Development in Early Childhood—The Teacher's Role in the Computer Learning Environment. Information Technology in Childhood Education Annual. https://www.learntechlib.org/primary/p/2273/.

② Chen J Q, Chang C. 2006. Testing the whole teacher approach to professional development: A study of enhancing early childhood teachers' technology proficiency. Early Childhood Research & Practice, (1): 1-18.

③ 王炜, 祝智庭. 2004. 解析英国《ICT 应用于学科教学的教师能力标准》. 电化教育研究, (12): 77-80.

④ Chen J Q, Chang C. 2006. Testing the whole teacher approach to professional development: A study of enhancing early childhood teachers' technology proficiency. Early Childhood Research & Practice, (1): 1-18.

⑤ Plowman L, Stephen C. 2005. Children, play, and computers in pre-school education. British Journal of Educational Technology, 36 (2): 145-157.

⑥ Ministry of Education. 2005. Foundations for Discovery: Supporting Learning in Early Childhood Education through Information and Communication Technologies—A Framework for Development. Wellington: Ministry of Education.

续表

提出者	核心维度与观点
新西兰教育部官网[1]	数字素养
	博客介绍
	与家庭交流
	ICT 教学法
	数字故事
UNESCO IITE[2]	认识 ICT：具备操作能力
	利用 ICT 学习：交流、收集分享信息与知识
	整合 ICT 促进幼儿发展
王永军[3]	基本信息素养：信息意识、伦理、基础理论、基本技能
	学科信息素养：信息教育观念、信息化教学设计、学科信息技能
	科研：批判、评价、研究
	发展：反思、创新，终身学习，专业发展
刘珍芳[4]	信息意识：认识、态度、热情，有道德及安全意识
	知识与技能：基础知识、获取交流信息、现代媒体
	应用：借助信息技术教学与学习
《电化教育基础》[5]	认识到必要性与重要作用，提高认识
	掌握基本原理、技能、教学规律
	具备使用电教媒体促进幼儿教育活动的能力
香港教育学院[6]	技术知识
	社会文化意识
	技术整合实践
	管理与信息技术领导力

幼儿园教师具备一定的信息素养是时代与科技发展的新要求，人工智能时代幼儿园教师信息素养内涵有了新的拓展，其培养路径也更为注重实践化。[7]世界

---

[1] Information and links to resources about teaching and learning in early learning services. https://www.education.govt.nz/early-childhood/teaching-and-learning. [2023-01-25].

[2] 王荣，曾海军. 2013. 联合国教科文组织 ICT 促进教育发展相关项目分析. 开放教育研究，(2)：108-120.

[3] 王永军. 2007. 幼儿教师信息素养及其培养初探——以安徽省委机关幼儿园为个案研究. 华东师范大学硕士学位论文.

[4] 刘珍芳. 2011. 幼儿教师信息素养培养模式研究. 中国电化教育，(5)：106-108.

[5] 中国/联合国儿童基金会幼师合作项目学校电化教育工作协作组. 1997. 电化教育基础. 天津：天津教育出版社，序.

[6] Lee K，Hayhoe R. 2000. It for learning and teaching：Where does the teacher fit in all of this? Hong Kong Web Symposium Consortium.

[7] 乔莹莹，周燕. 2021. 人工智能时代幼儿园教师信息素养的内涵与培养. 学前教育研究，(11)：58-61.

各国政府都十分重视对幼儿教师信息素养的培养，尤其是一些资讯与科技较发达的国家和地区，它们做了大量研究，取得了丰硕的成果。从研究形成的结论来看，其幼儿园教师信息素养的核心要素不外乎四个维度：态度与意识，基本理论与技能操作，幼儿教育应用（课程整合能力、信息化教学策略、信息化环境创设、技术支持的活动设计与实施），教师自身专业发展。其中，第三个维度最重要。通过比较我们发现研究也存在一些问题：一是"临摹"现象。很多研究受本国基础教育教师教育技术标准与要求或中小学教师信息素养框架体系的影响较大。例如，我国按照国家 2004 年颁布的《中小学教师教育技术能力标准》构建幼儿园教师信息素养框架，国外研究也或多或少地存在类似的问题。二是偏重"知识与技能"。一些能力框架体系表现出明显的技术和工具倾向，有些过于强调知识与技能及其常规应用的目标。三是整体对幼儿教育的特色反映不够。在这方面国外研究做得相对较好，如有的信息素养要求纳入"为幼儿选择适宜软件的能力""支持幼儿活动的能力""幼儿园信息化环境创设能力"等。显然，培养和提高幼儿园教师的信息素养，既不能照搬中小学教师能力标准，也不能仅停留在技术本身的认识、操作和应用层面。幼儿园教师信息素养标准要充分体现将技术与幼儿年龄特点、学习风格、教学环境、课程内容等相结合，以及适宜地开展幼儿教育实践与应用的能力，甚至可以突出幼儿主题活动、游戏活动设计与实施能力的特色。

在教育信息化意识态度与意识方面，幼儿园教师对信息技术的强大功效是认可的，有应用的热情，但缺乏成功的信心，对道德伦理的知识了解不多。他们对教师培训的需要依次为：①信息化课堂经验与方法、幼儿心理发展与认知规律、先进的教育理念；②教学案例、课件的设计与制作、多媒体设备的操作、信息化教学设计与实施；③电脑与网络基础、教育信息获取与处理等。由此，我们提出幼儿教师信息素养的培训应至少包含以下内容：使用技术的态度和信心、技术知识与技能、选择适宜的教学软件、技术整合于课程教学策略、利用技术构建适宜的学习环境、利用适当的技术记录和评价儿童、利用技术制作丰富的学习素材、制定技术应用于教学的长短期计划、保证每个幼儿公平充分地接触技术，以及满足《幼儿园教师专业标准（试行）》中信息技术能力的要求。这些内容可以整合为应用的态度与意识、信息技术知识与技能、幼儿园环境创设、幼儿教育活动应用（包括家园合作交流）、教师专业发展五个维度。具体内容为：①信息技术应用的态度与意识，主要包括认识信息技术的重要性、对使用和教授信息技术等充满自信与热情、了解信息技术应用基本的道德伦理与法律法规等。②信息技术知识与技能，主要包括基本设备与媒体的操作、媒体基本原理与应用理论、信息获取与处理的能力、能安装使用新软件和新技术等。③幼儿园环境创设，主要包括能为幼儿选择适宜的软件、幼儿园信息化环境设计与规划、幼儿园信息化环境的维护与更新等。④幼儿教育活动应用，主要包括能教授幼儿正确使用信息技术、信息化教学设计的能力（包括教学策略与评价）、使用信息技术促进幼儿教育与游戏活动、幼儿信息化记录管理与评价、使用技术支持家园合作共育等。⑤幼儿园教师专业发展，主要包括信息化反思与评价方法、信息化教学研究、信息技术环境下终身学习的意识与能力等。幼儿园教师信息技术能力结构体系如图5-16所示。

5.4.2　幼儿园教师信息素养培训的方式

1. 幼儿园教师培训的常见方式

幼儿园教师培训的常见方式如下。

1）专家报告。由专家（也可聘请）对幼儿教育信息化当前存在的关键问题或认识、理论与方法、前沿与热点等，以报告的形式展开学习、交流，并对学员日常教学与学习中的困惑进行解答。

2）理论讲授。类似传统的课堂授课，幼儿园教师群体均是具有自控能力的成人，一般具有强烈的学习愿望和较强的学习能力。对于信息化与幼儿教育等重要理论的学习，讲授既是较好的培训方式，也是传输知识与技能最便捷的方式。

3）专题讲座。指对在幼儿教育教学过程中遇到的理论与实践问题或热点问题等实施专门的研究或讨论，如幼儿信息安全、家园共育等专题。

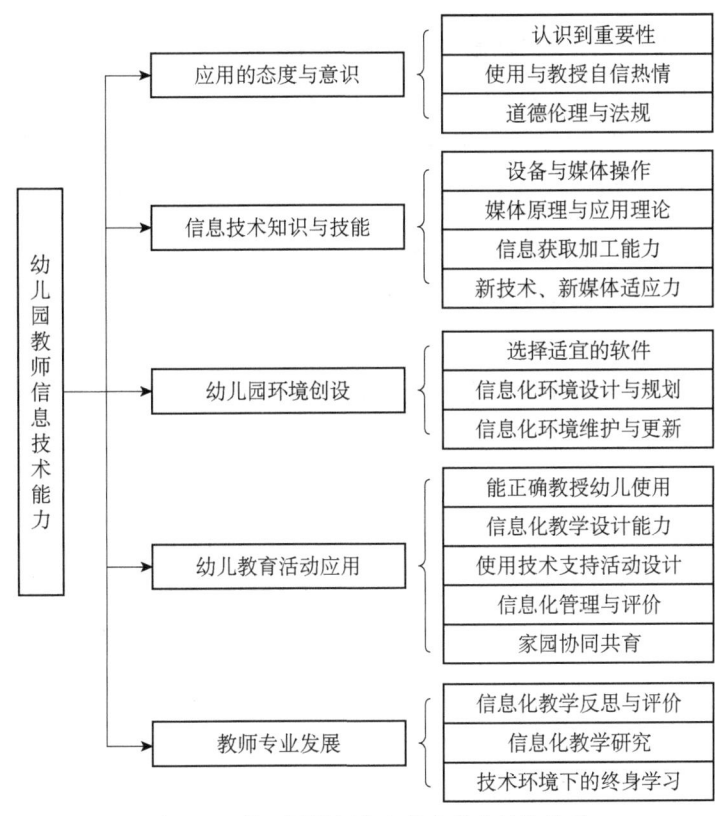

第 5 章 发展适宜性视角下信息技术在幼儿教育中的应用 | 189

```
                              ┌─ 认识到重要性
              ┌─ 应用的态度与意识 ─┼─ 使用与教授自信热情
              │                 └─ 道德伦理与法规
              │
              │                    ┌─ 设备与媒体操作
              │                    ├─ 媒体原理与应用理论
              ├─ 信息技术知识与技能 ─┤
              │                    ├─ 信息获取加工能力
幼儿园教师       │                    └─ 新技术、新媒体适应力
信息技术能力 ──┤
              │                  ┌─ 选择适宜的软件
              ├─ 幼儿园环境创设 ──┼─ 信息化环境设计与规划
              │                  └─ 信息化环境维护与更新
              │
              │                    ┌─ 能正确教授幼儿使用
              │                    ├─ 信息化教学设计能力
              ├─ 幼儿教育活动应用 ──┼─ 使用技术支持活动设计
              │                    ├─ 信息化管理与评价
              │                    └─ 家园协同共育
              │
              │                ┌─ 信息化教学反思与评价
              └─ 教师专业发展 ──┼─ 信息化教学研究
                               └─ 技术环境下的终身学习
```

图 5-16 幼儿园教师信息技术能力结构体系

4）小组研讨。培训中对幼儿园教师进行分组，每组集中在一起就某个话题展开讨论，形成本组的核心观点并进行公开阐述。注意分组方式主要采用异质分组，人数不宜太多，以 5 人左右为宜，指定明确的任务，做到人人参与并做出贡献，由组长或培训老师适当给予正确引导。

5）任务驱动。任务驱动是抛锚式教学的一种。在教师培训学习中，培训学员在培训教师的帮助与指引下，围绕一个共同的核心任务，在该任务的强烈驱动下，积极主动地利用提供的丰富资源进行自主探索和互动协作学习，并完成既定目标任务。通过这一过程让幼儿园教师掌握一定的知识与技能。

6）问题探究。问题探究指在培训过程中，通过信息技术创设一定的条件，引出某一问题，然后以问题为主线，通过师生合作或幼儿园教师分组探究该问题，最后得出结论的一种学习方式。探究的问题可以由学员提出，也可以由培训导师提出。注意探究涉及的问题更多的是良构问题，学员在揭开问题"面纱"的过程中获得知识、培养能力。

7）自主合作探究。自主合作探究是培训导师引导学员（幼儿园教师）自主学习，学习的方式可以是单个学员独立自主，也可以与他人"同学"。培训导师在这种学习方式中的作用是激发学员的学习兴趣，指导学员制定科学的探究的计划与策略，调控探究的各种行为，协助学员获得利用信息技术工具与信息化资源的能力等。

8）案例教学。案例教学是一种新型的教学/培训方式，具有广阔的应用前景。教学过程中，教师准备一些有关培训主题的案例，可以是成功的，也可以是失败的，通过这些特定案例的呈现或学员阅读，学员在导师的组织下展开讨论、交流、评价等，最后与导师一起分享、总结案例蕴含的理论与方法。案例搜寻与设计以教学目的或任务为依据，可基于一定的现实故事进行改编。案例教学是一种全新、有效的教学方式，它能很好地提高幼儿园教师分析与解决实际问题的能力。

9）实践操练。实践操练主要针对技能性学习，如资源的检索与下载、多媒体的操控、课件的制作等。学员只有动手操作，才能掌握技能性或者说是隐性知识的学习。即使有再优秀的教师，如果学员不去亲自操练，也属于纸上谈兵。操练时，不能盲目地让培训者自己练习，而必须在导师的示范与指导下进行。

10）现场指导。幼儿园教师实施教育活动或技能操作时，邀请专家或培训导师或有经验的教师与"同学"，进行现场观摩、指导、点评等。该教学/培训方式最重要的环节是课后与操作后的点评与互动等，参与的每位幼儿园教师在能力上都能得到很大提高。此外，幼儿教学活动也可以以"虚拟课堂"或"说课"的形式进行。

11）自修反思。自修反思，顾名思义，就是幼儿园教师进行自主学习，然后对所学知识与技能进行自我反思。反思是促进幼儿教师对培训内容理解的有效手段。反思的类型有集体反思、个体反思、横向反思、纵向反思等，具体方法主要有对比、评价、总结等。该方式主要针对培训内容中的信息意识与态度的培养等。

12）研训一体："研"主要指教研，"训"指培训，其实二者是合一的，即"研中有训""训中有研"。研训一体以问题为指向、以科研为驱动力，旨在促进幼儿园教师的教学能力的发展，主要解决幼儿园教师教学中遇到的问题与困惑。

2. 幼儿园教师培训方式需求分析

幼儿园教师参加培训时，更喜欢的培训方式是案例教学与分析、实地考察、课堂（专家）讲授，其次是专题研讨、分组讨论，不太感兴趣的学习方式是网络自学，支持率不足15%。在城乡教师差异方面，农村教师更喜欢课堂讲授、分组讨论等培训方式，城市教师更喜欢专题研讨、专家报告、网络分析、案例分析等培训方式。通过对一线教师进行访谈还发现，他们非常希望培训能解决实际教学中遇到的问题，渴望培训能够做到理论联系实际。在具体培训方式上，他们非常希望通过课堂观摩体会信息化教学的魅力与技巧，渴望别人能与他们分享成功的教学经验，而对天天上课、布置培训任务这样的培训方式比较反感。在培训设计理念上，他们希望做到前后连贯、短期多次、即时有序等。

3. 幼儿园教师学习的特点

第一，幼儿园女教师较多，女教师在语言表达方面具有明显优势，她们的语言表达细腻，流畅性与情感性较好，也比较容易受群体氛围的感染，愿意接受不同的意见。对她们的培训比较适合采用分组协作与讨论的方式。第二，幼儿园教师普遍较为年轻，充满活力。年轻人在接受新事物、新方法方面具有明显优势，是社会新生事物的大胆尝试者。信息技术在幼儿教育中的应用需要富有活力与魄力的教师去开拓创新。第三，幼儿园教师是成人学习者，其心智水平发育成熟，拥有丰富的学习与教学的经历。丰富的经历有助于教师对新知识的理解和把握，是进一步参加学习与培训的动力与基础，相反，由于一些幼儿园教师知识与观念相对陈旧，一些信息化的新内容、新观念若与其已有的知识及观念发生冲突时，教师也会产生一定的抵触心理。这一问题的解决可以借用"心理学权威暗示效应"理论。对信息化教育的新理念、新方法应聘请知名度较高的专家以专题讲座的形式实施培训。第四，幼儿园教师具有良好的元认知意识与元认知策略。一方面，幼儿园教师十分清楚自己的知识结构，比如哪方面技能较好，哪方面技能较差；另一方面，幼儿园教师非常了解自己的认知策略，如学习特长与风格等。二者是自主学习的前提与关键，前者能帮助幼儿园教师确定学习的方向，提高学习的动力，后者能帮助幼儿园教师在培训中意识和体验到自己拥有哪些可供选择的学习方法，能根据培训任务的特点、培训的进展情况，反思自己的学习并及时地进行调节、控制、选择适合的学习方法。第五，幼儿园教师机械学习的意识较弱，理论联系实际学习的意识较强。幼儿园教师在培训学习中往往会自然而然地将新知识和技能与幼儿教育实践联系在一起，这种学习范式有利于知识的建构和提取，也有助于知识应用能力的提高。第六，幼儿园教师的学习时间紧迫，学习压力大。这是因为：一方面，幼儿教育具有社会福利性，往往没有假期，没有周末，教师的学习时间非常有限；另一方面，幼儿园教师在工作生活中时常扮演着多重社会角色。成人学习者与全职工作者的身份决定了幼儿园教师要扮演多重社会角色，角色的多重性容易造成角色责任的冲突及角色负荷的超载[1]。幼儿园教师很难全身心地投入培训的学习中，以致往往学习是零碎的。所以，在培训时间的选择与培训周期的设计上，应充分考虑幼儿园教师的实际情况。通过上述对幼儿园教师认知与学习特点的分析，从认知心理学讲，分组协作、分组讨论、专家报告与讲授、一线考察、案例分析与评价等是较适合幼儿园教师学习的教师培训方式。

4. 培训方式与培训内容的适宜性选择表

培训方式要适合培训的内容及幼儿园教师的学习认知特点。培训内容与培训方式的对应关系建议如表 5-16 所示。

表 5-16　培训内容与培训方式适宜性选择表

培训内容	建议培训方式
应用的态度与意识	自修反思、小组研讨、专题讲座、任务驱动等
信息技术知识与技能	理论讲授、实践操练、现场指导、自主合作探究、案例教学等
幼儿园环境创设	案例教学、理论讲授、自修反思等
幼儿教育活动应用（含家园合作交流）	专题讲座、理论讲授、现场指导、研训一体、问题探究、实践操练等
教师专业发展	研训一体、专题讲座、专家报告等

进一步细化后，如图 5-17 所示。

---

[1] 王银玲. 2012. 幼儿园教师的学习特点及其对职后教育的启示. 幼儿教育（教育科学），(9)：26-28，41.

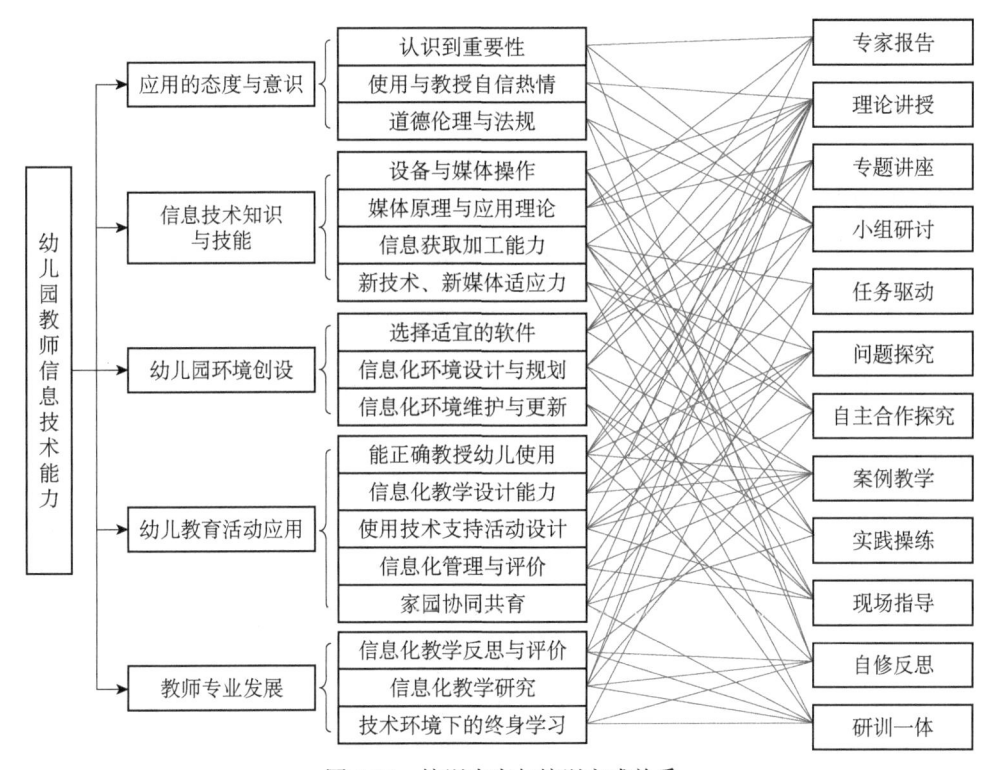

第 5 章　发展适宜性视角下信息技术在幼儿教育中的应用 | 193

图 5-17　培训内容与培训方式关系

综上，本小节提供的幼儿园教师信息素养内容与培养方式的解决方案，是一套相对合理的建议。其实无论是培训内容还是培训方式的选择都应该是灵活的，例如，某个幼儿园或某地区的幼儿园教师对某些内容掌握比较好，某些培训方式使用起来比较方便，那么相应的培训内容与方式就应做出适当的改变，或有所侧重。至于培训模式这里不再做相应的论述，培训模式是不同培训方式与不同的教学工具与手段等的多元组合，培训机构、培训规划导师及幼儿园等可以针对不同内容加以组合运用。

5.4.3　幼儿园教师信息素养提升路径

教师信息素养提升是教师在充分认识信息技术价值与作用的基础上，主动学习信息理论知识，对信息进行有效收集、评价、分析与综合以实现信息技术与具体教育教学实践整合的信息意识与能力，既是现代教师专业能力结构的组成要素，也是国家教师教育的重要措施之一。①目前，国家、省、市各级主管部门通过多轮培训正在逐步推进该工作。经过近几年的努力，培训取得了显著成效，幼儿园教师信息素养明显提升。信息素养提升还需要环境改善、观念引导、政策支持等方面协同推进。

1. 以环境改善提升幼儿园教师信息素养

（1）配备信息化硬件环境，为应用实践提供场所

教育信息化发展之初，国家集中于对基础教育（主要是义务教育阶段）和高等教育的信息化投入，形成了一个较为系统完善的信息化环境体系。相比之下，幼儿教育信息化投入和相关配置还相对薄弱，这在一定程度上对幼儿园教师进行信息技术应用实践造成诸多阻碍，势必会影响到幼儿园教师信息技术素养水平的进一步提升。幼儿教育因为尚未纳入义务教育范畴，其信息化建设相对滞后，整体的基础设施建设薄弱，区域性差异明显。高经济水平城市和地区可以保证100%的网络覆盖，通过当地政府和社区的投入与支持进行必要的信息化设施配置，为信息技术在幼儿园日常教学和事务管理提供服务。透过前面的数据分析，我们看到幼儿园教师认为"缺少设备和环境支撑"是影响他们使用技术的最为关键的因素。如果没有基本的信息化设施和环境支撑，幼儿教师就无法亲身感受到信息技术的优势和价值，使用技术改善课堂教学更是无从谈起。

（2）共建共享信息化资源，为应用实践提供支持

推动优质幼儿教育信息化资源共建共享是幼儿教育信息化的当务之急，也是影响幼儿园教师提升信息技术素养的重要因素。当前专门针对幼儿教育信息化的资源比较匮乏，现有的资源还不能很好地满足一线教师的教学和科研需要，需要技术人员和一线教师共同参与，将优秀的、富有特色的幼儿园教育教学资源进行数字化处理，促进信息化资源共建共享。

建立专题网站是信息化资源共建共享的重要方式。1996年，全美幼教协会发表了第一份《技术与早期儿童》的立场声明，随后专门成立了"技术与儿童论坛"（Technology & Young Children Interest Forum）②供研究者和实践者进行自由

---

① 姜丛雯. 2019. 教师信息素养提升政策文本的内容分析. 上海教育科研，（6）：22-26.

② Technology and Young Children: Online Resources and Position Statement | NAEYC. https://www.naeyc.org/resources/topics/technology-and-media/resources.[2023-01-20].

讨论和案例展示。网站面向家长、儿童和教师设计了不同的模块内容，为家庭和学校提供教育与技术指南及免费软件下载[1]。针对家长，网站给出了如何妥善安排电脑和孩子的建议；针对教师，网站提供了技术信息、资源和开展技术整合活动时的建议指导等。除此之外，专题网站还可以为教师提供很多指导，例如如何将使用信息技术造成的负面影响降到最低；信息技术除了辅助教学还能为幼儿园发展带来哪些影响等。最后，专题网站本身也可作为一个持续的培训和学习平台，为教师提供一个免费的专业网站，供幼儿园教师在线学习、分享和交流。

2. 以观念引导提升幼儿园教师信息素养

幼儿园教师信息技术素养主要由意识态度、知识技能、应用实践和行为习惯四个部分构成，这四部分是相互联系、互为基础的有机体，但又以正确的儿童观为根本和纽带，只有具备正确的儿童观，信息技术素养才能得以完好地体现。因此，正确的观念引导是幼儿园教师信息技术素养提升路径的基石。

问卷调查的部分结果表明，信息技术意识态度对信息技术知识技能的形成有直接的正面影响，信息技术知识技能是促成信息技术应用实践和形成行为习惯的重要基础。因此，教师要提升信息技术素养水平，首先要形成正确使用信息技术的意识态度，需要正确的观念引导。

幼儿园教师信息技术素养的根本是要树立正确的儿童与技术观，没有正确的儿童与技术观，具备再娴熟的信息技术技能也不能说明信息技术素养水平高。"不论社会环境怎样，任何针对早期儿童的教育规划、方案都必须最终关注儿童的整体发展和幸福，必须包括适宜于儿童的教育实践活动，关注儿童的健康，营养、安全与学习。"[2]不能只关注技术而不关注儿童，且一切教育教学活动都要以儿童的健康安全为首要保证，其次还要考虑到符合幼儿现有的接受水平和学习风格。

国外对幼儿教育应用信息技术的态度也是非常谨慎的，对这一问题的深入讨论也促成了研究者对幼儿教育应用信息技术较为全面、客观的认识，如《幼儿与技术：有待探索的世界》（*Young Children and Technology：A World of Discovery*）[3]、

---

[1] IBM Impact：IBM's ESG Framework. https：//www.kidsmartearlylearning.org/. [2023-01-25].
[2] 汪基德，朱书慧，等. 2020. 幼儿园教师信息技术素养与提升路径. 北京：科学出版社：184.
[3] Haugland S W，Wright J L. 1997.Young Children and Technology：A World of Discovery. Boston：Allyn and Bacon.

《幼儿与技术》（*Young Children and Technology*）[①]、《炒得过热用的太少：教室中的计算机》（*Oversold and Underused：Computers in the Classroom*）[②]、《早期教育中的技术：寻找平衡点》（*Technology in Early Childhood Education：Findings the Balance*）[③]等。这些经典的著作和学术探讨正是基于幼儿教育中应用信息技术的成熟的实践经验，也正是这些理论探讨不断引导着幼儿教育者更好地应用信息技术，并且为幼儿的学习和发展提供支持。

在调查和访谈过程中，许多幼儿园教师看到或谈论的只是技术本身，认为现代信息技术的应用的确能够吸引幼儿的注意力，使教学活动更加丰富多样，但对技术与儿童发展的认识不够全面、客观，认识还较为肤浅。让幼儿园教师树立正确的儿童与技术观是当前及今后的重点任务，也需要在各级各类幼儿园教师培训中继续加强，不能把信息技术相关的培训只看作技术技能的培训，而应在技术培训中结合幼儿的发展特点和幼儿园教师的职业特点，多一些成熟案例和实践经验的分享学习，引导幼儿园教师在幼儿园教学活动中积极应用信息技术，同时还要知道用什么、怎么用、什么时候用。

美国早期教育领域有一个应用较为成功的理念是"发展适宜性实践"，强调优秀教师是有准备的"有效教师"，应该具备全面的素质。[④]我国学前教育也应将当前的国情和幼儿教育现状、信息化水平、我国的文化特色、幼儿发展等相结合，深入研究如何应用信息技术，以更好地支持幼儿的发展，让理论研究成果更好地引导一线幼儿园教师适切、健康地使用信息技术，而不是盲目地使用或者为了避免带来负面影响而完全杜绝使用。

3. 以政策支持提升幼儿园教师信息素养

（1）加强政策支持，优化应用环境

有研究在考察发达国家、"金砖四国"、其他发展中国家（地区）等三类国家

[①] Clements D，Sarama J. 1998. Young Children and Technology. US Department of Education. Educational Resources Information Center.

[②] Cuban L，Cuban L. 2009. Oversold and Underused：Computers in the Classroom. Cambridge：Harvard University Press.

[③] van Scoter J，Ellis D，Railsback J. 2001. Technology in Early Childhood Education：Findings the Balance. Northwest Regional Educational Laboratory.

[④] 黄爽，周立莉. 2013. 如何支持幼儿的适宜性发展——发展适宜性实践中的游戏、教师和评价. 福建教育，（24）：48-51.

（地区）的信息技术应用于幼儿教育的政策的基础上发现，目前在幼儿教育应用信息技术方面，制定了有关教育发展政策的国家主要是第一类发达国家，第二类和第三类国家几乎没有国家制定过幼儿教育应用信息技术的有关政策[1]，其中包括我国。加强政策支持是形成信息技术意识态度的重要手段，只有从政策层面上对幼儿教育应用信息技术提供支持，才会形成良好的信息化环境，才能为幼儿园教师应用信息技术创造更多的实践机会。

虽然国家层面并没有明确提出相关的幼儿教育信息化政策，但自20世纪90年代起，一些幼儿园或幼教集团已经开始信息化实践，发展至今，也已形成鲜明特色。2005年以来，一些地方政府开始注重幼儿教育领域的信息化建设与发展，出台相应的政策规定，明确幼儿园的现代教育技术装备配置标准。2009年，《北京市学前教育信息化行动计划（2008—2010年）》[2]发布，该行动认为幼儿教育是基础教育的重要组成部分，幼儿教育信息化作为基础教育信息化的重要组成部分亟待建设与发展。该行动计划以提高幼儿园教育质量、提高教师信息化水平与运用信息化手段提升教育能力、引导家长掌握科学育儿的知识为主要目标，计划三年内在北京各区县建立60个学前教育示范基地，以点带面，从而促进全市幼儿教育信息化建设。2009年底，浙江省教育厅发布《浙江省幼儿园装备规范（试行）》[3]。该规范将信息技术装备配置单独列为一项，其中计算机教学办公配置、网络中心、闭路电视系统属于选配项，广播系统、安全监控系统属于必配项。2011年，江苏省教育厅印发《江苏省幼儿园信息技术装备标准》，对幼儿园信息技术装备标准要求有：每个班配备有多媒体系统，每个幼儿园配备网络办公区，要建立幼儿园网络校园、幼儿园广播系统及幼儿园安全监控系统。2011年《上海市托幼园所信息化教学环境建设配置要求》[4]发布，对园所网络环境配置、园所基本配置到班级信息设备配置均提出了具体要求：幼儿园除了配备1个多功能活动室，示范园和各区县信息化实验园可按需配备电子白板、视频会议系

---

[1] 汤杰英，周兢，韩春红. 2012. 学科教学知识构成的厘清及对教师教育的启示. 教育科学，(5)：37-42.
[2] 北京市学前教育信息化行动计划（2008—2010年）. https://www.docin.com/p-67290884.html. [2023-01-25].
[3] 浙江省幼儿园装备规范（试行）. https://max.book118.com/html/2022/0318/5030121020004202.shtm. [2023-01-25].
[4] 关于印发本市托幼园所信息化教学环境建设配置要求的通知. https://laws.ict.edu.cn/laws/difang/n20130904_4841.shtml. [2023-01-25].

统；示范园和各区县信息化实验园可按需配备多媒体资源室，提供可访问连接互联网或区教育网、园所内部资源的电脑，供教师或幼儿、家长访问相关多媒体资源；建议每园配备一定数量的笔记本电脑，提供给教师，用于移动办公和外出学习培训。2012年12月，河南省教育厅印发的《河南省幼儿园办园基本标准（试行）》[①]要求，将电视机、DVD、录音设备等现代信息技术产品作为园所的必配设备，而办公计算机、打印机、数码相机、摄像机、投影仪、视频展示台、广播系统等较高一级的多媒体设备则根据园所的经济实力选配。2021年1月，上海市教委发布《上海市幼儿园信息化建设与应用指南（试行）》，指出幼儿园信息化建设与应用要以用好"上海学前教育网""园园通管理平台"等市级学前教育信息化应用与服务为抓手，通过"管理通""课程通""家园通"等云应用，满足幼儿园在园所管理、保教实施、卫生保健、家园社区等方面的技术应用场景和服务需求，同时要按照《上海教育数据管理办法（试行）》归集园所教育数据，进一步支撑上海教育信息化"一体化平台、多元化应用"总体架构。[②]

这些政策、规范标准的出台说明政府已经意识到信息技术在学前教育领域的广泛应用，开始提供必要的政策支持，帮助幼儿园建设必要的信息化环境，配置必要的教育技术装备，以更好地适应信息化社会对教育教学的要求。随着国家和地方政府对幼儿教育的重视，幼儿教育信息化的政策支持和资金投入会逐渐增加，这为幼儿园教师提升信息技术素养提供重要的保障。

（2）强化技术领导力，激发教师的使用意愿

强化技术领导力是加强信息技术应用实践的重要基础，为形成和发展信息技术素养提供持续的原动力。园长的技术领导力和技术激励措施在一定程度上也会促进幼儿园教师积极地进行信息技术实践与应用。

对于幼儿园来说，园长的技术领导力对幼儿园教师提升信息技术素养有着重要的影响。一个具备良好信息技术素养和远见的园长，不但能够意识到信息技术对幼儿园各方面发展的重要作用，积极鼓励教师使用信息技术，为教师提供培训机会，而且能够投入资金配置现代教育技术装备和创设信息化环境。

---

① 《河南省幼儿园办园基本标准（试行）》. http://www.henan.gov.cn/zwgk/system/2012/12/18/010353481.shtml. [2023-01-25].

② 上海市教育委员会关于转发《上海市幼儿园信息化建设与应用指南（试行）》的通知. http://www.age06.com/Age06Web3/Home/ImgFontDetail/c9ef6346-1fca-4b4a-9438-d3c22bbc368e. [2023-01-25].

幼儿园在信息化方面取得的成功离不开园长的技术领导力，正是由于院长对新技术的关注和积极投入，才会带动教师学习新技术、应用新技术，并对幼儿园的其他方面（如管理、研究等）产生积极的影响。我们在调研中同样了解到，越来越多的园长和地方教育部门意识到现代信息技术对幼儿教育的影响和价值，并开始积极地制定行动计划，投入相应的设施建设。

第 6 章

研究结论与总结

6.1 研究结论

我们通过大量研究，对幼儿教育信息化这个新领域获得了诸多新的认识与理解，也产生了诸多想法与建议，从现状与对策两个维度概况如下。

6.1.1 信息技术在幼儿教育中应用的研究与发展现状

1. 幼儿教育信息化研究现状

首先，我们系统梳理了国内外相关文献资料，分析了以往研究取得的成果、存在的问题以及国外可供借鉴的经验等，以全面了解学前教育信息化的研究现状。通过对国内近十五年相关文献的分析发现：①我国学前教育信息化尚处于发展的初级阶段，研究成果数量不多，内容庞杂但深度不够；②信息技术在幼儿教育中的应用"利"大于"弊"，信息技术是非常重要的幼儿教育工具，能够有效弥补传统教育的不足，对幼儿的全面发展产生积极的影响；③幼儿教育信息化依然缺少恰当的指导理论；④幼儿园信息化硬件环境建设水平参差不齐，优质幼儿教育资源匮乏，二者都有待提升；⑤信息技术在幼儿教育活动中应用层次较低，无论是设备类型、使用形式还是应用目的等，都相对基础或简单；⑥幼儿园教师信息素养不高，且教师培训没有合理的内容体系及有效的培训方式。通过国外研究现状的分析则发现：①国外已用大量实验证明信息技术在幼儿教育中的应用是可行的；②信息技术与传统教具一样是幼儿园环境的组成部分，它与传统教具相辅相成共同促进幼儿的发展；③幼儿教育信息化的发展离不开国家与政府的推动，国家的资金支持与政策引导是幼儿教育信息化发展的重要条件；④信息技术在幼儿教育中的应用应以发展适宜性为基本原则；⑤信息技术在幼儿教育中应用的关键是为幼儿开发、选择适宜的软件；⑥教师培训是提升信息素养的重要渠道，培训的重点内容是信息技术教育应用信念和教学应用能力。

2. 幼儿教育信息化发展现状

为深入了解幼儿教育信息化现阶段发展特征，课题组对河南等5个省份的883名幼儿园教师进行了问卷调查，并对191名幼儿园教师进行了集体座谈。通过问卷分析与访谈整理发现：①目前，绝大多数被调查幼儿园教师认为，信息技术能够提高幼儿教育的效果，信息技术在幼儿园各年级、各领域课程、各类活动中均具有广阔的应用前景；②幼儿园信息化硬件设施并未达到幼儿教育信息化的理想要求，尤其表现为新设备的结构化缺失和区域性发展的极度不平衡，亟须进一步完善与升级；③幼儿教育资源表现为"两多"与"两少"的对立矛盾，即"种类很多""数量很多"，但"与教学活动相适合的少""符合幼儿发展规律的少"；④幼儿园教师虽然具备相当的信息技术使用意识和愿望，但自身信息技术知识与教学应用能力却不高；⑤信息技术在幼儿园的应用不但缺少设备与资源的支持，而且缺乏应用方法的指导和活动案例的引导；⑥幼儿园教师渴望参加教师培训，但培训内容往往与他们的实际需要存在一定差距。

6.1.2 从发展适宜性视角提出理论与实践对策

1. 基于发展适宜性系统提出信息技术幼儿教育应用的指导思想

在分析文献资料与调研实际现状的基础上，构建了幼儿教育信息化"一个原则，三个核心"的指导思想体系。研究认为：①我国幼儿教育信息化应以"发展适宜性"为基本原则，这是幼儿教育信息化理论建构与实践推进的必然立场；②幼儿发展理论能清晰地告诉我们幼儿发展的特点与规律，它为技术应用提供具体指导方法论，为幼儿园信息化环境创设、幼儿设备与媒体选择、幼儿教育软件设计与开发、幼儿信息化活动设计实施提供理论指导，为幼儿教育效果评价提供理论支撑；③多元智能理论为幼儿教育信息化树立了正确的儿童观，为信息技术在幼儿教育中应用提供条件，信息技术、多元智能、幼儿园活动形成明显的对应发展关系；④最近发展区理论强调幼儿的社会文化背景，主张为幼儿发展提供恰当的支持和助学，这是发展适宜性实践的策略指南。幼儿教育信息化的实质就是利用技术在幼儿的最近发展区搭建适宜的支架，促进幼儿的发展。

2. 提出学前教育信息化发展的适宜性策略

（1）幼儿园信息化硬件环境建设

由于幼儿园教育的特殊性，根据发展适宜性原则，幼儿园硬件环境建设须具体遵循以幼儿为本、统筹兼顾、逐步推进及配备标准化理念；分别从前期分析，建设目标确立、功能及其环境选择、设备要素分析、建设实施与测试完善等环节进行适宜设计与配置。幼儿园硬件环境建设与发展主要受社会影响因素（新技术新媒体推广、社会声誉等），政府与教育管理部门（决策与规划、评价评估要求、财政支持等），幼儿园自身条件（领导意识、教师诉求、经济基础等）等因素共同影响，但其影响程度各异。条件较好的幼儿园信息化硬件环境发展主要受内部诉求的影响，发展中幼儿园信息化硬件环境建设主要受外部压力的影响，普通幼儿园更多的受上级教育部门导向的影响。幼儿园信息化硬件环境发展关注资金可持续性体制的形成、幼儿园信息化环境意识的建设、信息化资源环境的协同发展、先进技术与新媒体发展。最后针对幼儿园电脑区角、幼儿园班班通等信息化环境建设提供了案例参考。

（2）幼儿教育软件资源设计与开发

软件与资源是教育信息化发展首要突破的必要条件。依据发展适宜性理论，其开发遵循教育性、启蒙性、趣味性、技术规范等理念，幼儿参与软件设计的方式包括情境式设计、参与式设计、信息提供式设计、合作询问式设计，幼儿教育软件设计开发须遵循一般流程选择符合幼儿认知特点与习惯的设计思路，选择适宜的娱教式设计开发、移情式设计开发、启发式设计开发等模式。

（3）信息技术在幼儿教育活动中应用

幼儿园课程以活动的形式开展，信息技术应用的关键是将技术融入幼儿活动（课程）中，即将信息技术融入幼儿教育课程的各类教育活动中，为幼儿创设适宜的信息化学习环境，支持幼儿的学习与认知，促进幼儿的全面发展。融合按照层次深度可分为以资源环境为中心的幼儿园课程融合、幼儿园课程本位的课程融合。技术融合幼儿活动通过选择适宜的指导理论、建设丰富的幼儿园课程资源、运用信息化幼儿活动设计的思路、构建针对活动领域融合模式来实现。最后，本书针对关键问题设计了技术应用模型及基于交互式电子白板的活动应用案例。

（4）幼儿园教师信息素养水平的提高

幼儿园教师信息素养水平是幼儿教育信息化这场改革的关键。本书分析了国外、国内信息素养或教师能力标准与要求，结合文献研究设计包括应用态度与意识、信息技术知识与技能、幼儿园环境创设、幼儿园活动应用、教师专业发展具体18个模块的知识体系，通过分析培训内容属性与培训对象特点，结合调研提出了适宜培训方式。幼儿园教师信息素养提升路径除了创新培训内容与方法之外，还要以环境改善（如配备信息化环境、共建共享信息化资源等）、观念引导（如幼儿观、技术观等）、政策支持（如支持应用环境规划、强化信息化领导力等）共同促进幼儿园教师信息素养的提升。

6.2 研 究 总 结

6.2.1 研究回顾

回顾过去，我们围绕国内幼儿教育信息化发展框架，从发展适宜性视角围绕幼儿园环境建设、资源开发、活动应用、教师信息素养等四个方面，具体做了如下工作。

1. 前期幼儿园走访

选题前我们首先走访了开封七彩阳光幼儿园、开封世纪星幼儿园、开封金明幼儿园、河南大学附属幼儿园等几所学校。通过对幼儿园的走访以及与幼儿园教师的交流，我们对幼儿园信息化环境建设及信息技术应用等问题有了基本了解。我们发现幼儿园与幼儿园之间，无论是设备建设还是教师应用理念，都存在很大差异，他们对信息技术应用的态度和理解也并不像我们想象得那么乐观。

2. 幼教电子产品考察

为了深入了解幼儿软硬件设计与开发的理念、流程及方法，我们考察了广州创显光电科技有限公司。该公司是一家集幼儿教育软件资源开发、交互式电子白板/幼儿平板研发与生产、网络幼教资源平台开发与服务为一体的中型企业。在对公司为期一周的考察中，我们掌握了幼儿教育信息化设备与幼儿教育软件设计开发的基本思想、主要流程及一些重要方法，也对国内幼儿园信息化硬件与软件产业发展现状有了较为深入的了解。

3. 国内文献梳理与分析

研究搜集了国内 2007—2021 年的有关信息技术（多媒体）在幼儿教育中应用的论文 232 篇和一些图书资料、专题网站资料等。在对资料进行了归类、分析与总结的基础上，探索了国内幼儿教育信息化的研究取向，总结了目前研究已经取得的成就及对一些重要、重大问题的研究进度等，从文献的视角总结了国内幼儿教育信息化的现状与存在的问题。

4. 国外幼儿教育信息化研究与发展探索

国外一些教育较为发达的国家，它们的 ICT 早期教育应用的理论与实践研究比较成熟。为了找到可供国内借鉴的应用模式，团队对国外幼儿教育信息化发展的几个核心问题进行了梳理，总结了一些具有参考价值的经验。国外资料介绍发展现状的研究并不多，主要是一些实验和理论分析，但通过对一些专题的分析基本能领会国外该领域发展的重要理念与举措。

5. 幼儿应用现状调研与分析

我们对河南、广西、贵州等 5 个省份的 883 名幼儿园教师进行了问卷调查，对河南 300 多名幼儿园教师开展了分组座谈，同时对省内多所幼儿园进行了实地走访。通过数据与资料分析，我们掌握了幼儿园信息技术硬件环境建设情况、幼儿教育软件设计与开发、幼儿教育中信息技术应用的基本现状与存在的问题、幼儿园教师信息素养水平、幼儿园教师的培训现状与需求等。这些问题较为全面地反映了我国幼儿教育信息化发展特征。

6. 观摩幼儿园信息化课堂活动

团队成员在河南大学附属幼儿园、开封实验幼儿园、七彩验光幼儿园、开封群英幼儿园、开封新区牛津幼儿园等建立了信息化教学应用试点。在信息技术教学实践过程中，我们首先对幼儿园教师进行了操作与应用培训，然后与教师交流合作进行课堂教学设计，观摩了 30 多节幼儿课堂活动，设计并录制信息化课堂教学活动案例视频 17 节，并进行了编辑、整理。在后期的研究中，我们从这些实践案例中总结出了三种基于交互式电子白板一体机的教学应用模式。

7. 幼儿教育信息化指导思想确立

针对幼儿教育信息化缺乏指导理论的问题，通过分析幼儿教育和教育信息化的基本理论，参考国外幼儿教育实践及 ICT 幼儿教育应用的理念，尤其发展适宜性实践，提出了幼儿教育信息化发展的指导理论体系，即幼儿发展适宜性提供立场与原则，幼儿认知与发展理论提供行动指南、多元智能理论提供幼儿发展与评价观、最近发展区理论提供应用策略指南等。梳理了各个指导理论的基本观点与内涵，分析了理论的具体指导作用。

8. 信息技术在幼儿教育中应用的发展适宜性策略

幼儿教育信息化发展的基本框架是信息化环境建设、教育软件资源开发、信息技术教学活动应用、教师信息素养培训等。①幼儿园信息化硬件环境建设。提出了建设的原则、建设的策略，分析了影响建设要素及发展对策，设计了典型环境的解决方案。②幼儿教育软件设计与开发。提出了幼儿教育软件设计与开发的原则、设计与开发的策略、设计与开发模式。③信息技术在幼儿教育活动中的应用。提出了信息技术与课程融合的内涵、层次、途径，信息化活动的设计策略，基于交互式电子白板的信息技术课堂应用方法及常用模式，媒体与技术选择模型等。④幼儿园教师信息素养培训。构建了一个培训内容方案及适宜性培训方式，描绘了培训内容与培训方式的对应关系，提出了幼儿园教师信息素养提升策略。

以上是研究过程中所做的主要工作，也可以把它们概况为四个方面：幼儿信息化研究现状梳理，幼儿教育信息化特征调研，发展适宜性理论体系构建与解读，幼儿教育信息化发展适宜性策略构建。

6.2.2 研究掠影

研究过程中的部分调研合影如图 6-1—图 6-9 所示。

第 6 章 研究结论与总结 | 209

图 6-1 课题组成员与幼儿园骨干教师合影

图 6-2 幼儿园教师利用交互式电子白板教学互动

图 6-3 幼儿园教师使用多媒体授课

图 6-4　幼儿园教师使用多媒体开展活动

图 6-5　课题组成员访谈幼儿园教师

图 6-6　课题组成员与部分幼儿园教师座谈

图 6-7　课题组成员与幼儿园教师座谈

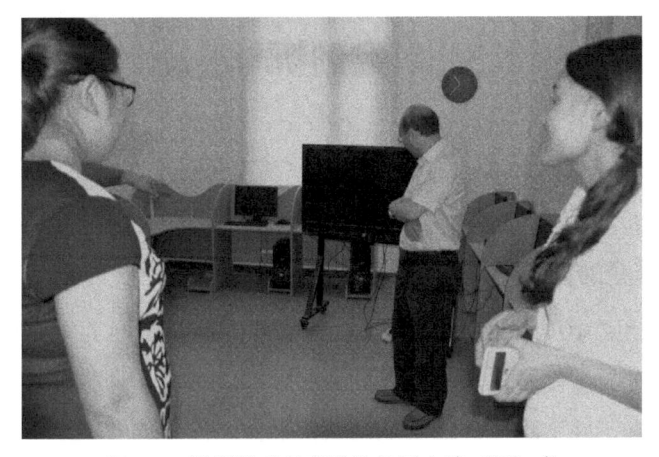

图 6-8　课题组成员查看幼儿园电脑（区）角

图 6-9　笔者与孩子们在一起

6.2.3　研究反思

信息技术在幼儿教育中的应用选题是一个交叉研究领域，目前国内系统地对该问题的研究还较少，许多研究领域甚至近乎空白。本希望通过"发展适宜性"视角能带给我们更大的空间，解决这个复杂的问题，岂料研究要远比我们想象得艰难。研究从确定选题至今已五年有余，在这五年多的时间里，我们一次次遇到瓶颈、百思莫解，而又一次次化险为夷、继续前行。现在研究已经基本完成，笔者认为研究所做的一些工作还是非常值得的，研究提出的结论虽然存在一些不足，但依然对该研究领域，对教育技术、学前教育学科具有参考意义。

6.3　研究创新与不足

6.3.1　研究创新之处

1. 研究选题的创新

幼儿教育自2010年已经成为我国教育事业改革与发展的重要任务之一；推进教育信息化进程是教育改革与发展的重要保障，二者均为教育领域的热点。无论是从国外教育发展轨迹看，还是从现代信息技术应用的发展趋势分析，幼儿教育信息化将是幼儿教育发展的必然趋势之一。尽管目前该领域的研究还很少，但信息技术在幼儿教育中的应用无疑能发挥重要作用。因此，对幼儿教育信息化的研究是一个热点，具有一定的创新性与前瞻性。

2. 研究视角的创新

信息技术在幼儿教育中的应用涉及内容与主题较多，是一个非常宽泛且复杂的存在。面对该选题必须选择一个适宜的研究视角，或从幼儿发展的视角，或从幼儿园课程的视角，或从信息技术功能的视角等，但本书从发展适宜性为视角，以教育信息化发展任务为抓手，则能有针对性地解决幼儿教育信息化发展的一些现实问题，如幼儿园信息化环境如何建设的问题、幼儿教育软件资源如何开发等。

3. 研究结论的创新

研究在构建幼儿教育信息化指导思想时，引入"发展适宜性"概念。发展适宜性强调以幼儿发展规律为准则的理念。把发展适宜性作为现阶段信息技术在幼儿教育中应用的基本原则，是科学、理性的；另外，适宜性发展策略具有一定的开拓性。幼儿园信息化硬件环境建设策略、幼儿教育软件设计与开发策略、信息技术在幼儿教育活动中应用策略、幼儿园教师信息素养提升策略等均有一定创新。

6.3.2 研究不足之处

1. 发展适宜性理论渗透不足

从发展适宜性视角探讨幼儿教育的信息化问题，犹如摸着石头过河。提出的策略也主要从理论层面演绎而来，或将其他教育领域信息化的经验与幼儿发展适宜性原则相互融合而成。因此，难免有人对结论持反对、质疑态度，这也是结论走向成熟需要经历的严峻考验。

2. 幼儿教育理论把握不够

这个选题需要扎实的幼儿教育理论功底。尽管在这方面团队做了大量努力，阅读了不少学前教育、幼儿发展心理学、幼儿教育心理学等书籍，咨询了有关学前教育专家，囿于时间、专业、思维范式等原因，我们对幼儿教育理论的把握还有待提高。

6.4 研究展望

结合现有的研究成果，今后我们拟在以下方面做进一步研究。

1）对本书研究提出的硬件环境建设策略、软件设计开发方法、信息技术应用模式与方法等在实践中运用、评价，检验其合理性并对策略进行完善。

2）结合幼儿认知与发展心理学知识探讨信息技术对幼儿学习与发展的影响机制。

3）构建针对幼儿园五大领域课程整合的活动专有应用模式，并设计开发一定的案例。

4）针对不同类型的幼儿园开展教育信息化调研，掌握更加准确的发展特征，提出更有针对性的发展建议。

参 考 文 献
FERENCE

中 文 文 献

著作

陈帼眉，姜勇. 2007. 幼儿教育心理学. 北京：北京师范大学出版社.

冯晓霞. 2010. 计算机与幼儿教育. 北京：人民教育出版社

郭力平. 2007. 信息技术与早期教育. 上海：华东师范大学出版社.

何克抗. 2008. 信息技术与课程深层次整合理论. 北京：北京师范大学出版社.

何克抗，吴娟. 2007. 信息技术与课程整合. 北京：高等教育出版社.

黄人颂. 2010. 学前教育学. 2版. 北京：人民教育出版社.

黄荣怀. 2002. 信息技术与教育. 北京：北京师范大学出版社.

卡罗尔·格斯特维奇. 2011. 发展适宜性实践. 雷力岩，等译. 北京：教育科学出版社.

劳拉·E. 贝克. 2002. 儿童发展. 吴颖，等译. 北京：北京理工大学出版社.

李龙. 2020. 教育技术学论纲——教育技术的前世、今生和未来. 上海：华东师范大学出版社.

梁志燊. 2000. 学前教育学. 北京：北京师范大学出版社.

林崇德. 2009. 发展心理学. 北京：人民教育出版社.

刘金花. 2006. 儿童发展心理学. 上海：华东师范大学出版社.

刘金花. 2010. 儿童发展心理学. 修订版. 上海：华东师范大学出版社.

南国农，李运林，祝智庭. 2004. 信息化教育概论. 北京：高等教育出版社.

南国农，李运林，祝智庭. 2011. 信息化教育概论. 2版. 北京：高等教育出版社.

皮连生，杨心德，吴红耘. 2009. 学与教的心理学. 上海：华东师范大学出版社.

齐沪扬，陈昌来. 2004. 应用语言学纲要. 上海：复旦大学出版社.

汪基德，朱书慧. 2020. 幼儿园教师信息技术素养与提升路径. 北京：科学出版社.

王鉴. 2007. 课堂研究概论. 北京：人民教育出版社.

王永军. 2007. 幼儿教师信息素养及其培养初探. 上海：华东师范大学出版社.

王运武，陈琳. 2008. 中外教育信息化比较研究. 北京：电子工业出版社.

王振宇. 2000. 儿童心理发展理论. 上海：华东师范大学出版社.

维果茨基. 1994. 思维与语言. 维果茨基教育论著选. 余震球选译. 北京：人民教育出版社.

张万兴. 2003. 课堂教学艺术完全手册：第一编：教育心理. 北京：中央民族大学出版社.

张燕，邢利娅. 1999. 学前教育科学研究方法. 北京：北京师范大学出版社.

中国/联合国儿童基金会幼师合作项目学校电化教育工作协作组. 1997. 电化教育基础. 天津：天津教育出版社.

朱曼殊. 1986. 儿童语言发展研究. 上海：华东师范大学.

朱智贤. 2003. 儿童心理学. 北京：人民教育出版社.

Koskinen L，Mattelmaki T，Battarbee K. 2011. 移情设计：产品设计中的用户体验. 孙远波，姜静，耿晓杰译. 北京：中国建筑工业出版社.

期刊

包红英. 1997. 电化教学如何促进幼儿身心健康发展. 中国电化教育，(4)：39-40.

曹亚琴. 2003. 幼儿教师如何利用多媒体辅助教学. 中国成人教育，(6)：84.

陈钢. 2010. 媒介技术变迁对儿童同伴关系的影响. 现代教育技术，(6)：11-14.

陈维维. 2020. 学龄前儿童人工智能启蒙教育的研究现状与实践路径. 电化教育研究，41（9）：88-93.

程五一，杨明欢. 2012. 基于中国传统文化的幼儿教育资源开发与应用研究. 中国电化教育，(8)：97-101.

"电化教育促进幼儿园教育活动过程的优化"课题组. 1995. 电化教育促进幼儿园教育活动过

程的优化（上）. 电化教育研究，（3）：52-56.

"电化教育促进幼儿园教育活动过程的优化"课题组. 1995. 电化教育促进幼儿园教育活动过程的优化（中）. 电化教育研究，（3）：59-65.

"电化教育促进幼儿园教育活动过程的优化"课题组. 1995. 电化教育促进幼儿园教育活动过程的优化（下）. 电化教育研究，（1）：22-28.

丁祖荫，哈咏梅. 1985. 幼儿形状辨认能力的发展. 南京师大学报（社会科学版），（3）：11-20.

董奇，孙燕青. 2002. 多媒体条件下儿童英语学习的效果与影响因素. 北京师范大学学报（社科版），（4）：5-11.

付卫东，周威. 2021. "十四五"时期我国学前教育教师队伍建设：主要形势与重点任务. 现代教育管理，（4）：83-91.

郭力平，钱琼. 2006. "计算机与学龄前儿童发展"公众观的调查与分析. 上海教育科研，（12）：28-30.

郭力平，钱琼，王隽，等. 2006. 上海市幼儿园应用信息技术的调查与分析. 上海教育科研，（6）：37-40.

郭力平，王隽. 2005. 如何看待信息技术在幼儿教育中的应用. 人民教育，（11）：20-21.

何克抗. 2002. 网络时代呼唤教育理论创新（上）——对皮亚杰（J. Piaget）"儿童认知发展阶段论"的质疑. 电化教育研究，（10）：7-15.

何克抗. 2002. 网络时代呼唤教育理论创新（中）——对皮亚杰（J. Piaget）"儿童认知发展阶段论"的质疑. 电化教育研究，（11）：18-21.

何克抗. 2002. 网络时代呼唤教育理论创新（下）——对皮亚杰（J. Piaget）"儿童认知发展阶段论"的质疑. 电化教育研究，（12）：12-19.

何克抗. 2005. 儿童思维发展新论和语文教学改革. 中国电化教育，（10）：5-10.

何克抗. 2011. 我国教育信息化理论研究新进展. 中国电化教育，（1）：1-19.

何磊，黄艳霞，金晓晓. 2009. 信息技术与幼儿教育的整合. 学前教育研究，（1）：56-59.

何磊，王满华，杨薇薇. 2009. 多媒体在幼儿语言教学中应用的效果研究. 现代教育技术，（9）：58-61.

洪秀敏. 2020. "停课不停学"背景下幼儿园教师专业发展的挑战与应对. 学前教育研究，（6）：27-30.

胡传朵. 2000. 幼儿说话训练. 中国电化教育，（10）：35.

胡金艳，冯小燕. 2010. 试论儿童现实世界和虚拟世界经验的"双向迁移". 中国教育信息化，
　　（8）：19-21.

胡卫星，王洪娟. 2012. 交互式电子白板课堂教学应用研究的现状分析. 中国电化教育，（5）：
　　104-108.

黄革成. 2002. 多媒体技术在幼儿教育中的作用. 学前教育研究，（3）：23-24.

黄荣怀，曹原，曾海军. 2003. 论教育信息化与信息技术教育. 信息技术教育，（3）：24-37.

霍力岩. 2000. 加德纳的多元智力理论及其主要依据探析. 比较教育研究，（3）：38-43.

蒋宗珍. 2020. 学前教育信息化技术创新与应用研究——评《学前教育信息技术基础与应用》.
　　科技管理研究，（24）：263.

焦艳，于开莲，易进. 2006. 计算机与幼儿课程整合. 学前教育研究，（5）：23-26.

李红云，金红燕. 1999. 开展多媒体电脑教学，促进幼儿综合素质的发展. 电化教育研究，
　　（4）：78-81.

李龙. 2004. 教育技术学科知识体系的构成——三论教育技术学科的理论与实践. 电化教育研
　　究，（2）：3-8.

李芒，蒋科蔚. 2012. 教育信息化与"现代化风险". 现代远程教育研究，（2）：3-12.

李平毅. 1996. 结合幼儿生理心理特征搞好幼儿电化教育. 中国电化教育，（4）：32-34.

李艳征，吴婷婷. 2020. 启发式教学需做到"三结合". 中国教育学刊，（6）：103.

李燕芳，王文静，魏章纪等. 2008. 儿童多媒体英语学习资源设计研究——以攀登英语学习实
　　验为例. 中国电化教育，（9）：73-77.

梁文鑫，王丽娜. 2010. 计算机技术促进儿童英语学习现状探析. 现代教育技术，（1）：50-53，
　　58.

梁文鑫，张萍，吴一鸣. 2010. 多媒体动画的语境线索及支持条件对儿童英语学习的影响研究.
　　电化教育研究，（11）：104-107.

刘济远. 2003. 现代多媒体技术的运用与幼儿语言能力的培养. 学前教育研究，（5）：56-57.

刘利萍. 2004. 幼儿无须电脑. 学前教育研究，（6）：55.

刘睿. 2009. 启蒙教育与人的全面发展. 学前教育研究，（7）：36-39.

刘铁芳. 2019. 适应与超越：信息技术时代的儿童教育. 教育发展研究，（2）：29-32.

刘霞，陈蓉晖. 2019. 幼儿园教学活动中融入信息技术障碍类型与影响因素分析. 学前教育研
　　究，（3）：71-84.

刘珍芳. 2007. 浙江省学前教育信息化现状的调查分析及对策研究. 中国电化教育, (8): 34-38.

刘珍芳. 2010. 幼儿教师信息素养现状调查与分析. 现代教育技术, (11): 64-68.

刘珍芳. 2011. 幼儿教师信息素养培养模式研究. 中国电化教育, (5): 106-108.

刘志军. 2004. 高中生的自我概念与其学校适应. 心理科学, (1): 217-219.

柳阳辉. 2013. 郑州市幼儿园信息化硬件建设现状与发展对策. 学前教育研究, (10): 25-30.

南国农. 2002. 教育信息化建设的基本理论与实际问题（上）. 电化教育研究, (11): 3-6.

南国农. 2013. 怎样理解信息技术及其教师素养形成. 现代远程教育研究, (1): 3-6.

倪蓓君. 2021. "互联网+"视域下学前教育实践教学体系的构建——评《学前教育实践教学组织与指导》. 科技管理研究, (15): 230.

齐亚楠, 杨宁. 2020. 4—5岁留守学前儿童自我概念与社会退缩的关系——心理弹性的中介和调节作用. 学前教育研究, (2): 41-56.

乔莹莹, 周燕. 2021. 人工智能时代幼儿园教师信息素养的内涵与培养. 学前教育研究, (11): 58-61.

桑青松, 陈海燕. 2004. 幼儿园实施信息技术活动课程的保障措施. 学前教育研究, (9): 55.

王雁, 焦艳. 2003. 优化幼儿电脑活动的环境——电脑使用不当的弊病及预防. 学前教育研究, (5): 30-32.

王志清. 1997. 自然教学中对儿童非智力因素的培养. 中国电化教育, (4): 34-35.

温海涛, 赵玲凤. 2001. 多媒体在学前教育中的应用. 中国电化教育, (12): 21-23.

吴小蕊. 2008. 论网络环境下少儿图书馆的信息资源建设. 图书馆学研究, (12): 38-40.

邢建华. 2010. 信息技术在幼儿园社会教学活动中的有效性. 中国教育信息化, (24): 49-50.

邢西深, 金传洋. 2020. 信息化助推学前教育现代化发展研究. 现代教育技术, (6): 108-113.

杨靖, 黄京华. 2011. 农村留守儿童媒介素养教育四阶梯的构建与实践路径思考. 电化教育研究, (6): 30-33, 43.

杨姗姗, 郭力平. 2009. 论幼儿教育软件中儿童的参与. 中国电化教育, (6): 61-65.

于开莲, 曹磊. 2021. 教育信息化2.0时代幼儿园教师信息技术素养评价指标体系构建研究. 电化教育研究, (8): 51-58.

于开莲, 徐小龙, 郭力平. 2003. 计算机与早期儿童教育. 心理科学, (2): 337-340.

郁晓华. 2011. 幼儿多触控虚拟学具的研究与设计. 中国电化教育, (1): 133-137.

郁晓华, 薛耀锋, 祝智庭. 2010. 多触点技术的教育应用前景分析. 中国电化教育, (2): 107-

110.

张炳林, 王程程. 2014. 国外学前教育信息化发展与启示. 电化教育研究, (10): 29-35.

张乐乐. 2014. 面向学前儿童的移动媒体资源设计研究. 中国远程教育, (10): 71-77.

张文兰, 马小芳, 胡姣. 2020. 信息技术对幼儿学习与发展的影响——基于50篇实验或准实验研究的元分析. 学前教育研究, (7): 24-38.

章乐. 2018. 儿童立场与传统文化教育——兼论小学道德与法治教材中的中华传统文化教育. 课程·教材·教法, (8): 21-26.

赵慧臣. 2013. 幼儿数字化学习资源的移情式设计. 电化教育研究, (10): 33-39.

郑芳霞. 2012. 幼儿园教师现代教育技术能力培训现状调查与分析. 中国教育信息化, (8): 13-15.

郑名, 路娟. 2009. 西北地区示范性幼儿园多媒体教学的调查与分析. 电化教育研究, (1): 41-45.

钟启泉. 2013. 维果茨基学派儿童学研究述评. 全球教育展望, (1): 11-31.

周晶, 郭力平. 2016. 从理想到现实: "发展适宜性实践"的发展变化——全美幼教协会DAP及其立场声明撰写者Sue Bredekamp教授访谈录. 学前教育研究, (1): 3-8.

朱书慧, 汪基德. 2013. 我国学前教育信息化建设与应用研究现状. 电化教育研究, (10): 40-46.

邹霞. 2006. 论实验研究方法在教育研究中的应用——就《儿童思维发展新论和语文教育的深化改革》一文与何克抗教授商榷. 电化教育研究, (5): 40-43.

网络资源

北京市教育委员会关于进一步加强北京市教育信息化工作的意见. http://www.bjedu.gov.cn/publish/portal0/tab67/info11522.htm. [2021-01-15].

关于印发本市托幼园所信息化教学环境建设配置要求的通知. http://www.shmec.gov.cn/html/xxgk/201111/402022011004.php. [2021-01-15].

《河南省幼儿园办园基本标准（试行）》. http://www.henan.gov.cn/zwgk/system/2012/12/18/010353481.shtml. (2012-12-18) [2021-10-06].

教育部关于印发《教育信息化2.0行动计划》的通知. http://www.moe.gov.cn/srcsite/A16/s3342/201804/t20180425_334188.html. (2018-04-18) [2021-11-10].

教育部关于印发《教育信息化十年发展规划（2011—2020 年）》的通知. http://www.moe.gov.cn/srcsite/A16/s3342/201203/t20120313_133322.html.（2012-03-13）[2021-11-10].

教育部关于印发《中国教育现代化 2035》的通知. http://www.gov.cn/xinwen/2019-02/23/content_5367987.htm.（2019-02-03）[2021-11-10].

习近平出席全国教育大会并发表重要讲话. http://www.gov.cn/xinwen/2018-09/10/content_5320835.htm.（2018-09-10）[2021-11-10].

浙江省教育厅关于印发《浙江省幼儿园装备规范（试行）》的通知.http://jyt.zj.gov.cn/art/2009/12/21/art_1532973_27484950.html.（2009-12-21）[2021-10-06].

中共中央国务院关于学前教育深化改革规范发展的若干意见. http://www.gov.cn/zhengce/2018-11/15/content_5340776.htm.（2018-11-15）[2022-12-06].

2020 年全国教育事业统计主要结果发布. http://www.moe.gov.cn/jyb_xwfb/s5147/202103/t20210302_516416.html.（2021-03-02）[2021-10-06].

英 文 文 献

Barron A E，Kemker K，Harmes C，et al. 2003. Large-scale research study on technology in K-12 schools：Technology integration as it relates to the National Technology Standards. Journal of Research on Technology in Education，35（4）：489-507.

Bittman M. 2011. Digital natives？New and old media and children's outcomes. Australian Journal of Education，52（2）：161-175.

Bittman M，Rutherford L，Brown J，et al. 2011. Digital natives？New and old media and children's outcomes. Australian Journal of Education，55（2）：161-175.

Bolstad R. 2004. The role and potential of ict in early childhood education：A review of new zealand and international literature. https://www.nzcer.org.nz/research/publications/role-and-potential-ict-early-childhood-education-review-new-zealand-and-intern.

Bredekamp S，Rosengrant T J. 1992. Reaching Potentials：Appropriate Curriculum and Assessment. Washington，DC：NAEYC.

Burgul N, Yagan M. 2009. The importance and the roles of information technologies in preschool education. Procedia Social and Behavioral Sciences, 2883-2888.

Chen J Q, Chang C. 2006. Testing the whole teacher approach to professional development: A study of enhancing early childhood teachers' technology proficiency. Early Childhood Research & Practice, (1): 1-18.

Childress M, Lee G, Sherman G. 1999. Reviewing software as a means of enhancing instruction. Information Technology in Childhood Education Annual, (1): 255-261.

Choua M. 2012. Kindergarten teachers' information technology teaching beliefs: the critical path toward teaching effectiveness. Educational Technology and Society, (8): 267-283.

Clements D H, Sarama J. 2003. Strip mining for gold: Research and policy in educational technology—A response to "fools gold". Educational Technology Review, 11 (1): 67-69.

Cordes C, Miller, E. 2000. Fool's gold: A critical look at computers in chidhood. https://eric.ed.gov/? id=ED445803.

Couse L J, Chen D W. 2010. A tablet computer for young children? Exploring its viability for early childhood education. Journal of Research on Technology in Education, 43 (1): 75-98.

Cox M, Webb M, Abbott C, et al. 2004. ICT and Pedagogy: A Review of the Research Literature. Coventry, London: Becta, DfES.

Crawley S, Fine B. 2004. Examining teachers' decisions to adopt new technology. Educational Technology and Society, 7 (4): 201-213.

Crook C. 1998. Children as computer users: The case of collaborative learning. Computers Educ, (30): 237-247.

Davis F D. 1986. A Technology Acceptance Model for Empirically Testing New End User Information Systems: Theory and Results. Dissertation for the degree of Doctor, MIT Sloan School of Management, Cambridge.

Eagle S. 2011. Learning in the early years: Social interactions around picture books, puzzles and digital technologies. Computers & Education, (59): 38-49.

Ertmer P A. 2005. Teacher pedagogical beliefs: The final frontier in our quest for technology integration? ETR&D, 53 (4): 25-39.

Geist E A. 2012. A qualitative examination of two year-olds interaction with tablet based interactive technology. Journal of Instructional Psychology, 39 (1): 26-35.

Gialamas V, Nikolopoulou K. 2010. In-service and pre-service early childhood teachers'views and intentions about ICT use in early childhood settings: A comparative study. Computers & Education, 55: 333-341.

Gulay H. 2011. The evaluation of the relationship between the computer using habits and prosocial and aggressive behaviors of 5-6 years old children. International Journal of Academic research, 3 (2): 252-258.

Haugland S W, Ruiz E A. 2002. Empowering children with technology: Outstanding developmental software for 2002. Early Childhood Education Journal, 30 (2): 125-132.

Haugland S W. 2005. Selecting or upgrading software and web sites in the classroom. Early Childhood Education Journal, 32 (5): 329-340.

Haugland S. 1999. What role should technology play in young children's learning? Young Children, 54 (6): 26-31.

Hohman C. 1998. Evaluating and selecting software for children. Child Care Information Exchange, (123): 60-62.

Lim E M. 2012. Patterns of kindergarten children's social interaction with peers in the computer area. Computer-Supported Collaborative Learning, (7): 399-421.

Lindahl M G, Folkesson A M. 2012. ICT in preschool: Friend or foe? The significance of norms in a changing practice. International Journal of Early Years Education, 20 (4): 422-436.

Loveless A, Dore B. 2002. ICT in the Primary School. Buckingham: Open University Press.

McPherson S. 2009. A dance with the butterflies: A metamorphosis of teaching and learning through technology. Early Childhood Education, (37): 229-236.

Mohammad M, Mohammad H. 2002. Computer integration into the early. Childhood Curriculum Education, 133 (1): 97-116.

NAEYC. 1996.Position Statement: Technology and Young Children-Ages Three through Eight, Washington, D.C.: NAEYC.

Nikolopoulou K. 2007. Early childhood educational software: Specific features and issues of localization. Early Childhood Education Journal, 35 (2): 173-179.

Nir-Gal O, Klein P S. 2004. Computers for cognitive development in early Childhood: The teacher's role in the computer learning environment. Information Technology in Childhood Education Annual, (1): 97-119.

Office of Technology Assessment. Teachers and Technology: Making the Connection. Washington, DC: GPO.ED, 1995.

Parette H P, Quesenberry A C, Blum C. 2010. Missing the boat with technology usage in early childhood settings: A 21st century view of developmentally appropriate practice. Early Childhood Education, 37 (5): 335-343.

Pratt C. 1948. I Learn from Children. New York: Harper Collins Publishers.

Schmid R F, Miodrag N, Di Francesco N. 2008. A human-computer partnership: The tutor/child/computer triangle promoting the acquisition of early literacy skills. Journal of Research on Technology in Education, 41 (1): 63-84.

Shade D. 1996. Are you ready to teach young children in the 21st century? Early Childhood Education Journal, 24 (1): 43-44.

Specht J, Wood E, Willoughby T. 2002. What early childhood educators need to know about computers in order to enhance the learning environment . Canadian Journal of Learning and Technology, (1): 31-40.

Terreni L. 2010. Adding new possibilities for visual art education in early childhood settings: The potential of interactive whiteboards and ICT. Australasian Journal of Early Childhood, (4): 90-94.

Thelning K, Lawes H. 2011. Information and Communication Technologies (ICT) in the Early Years. Discussion Paper: 11-12.

Wilson L J, Gatewood T E, Conrad S H. 1997. Technology in the classroom: Is your school's technology up-to-date? A practical guide for assessing technology in elementary schools. Childhood Education, 73 (4): 249-251.

附 录
APPENDIX

附录1 信息技术在幼儿教育中应用现状的调查问卷
（教师问卷）

尊敬的老师：

您好！我们欲开展一项有关信息技术在幼儿教育中应用的研究。本问卷旨在系统了解信息技术在幼儿园应用现状及存在的问题。问卷设计基本上都是选择题，仅少数题目以文字形式作答。答案无对错之分，填写问卷时，请客观选择或填写符合自己真实情况的内容即可。您坦诚与完整的回答将对该研究的科学性起到至关重要的作用。

1. 您所在幼儿园位于：_____省（自治区）_____市_____县/区_____镇/村

2. 你的年龄是：

A. 26岁以下　B. 26—35岁　C. 36—45岁　D. 46—55岁　E. 55岁以上

3. 您的教龄是：

A. 5年以下　B. 5—10年　C. 11—15年　D. 16—20年　E. 20年以上

4. 您取得的最高学历：

A. 研究生　　　B. 本科　　　C. 大专

D. 中师/中专/职高/高中　　　E. 中师/中专/职高/高中以下

5. 您所在的幼儿园的等级：

A. 省级示范级幼儿园　　　B. 市级示范幼儿园　　　C. 普通幼儿园

6. 您所教的班级阶段：

A. 小班　　　B. 中班　　　C. 大班　　　D. 学前班　　　E. 混龄班

7. 您所教的科目属于哪个领域：

A. 健康　　　B. 语言　　　C. 社会　　　D. 科学　　　E. 艺术

F. 管理或后勤

8. 根据您所在幼儿园的网络建设及信息技术资源使用情况，如实回答下列问题：

（1）您所在幼儿园是否拥有自己的幼儿园网站：A. 是　　B. 否

（2）您所在幼儿园里的电脑能否登录互联网：A. 是　　B. 否

（3）您所在的幼儿园是否拥有信息技术资源（光盘、游戏软件等）：A. 是　　B. 否

（4）您所在的幼儿园是否有自动化办公系统：A. 是　　B. 否

（5）您是否参加过有关信息技术（计算机、网络、PPT、Flash 等）的培训：A. 是　　B. 否

9. 您所在幼儿园具备的多媒体设施及使用情况：

（1）电视机

A. 没有　　　　　　　　　　B. 有，但几乎不使用

C. 有，偶尔使用　　　　　　D. 有，经常使用

（2）VCD/DVD

A. 没有　　　　　　　　　　B. 有，但几乎不使用

C. 有，偶尔使用　　　　　　D. 有，经常使用

（3）数码摄（照）像（相）机

A. 没有　　　　　　　　　　B. 有，但几乎不使用

C. 有，偶尔使用　　　　　　D. 有，经常使用

（4）平板电脑

A. 没有　　　　　　　　　B. 有，但几乎不使用

C. 有，偶尔使用　　　　　D. 有，经常使用

（5）计算机

A. 没有　　　　　　　　　B. 有，但几乎不使用

C. 有，偶尔使用　　　　　D. 有，经常使用

（6）投影仪

A. 没有　　　　　　　　　B. 有，但几乎不使用

C. 有，偶尔使用　　　　　D. 有，经常使用

（7）电子白板/交互式电子白板/一体机

A. 没有　　　　　　　　　B. 有，但几乎不使用

C. 有，偶尔使用　　　　　D. 有，经常使用

（8）多媒体教室

A. 没有　　　　　　　　　B. 有，但几乎不使用

C. 有，偶尔使用　　　　　D. 有，经常使用

（9）录播教室

A. 没有　　　　　　　　　B. 有，但几乎不使用

C. 有，偶尔使用　　　　　D. 有，经常使用

10. 您认为幼儿园哪些课程领域比较适合运用信息技术：

A. 健康　　　B. 语言　　　C. 社会　　　D. 科学　　　E. 艺术

11. 幼儿园信息技术应用，您的主要用途是：

A. 日常事务管理　　　　　B. 备课

C. 呈现教学内容　　　　　D. 支持幼儿活动实施

E. 幼儿学习记录与评价　　F. 业余消遣娱乐

G. 与家长沟通共育

12. 幼儿园教师多媒体课件制作主要应用软件的类型：

A. 文字处理软件，如 Word、PPT 等

B. 图形图像处理软件，如 PhotoShop 等

C. 声音处理软件，如 Audition、Wave Edit 等

D. 动画制作软件，如 Flash 等

E. 视频处理软件，如绘声绘影、Premiere 等

F. 其他

13. 据您了解幼儿园孩子使用信息技术的状况：

A. 完成学习任务　　　　B. 漫无目的　　　　C. 玩游戏

D. 听音乐、故事　　　　E. 浏览图片　　　　F. 其他

G. 基本上不用

14. 您本人掌握的信息技术水平，请根据下列描述选出自己所处的水平：

（1）能熟练检索网络、数据库资源：

A. 完全不符合　　　　B. 比较不符合　　　　C. 一般

D. 比较符合　　　　E. 完全符合

（2）能熟练下载所需要的教学资源：

A. 完全不符合　　　　B. 比较不符合　　　　C. 一般

D. 比较符合　　　　E. 完全符合

（3）能熟练归类与整理相关教学资源：

A. 完全不符合　　　　B. 比较不符合　　　　C. 一般

D. 比较符合　　　　E. 完全符合

（4）能熟练存储相关教学资源

A. 完全不符合　　　　B. 比较不符合　　　　C. 一般

D. 比较符合　　　　E. 完全符合

（5）能熟练二次改造或重组他人教学资源：

A. 完全不符合　　　　B. 比较不符合　　　　C. 一般

D. 比较符合　　　　E. 完全符合

（6）能熟练自制原创性教与学资源：

A. 完全不符合　　　　B. 比较不符合　　　　C. 一般

D. 比较符合　　　　E. 完全符合

（7）能熟练运用多媒体呈现教学内容：

A. 完全不符合　　　　B. 比较不符合　　　　C. 一般

D. 比较符合　　　　E. 完全符合

（8）能熟练应用技术支持幼儿活动的开展：

A. 完全不符合　　　　　B. 比较不符合　　　　　C. 一般

D. 比较符合　　　　　　E. 完全符合

（9）能熟练运用技术与家长沟通交流：

A. 完全不符合　　　　　B. 比较不符合　　　　　C. 一般

D. 比较符合　　　　　　E. 完全符合

（10）能熟练运用技术管理个人事务与知识：

A. 完全不符合　　　　　B. 比较不符合　　　　　C. 一般

D. 比较符合　　　　　　E. 完全符合

（11）能熟练运用技术对幼儿进行记录与评价：

A. 完全不符合　　　　　B. 比较不符合　　　　　C. 一般

D. 比较符合　　　　　　E. 完全符合

15. 根据您的经验或理解，您认为使用信息技术教学手段后的教学效果如何：

A. 非常好　　B. 较好　　C. 一般　　D. 较差　　E. 非常差

16. 您对幼儿园各阶段教学活动中使用信息技术的做法表示：

（1）幼儿园小班：

A. 完全反对　B. 比较反对　C. 一般　　D. 比较支持　E. 完全支持

（2）幼儿园中班：

A. 完全反对　B. 比较反对　C. 一般　　D. 比较支持　E. 完全支持

（3）幼儿园大班：

A. 完全反对　B. 比较反对　C. 一般　　D. 比较支持　E. 完全支持

（4）学前班（未设学前班者不填）：

A. 完全反对　B. 比较反对　C. 一般　　D. 比较支持　E. 完全支持

17. 您对幼儿园运用信息技术开展以下幼儿活动的看法：

（1）游戏活动

A. 非常适合　　　　　　B. 比较适合　　　　　　C. 一般

D. 比较不适合　　　　　E. 非常不适合

（2）生活活动

A. 非常适合　　　　　　　B. 比较适合　　　　　　　C. 一般

D. 比较不适合　　　　　　E. 非常不适合

（3）教学活动

A. 非常适合　　　　　　　B. 比较适合　　　　　　　C. 一般

D. 比较不适合　　　　　　E. 非常不适合

18. 您若参加幼儿园教师的培训，您希望的培训方式是：

A. 课堂讲授　　B. 分组讨论　　C. 专题研讨　　D. 专家报告

E. 网络自学　　F. 案例分析　　G. 一线考察　　H. 其他

19. 您若参加幼儿园教师培训，对以下培训内容的需要情况：

（1）3—6岁幼儿身心发展理论

A. 非常需要　　B. 比较需要　　C. 一般　　　　D. 不需要　　E. 完全不需要

（2）先进的教与学思想、理念

A. 非常需要　　B. 比较需要　　C. 一般　　　　D. 不需要　　E. 完全不需要

（3）计算机、网络等基础知识与技能

A. 非常需要　　B. 比较需要　　C. 一般　　　　D. 不需要　　E. 完全不需要

（4）多媒体教学设备的操作与应用

A. 非常需要　　B. 比较需要　　C. 一般　　　　D. 不需要　　E. 完全不需要

（5）教育信息的获取与加工处理

A. 非常需要　　B. 比较需要　　C. 一般　　　　D. 不需要　　E. 完全不需要

（6）多媒体课件的设计与制作

A. 非常需要　　B. 比较需要　　C. 一般　　　　D. 不需要　　E. 完全不需要

（7）信息化教学设计与实施

A. 非常需要　　B. 比较需要　　C. 一般　　　　D. 不需要　　E. 完全不需要

（8）幼儿园信息化教学案例及评价

A. 非常需要　　B. 比较需要　　C. 一般　　　　D. 不需要　　E. 完全不需要

（9）幼儿园一线教学经验与方法

A. 非常需要　　B. 比较需要　　C. 一般　　　　D. 不需要　　E. 完全不需要

20. 以下影响信息技术应用的部分因素，您认为它们对幼儿园信息技术应用的影响大小：

（1）应用效果是否良好

A. 影响非常大　　　　　　B. 有一定影响　　　　　　C. 一般

D. 影响较小　　　　　　　E. 几乎没影响

（2）使用起来是否方便

A. 影响非常大　　　　　　B. 有一定影响　　　　　　C. 一般

D. 影响较小　　　　　　　E. 几乎没影响

（3）是否有信息技术设备与环境的支撑

A. 影响非常大　　　　　　B. 有一定影响　　　　　　C. 一般

D. 影响较小　　　　　　　E. 几乎没影响

（4）是否有适合的教与学优质资源

A. 影响非常大　　　　　　B. 有一定影响　　　　　　C. 一般

D. 影响较小　　　　　　　E. 几乎没影响

（5）个人技术是否娴熟

A. 影响非常大　　　　　　B. 有一定影响　　　　　　C. 一般

D. 影响较小　　　　　　　E. 几乎没影响

（6）有无指导理论与案例借鉴

A. 影响非常大　　　　　　B. 有一定影响　　　　　　C. 一般

D. 影响较小　　　　　　　E. 几乎没影响

（7）幼儿年龄太小

A. 影响非常大　　　　　　B. 有一定影响　　　　　　C. 一般

D. 影响较小　　　　　　　E. 几乎没影响

（8）领导的是否支持与引导

A. 影响非常大　　　　　　B. 有一定影响　　　　　　C. 一般

D. 影响较小　　　　　　　E. 几乎没影响

21. 通常您会选择哪些技术开展家园教育与家长交流：

A. QQ　　　　　　　　　　B. 微博、博客　　　　　　C. 微信、校信通

D. 电子邮件　　　　　　　E. 校园网平台　　　　　　F. 新闻讨论组

G. 手机、电话　　　　　　H. 软件商提供的专用软件

附录2　信息技术在幼儿教育中应用现状的调查问卷
（管理者问卷）

尊敬的老师：

　　您好！我们欲开展一项有关信息技术在幼儿教育中应用的研究。本问卷旨在系统了解信息技术在幼儿园应用现状及存在的问题。问卷设计基本上都是选择题，仅少数题目以文字形式作答。答案无对错之分，填写问卷时，请客观选择或填写符合自己真实情况的内容即可。您坦诚与完整的回答将对该研究的科学性起到至关重要的作用。

1. 您所在幼儿园位于：_____省（自治区）市_____县/区_____镇/村
2. 你的年龄是：
   A. 26 岁以下　B. 26—35 岁　C. 36—45 岁　D. 46—55 岁　E. 55 岁以上
3. 您的教龄是：
   A. 5 年以下　B. 5—10 年　C. 11—15 年　D. 16—20 年　E. 20 年以上
4. 您取得的最高学历：
   A. 研究生　　　　　　　　B. 本科　　　　　　　　C. 大专
   D. 中师/中专/职高/高中　　E. 中师/中专/职高/高中以下
5. 您所在的幼儿园的等级：
   A. 省级示范级幼儿园　　　B. 市级示范幼儿园　　　C. 普通幼儿园
6. 您所从事管理工作的时间：
   A. 3 年以下　B. 3—5 年　C. 6—8 年　D. 9—10 年　E. 10 年以上
7. 贵园拥有：
   多媒体教室_____间，交互式电子白板_____台，触摸式一体机_____台，
   录播教室_____间，教师电子备课专用电脑_____台，电视机_____台。
8. 贵园是否拥有自己的网站_____（填写"有"或"没有"）。
   贵园是否能联网_____（填写"能"或"不能"）。

贵园的上网带宽为_____兆（M）。

是否有无线覆盖_____（填写"有"或"没有"）。

9. 贵园目前拥有的平台有：

A. 园所网站　　　　　　　B. 数字化资源库　　　　　C. 网络课程平台

D. 教师交流平台　　　　　E. 微信公众平台　　　　　F. 家校互动平台

G. 以上均为搭建　　　　　H. 其他，请说明 _____

10. 您所在幼儿园具备的多媒体设施及使用情况：

（1）电视机

A. 没有　　B. 有，但几乎不使用　　C. 有，偶尔使用　　D. 有，经常使用

（2）VCD/DVD

A. 没有　　B. 有，但几乎不使用　　C. 有，偶尔使用　　D. 有，经常使用

（3）数码摄（照）像（相）机

A. 没有　　B. 有，但几乎不使用　　C. 有，偶尔使用　　D. 有，经常使用

（4）ipad

A. 没有　　B. 有，但几乎不使用　　C. 有，偶尔使用　　D. 有，经常使用

（5）计算机

A. 没有　　B. 有，但几乎不使用　　C. 有，偶尔使用　　D. 有，经常使用

（6）投影仪

A. 没有　　B. 有，但几乎不使用　　C. 有，偶尔使用　　D. 有，经常使用

（7）电子白板/交互式电子白板/一体机

A. 没有　　B. 有，但几乎不使用　　C. 有，偶尔使用　　D. 有，经常使用

（8）多媒体教室

A. 没有　　B. 有，但几乎不使用　　C. 有，偶尔使用　　D. 有，经常使用

（9）录播教室

A. 没有　　B. 有，但几乎不使用　　C. 有，偶尔使用　　D. 有，经常使用

（10）数字化教学资源库

A. 没有　　B. 有，但几乎不使用　　C. 有，偶尔使用　　D. 有，经常使用

（11）云端资源

A. 没有　　B. 有，但几乎不使用　　C. 有，偶尔使用　　D. 有，经常使用

11. 您认为幼儿园进行信息化（网络、多媒体环境）建设的必要性：

A. 没有必要　　B. 有必要　　C. 不影响　　D. 很有必要

12. 您所管理的幼儿园目前的信息化建设情况，符合下列哪个描述？

A. 基础建设阶段，已经完成基本的信息化配备，能够联网

B. 资源建设阶段，建设阶段建立了自己的数字化教学资源库

C. 业务整合阶段，实现办公自动化、家园共育现代化的管理平台

D. 应用常态化阶段，各种信息技术、数字化资源已融合到院所的日常教学活动中

E. 以上均未建成

13. 您认为，信息技术应用对幼儿园所起的作用是：

A. 提高了教学效率和效果

B. 减轻教师负担

C. 提高了教师的信息技术素养

D. 教学手段不断丰富

E. 提升教师专业发展

F. 提高了园所的知名度

G. 激发了学生的学习兴趣

H. 提高了管理者效率

I. 提高了家园共育的质量和效率

J. 其他，请说明 _____

14. 根据您的经验，提高教师信息技术应用能力的有效途径有：

A. 信息技术能力培训

B. 参与与信息技术应用相关的课题研究

C. 校本层面的信息技术教研和培训

D. 信息技术教学比赛

E. 网络教研

F. 自学

G. 其他，请说明 _____

15. 贵园近年来为教师提供的信息技术相关培训级别与人次情况：

A. 国家级培训，参与人次为 _____

B. 省级培训，参与人次为 _____

C. 市级培训，参与人次为 _____

D. 县（区）级培训，参与人次为 _____

E. 校本培训，参与人次为 _____

16. 贵园近年来是否制定过有关信息化建设发展方面的政策或激励措施：

A. 有　　B. 没有

17. 在未来，贵园是否有进行信息化建设与发展的打算：

A. 有　　B. 没有

18. 您认为，目前影响信息技术在幼儿教育中应用的主要因素有（限选5项）：

A. 资金缺乏，信息技术设备不齐全

B. 合适的数字化资源匮乏

C. 合适的软件、工具匮乏

D. 教师信息技术应用能力低

E. 教师使用意愿不强烈

F. 家长不支持

G. 影响幼儿身体健康

H. 持续保障机制不健全

I. 领导不支持